JN086095

組織論レビュー

組織学会 ［編］　**III**　組織の中の
個人と集団

東京　白桃書房　神田

まえがき

　2012 年 10 月の組織学会年次大会（於 国士舘大学）において，「組織論レビュー」という企画が組まれた．全学会員を対象とした公募への応募者から若手・中堅 10 名が選抜され，1 年半の歳月をかけて自身の研究領域における膨大な先行研究レビューを行い，その成果を発表するという企画であった．大会当日，国士舘大学の会場には多くの学会員が集まり，終日，活発な議論が展開された．その成果は，組織学会編による『組織論レビューⅠ・Ⅱ』（白桃書房）として出版された．

　それから 9 年．本書では，2021 年の組織学会年次大会（於 神戸大学）において行われた第 2 回組織論レビューの成果をまとめた．この間，感染症などにより世界は大きく変わってしまったが，組織論の研究者たちは地道に研究を続けていた．世界中に散らばったそれらの研究をトピックごとに拾い集め，丁寧にレビューしたのが本書である．

　本書には，上下巻合わせて 15 本のレビュー論文と，実行委員の一人である服部による文献レビューに関する論文 1 本，合わせて 16 本の論文が収載されている．レビュー論文の主たる書き手はいわゆる新進気鋭の若手研究者であり，その分野でバリバリ研究している方たちである．当然，誰もが組織論において最新かつ重要なトピックをとりあげている．さらに，多くのレビュー論文については，いわゆるベテラン勢による，それぞれのレビュー論文に対するコメントまで掲載されている．組織論の研究者だけでなく，組織論に興味のある方すべてにとってまちがいなく面白いものばかりだ．第一弾と同様，本書も長く読み継がれ，組織論研究の礎のひとつとなることは想像に難くない．

　レビュー論文とは，既存の研究を体系的に収集・検討した論文である．詳しくは本書に収載されている服部論文に譲るが，レビュー論文は，それ自体が完結した一本の作品でなければならない．多くの組織論研究者は，自分の

論文執筆にあたって先行研究をレビューするが，それはその論文の問いを特定するためのいわば前フリである．本書に収載されているのはそのような論文の一部としての文献レビューではない．それぞれの論文が，既存の研究をレビューすることそのもので学術的な貢献を生み出している．このことを，第一弾の組織論レビューを編纂した高橋伸夫先生は「極上のプレーンヨーグルト」と表現した．上質な素材を探してきて，人工的な味付けはせずに素材そのもののうまさを引き出す．その意味で，本書に収載されているレビュー論文は間違いなく，極上のプレーンヨーグルトである．

　本書は，組織論という研究領域に関心を持つすべての人を読者として想定している．もちろん，組織論の研究者，およびその卵である大学院生が主たる読者となるだろう．レビュー論文は，その研究トピックについて研究する上で知っておくべき概念や理論，その研究トピックが体系化されてきた歴史，当然読んでおくべき重要な論文について一通り学習するのにとても役立つ．本書がきっかけとなり，本書が取り上げたトピックに取り組む研究者が増えれば，実行委員としては非常に嬉しい．あるいは，本書をお手本に自ら別のトピックでレビュー論文を執筆する研究者が現れれば，それもまた嬉しい．

　もうひとつ想定している読者は，日々の組織での活動に悩みを抱えている実務家たちである．本書はいわゆる研究書であり，組織論研究に関するアカデミックなトレーニングを受けたことがない人にとっては少し敷居が高いかもしれない．しかし，丁寧に読み込めば，それぞれの著者が取り上げたトピックについて，世界中でどのようなことが研究されており，何がどこまでわかっているのか，その概要を掴むことができるだろう．良い理論は実践においても役に立つ．本書が，実務家がアカデミアの知を活用するためのガイドとして少しでも役立つならば，これもまた実行委員として最高の喜びである．

　本書に収載されているレビュー論文は，2021年10月30,31日に神戸大学の主催でオンライン開催された組織学会年次大会で報告されたものである．この報告にいたるまでのプロセスは，第一弾の組織論レビューのときを

踏襲した．すなわち，大会本番の 1 年半前に報告者を確定し，2 回の大会ごとに開催されたミーティングで進捗状況を確認しつつ，大会本番を迎えるという体制をとった．

より具体的に，これまでの歩みを振り返っておきたい．2019 年 12 月，我々は約 2 年後の年次大会にて第 2 弾の組織論レビューを行うことをアナウンスし，同時に報告を公募した．2020 年 3 月の締め切り時点で，大学院生からベテランまで様々な研究者から 59 件の応募があった．実行委員に 3 名の匿名レフェリーを加えて応募書類を精査し，約 1/3 に報告者を絞り込んだ．

こうして絞り込んだ報告者たちには，2020 年 6 月に横浜国立大学主催でオンライン開催された研究発表大会にて，顔合わせを兼ねたミーティングに出席してもらい，レビュアーからのコメントのフィードバックも行った．続く 2020 年 10 月に大阪市立大学の主催でオンライン開催された年次大会では，各自のテーマを改めて確認するとともに，自身がレビューの対象とする主要な文献リストを提出してもらい，ここから実質的な執筆活動がスタートした．

2021 年 6 月，東洋大学の主催でオンライン開催された研究発表大会にて，再度のミーティングを行った．ここでは 5 月中旬に提出された初稿に対する実行委員のコメントを伝えるとともに，大会当日のコメンテーターの希望についての聞き取りを行った．報告者たちは，9 月には完成原稿をコメンテーターに送り，コメンテーターからのフィードバックを受けて，10 月の年次大会での報告準備を進めていった．

2021 年 10 月の組織学会年次大会もまた，COVID-19 の感染拡大によりオンライン開催となった．報告時間は第 1 回を踏襲し，報告が 60 分，コメンテーターのコメントが 20 分，質疑応答が 10 分の計 90 分とした．各会場の参加者は少ない場合でも 50 名程度，多い場合には 170 名を超えた．大会参加人数はエントリーベースで 446 名にのぼり，これは近年の大会の中でもかなり多い部類に入るものである．画面越しにも熱気が伝わってくるような盛り上がりだったと思う．会員たちの感想を直接聞くことはできなかったが，SNS では「面白かった」というコメントがいくつか確認できた．やはり，組織論を学ぶことは楽しい．それを再確認できた大会だった．その後，報告

者とコメンテーターが最終稿を提出し，本書出版の運びとなった．残念ながら，一部のコメンテーターについては，ご本人のスケジュール等の都合により，コメントを本書に収載するに至らなかったが，レビュー論文については，年次大会に登壇した全組の原稿を，読者の皆様にお届けすることができた．

　本書は多くの方のご協力によって完成した．当然，各論文の執筆者の尽力がなければこの企画は成り立たなかったが，残念ながら選に漏れた方々もあわせてすべての応募者に感謝申し上げたい．最終的に執筆いただいたトピックだけでなく，選に漏れたものも興味深いものばかりだった．どこかで，そのレビュー論文も読んでみたいと思う．そして，それぞれの論文へのコメントを快く引き受け，かつ原稿までご執筆いただいたコメンテーターの皆様にも感謝申し上げたい．皆様からいただいたコメントは執筆者の励みになっただけでなく，レビュー論文の貢献をさらに高みへと導いてくださった．また，応募を審査していただいた3名の匿名レフェリーにも感謝申し上げたい．本当は名前を挙げてお礼申し上げたいが，レフェリーという役割ではかなわない．少しでも気持ちが伝わっていれば幸いである．さらに本書の出版を快く引き受けてくださり，出版まで粘り強く伴走してくださった白桃書房の平千枝子さん，金子歓子さんにも感謝申し上げたい．

　最後に，高橋伸夫先生にも，大きな感謝の気持ちを伝えたい．今回の組織論レビューで実行委員を担った高尾，服部，宮尾は第1回組織論レビューの執筆者だった．当時，高橋先生があのような素敵な企画を立案し，私たちを導いてくださったからこそ，時を経てこの第2回組織論レビューが生まれたのである．神戸大学が年次大会を引き受けることになり，何をしようかと話し合った際，自然と「前に僕たちがやった組織論レビュー，あれ，もう1回やりたいよね」という話になった．このような形でタスキを繋げることができたのは本当に嬉しいし，感謝の気持ちでいっぱいである．

　第1回組織論レビューの報告は2012年に行われたのだが，その当時，高橋先生は「こういうのをオリンピックイヤーごとにできればいいよね」ということをおっしゃっていた．奇しくもCOVID-19の影響で東京オリンピッ

クの開催が1年遅れたため，第2回組織論レビューの報告もオリンピックイヤーに行われた．研究はオリンピック競技のように順位を競うものではないが，それでも執筆者全員にメダルを贈りたい気分である．このような素敵な論文の出版をサポートさせてもらったことに，実行委員一同，あらためてお礼申し上げたい．

組織論レビュー実行委員

東京都立大学大学院経営学研究科　教授　高尾義明
神戸大学大学院経営学研究科　准教授　服部泰宏
神戸大学大学院経営学研究科　准教授　宮尾　学

目　次

3 組織の外に広がる社会関係資本
成員の退出から組織が得るもの

横田 一貫

6 逸脱と革新
イノベーション過程における逸脱行動の存立と行方

高田　直樹

7 チーム認知とチームの創造性
トランザクティブ・メモリー・システムと共有メンタルモデルの整理
大沼 沙樹・秋保 亮太・村瀬 俊朗

8 過去の展望から未来の問いを どのように導き出すか

服部 泰宏

1 組織行動研究における組織

砂口 文兵・貴島 耕平

1-1 序論：本研究の背景と目的

　一般的に，組織現象に関する研究は，ミクロとマクロの連続体（micro-macro continuum; Staw & Sutton, 1993）のどこかに位置づけられ区別されてきた．ミクロに位置づけられる研究は，個人，二者関係，集団に関心がある一方，マクロの研究と呼ばれるものは組織全体（whole organizations）や組織間の関係を含む，より大きなシステムへの関心が強いとされてきた（Molloy et al., 2011）．そして，前者に区分される研究は「組織における人間行動（human behavior in organizations）」に焦点があることから[1]，組織行動（organizational behavior：OB）研究と称されてきた．

　上述した組織行動研究の定義に関して，長らく研究者はその特徴が組織行動研究のアイデンティティであることを共通的見解としてきた（服部, 2020）．またその共通見解のもと，心理学を中心に社会学，経済学，さらには文化人類学等の知識を応用しながら，「組織内で人々が示す行動や態度についての体系的な学問」（Robbins, 2005, p. 2 邦訳 3 頁）として，組織行動研究は発展してきた．

　しかし，そうした発展を享受してきた一方で，組織行動研究がパラドックスを内包していることも絶えず指摘されてきた（Agunius & Pierce, 2008; Heath & Sitkin, 2001; 貴島ほか, 2017）．そのパラドックスとは，「組織にお

---

1 「組織における（in）」ではなく，「組織の（of）」行動それ自体を組織行動研究に含める考え方もある（cf. Lawrence, 1987）.

ける」人間の行動を論じてきた組織行動研究において，組織への関心が薄れてきたという事態の発生である．換言すれば，組織行動研究から組織が喪失しつつあるということである．こうした事態に対して，多くの研究者が危機感を抱き，その喪失問題に対する方策を検討してきた．

　以上の背景を踏まえ，本研究は組織行動研究が内包したパラドックスの議論を追いつつ，組織行動研究が組織の喪失問題を乗り越えるために必要な視座を探求することを目的とする．この目的に対し，本研究は以下の構成を取る．まず第1-2節では，組織行動研究のパラドックスを概観しつつ，組織を巡る組織行動研究の問題点を指摘する．第1-3節では，その問題を乗り越えるために，どのような方略が採用されてきたかを検討する．さらに第1-4節では，組織と組織における人間行動を結びつけることについて，具体的な研究テーマを取り上げながら論じる．最後に，第1-5節では，本研究の意義と今後の組織行動研究の方向性に言及する．

1-2 　組織行動研究が抱えたパラドックス

1-2-1 　組織行動研究の発展

　研究分野としての「組織行動（論）」は，「組織における人間行動」に関する学問として知られている．その研究対象は，職務態度やワーク・モチベーション，さらには個人の認知過程を通して組織文化を扱う等，多種多様な広がりを持ち（Warner, 1994），それらの研究を通して経営管理の実践に有用な知見を提供することを目的としている（貴島ほか，2017）．また，組織行動の研究は経営学において中心的地位を占めると同時に，心理学においても，学術雑誌において特集が組まれるなど，注目を集めてきた[2]．心理学における研究テーマが組織行動研究においても重要なテーマとして扱われることも多く，心理学を通して，組織行動研究も発達してきたとも言われている

2　例えば *Annual Review of Psychology* では1979年の第30巻から，組織行動研究についてのレビュー論文が継続的に掲載されている．また *American Psychologist* の第45巻第2号（1990年）や，近年では *Applied Psychology* の第61巻第1号（2012年）において組織行動研究が特集されている．

(O'Reilly, 1990).

このような心理学と組織行動研究の関係は，Gordon & Howell（1959）や Pierson（1959）といったアメリカのビジネススクールに関する報告書に起因している．Gordon & Howell（1959）は，ビジネススクールで教えられるべき「組織における人間行動」に関する科目は，既存の科学的な方法論に基づいたものであるべきであると指摘した（p. 164）．それを受け，ビジネススクールは組織の中の人間行動を研究するのに妥当な科学的な方法論を身につけた研究者を，教員兼研究者として雇用し始めた（Porter & Schneider, 2014）．具体的には，既に実験や行動分析などの科学的な手法を多数確立していた心理学者が，経営学部に招かれ，組織の中の人間行動に関する心理学的知識を，組織行動に該当する科目において教えることとなった．その結果，研究分野としても，心理学の手法を用いた組織に関する研究が主流となっていった[3]．また1971年には，アメリカ経営学会（Academy of Management）において，組織行動部会が設立された．この部会には，経営学部に新しく参入してきた産業心理学者が多数参加していった．このように，外的な圧力と心理学者の参入によって，組織行動研究は，心理学とその科学的方法を重視するという特徴を持つようになり，研究分野としての隆盛の時を迎えることになったのである．

1-2-2 組織の喪失問題

上述のように，経営学の中心分野として発展してきた組織行動研究だが，本稿の冒頭で指摘した通り，パラドキシカルな状況に見舞われている．Heath & Sitkin（2001）は，組織行動の研究が，個人や集団の行動・態度にのみ焦点を当ててきた結果，組織行動の「組織的側面」に注意を払わなくなり，「組織行動」というよりは「単なるミクロ論」になってしまったと論じている．彼らは，従来の組織行動研究を「Big-B」と「Contextualized-B」という研究アプローチに分類し，行動にのみ特化したそれらのアプローチでは，人間行動に関する知識は産出されるが，「組織における人間行動」に関する，組織行動研究独自の知識は産出されないと指摘した（Heath & Sitkin,

3 例えば，McClelland（1961），Likert（1967），Porter et al.（1975）などである．

2001, pp. 49-54). 例えば,「Big-B」アプローチでは,学際性の観点から,心理学をはじめとする様々な分野の理論や概念を用いて人間行動を研究するが,そこでは,組織に対する注目が薄れてしまい,組織なき組織行動の研究が行われてしまう. また,「Contextualized-B」とは,組織で生起する人間行動のみを対象とするという研究アプローチではあるが,組織はあくまでも調査のためのフィールドとして扱われる. そのため,このアプローチの下でも,人々の行動は,組織とは独立したものとして扱われるため,「Big-B」アプローチと同様に,組織に対する注目は低いままである. Heath らは,こうした従来のアプローチへの批判的検討を通じて,組織行動研究が組織における人間行動の研究に取り組むことを自らの独自性として標榜しているにもかかわらず,組織に対する関心の低さゆえに,その独自性を失いつつあることを指摘したのである.

　振り返ってみれば,組織行動研究の古典である Schein (1965) は,組織内の個人の行動を決定する要因を理解するためには,組織が複雑な社会システムであることを認識する必要性を指摘していた. また,Katz & Kahn (1978) は,オープンシステム論を援用しつつ,組織の中で活動する個人と組織は,それぞれの環境として位置づけられ,両者は絶えずお互いに影響を与え続けると主張した. 両者は「心理学」という名称が付く著作において,従来の心理学にはない独自性として,組織と組織内の個人の行動を理論的に結びつけて捉えることの重要性を指摘したのである. こうした学説上の問題意識に基づけば,Heath らの指摘は,組織行動の独自性が揺らいでいることを鋭く指摘したものであると言えよう.

　では,「組織における人間行動」はどのようにすれば捉えることが可能なのだろうか. Heath & Sitkin (2001) は,組織的側面として,組織における規範やコミュニケーションといった,組織における協働や調整を達成する活動に注目することが,組織行動固有の独自性になると主張している. ただし,規範やコミュニケーションといった活動を組織行動研究において理論化するためには,それらの活動がいかなる意味で「組織的」なのかを検討する必要があるだろう. だが,彼らはその具体的検討方法については言及せず,ただ「対象を限定」することを述べているに過ぎない. さらに言えば,こうした「対象の限定」は,離職やコミットメントといった,実務家からも重視

され，研究が数多く蓄積されてきた組織上で生起する研究対象を，組織行動研究の範疇の外に置いてしまう（Heath & Sitkin, 2001, p. 50）．そのため，実務からの関心の無視という点や，「Contextualized-B」で議論されてきた諸研究を恣意的に除外してしまうという点においても，Heath らのアプローチには問題が残されていると言えよう．

　ここまで，Heath & Sitkin（2001）が提示した組織行動研究が抱える組織を巡る問題を検討してきた．組織行動研究を，単なるミクロ論に留めるべきではないという彼らの問題意識は，恐らく多くの組織行動の研究者達に共有されているだろう．しかし，そのための研究方法について，Heath らは対象を限定するという方法に留まっており，組織と組織の中の人間行動をいかにして結びつけるのかについては，彼らの論考では未解決のままになっていると言えよう．そこで，次節では，この未達の課題に対して，組織行動の研究がどのように取り組んでいるのかについて，具体的に検討していく．

1-3　組織の喪失問題に対する方略

1-3-1　複数のレベルを扱う研究方法論：メゾ・アプローチ

　Heath らが残した課題に対して，組織行動研究者は，複数のレベルを扱うアプローチを用いて対応しようとしてきた．複数のレベルを扱う動きとミクロ－マクロの架橋に関して，Rousseau（2011）はその架橋の発生と普及を主張するとともに[4]，架橋する動きを維持する必要性も強調している．Rousseau（2011）によれば，ミクロ－マクロの架橋の維持には，マルチレベルの課題に注意を向け続ける必要がある．その理由は，（研究者）コミュニティにおける共通の関心や知識が衰微するにつれ，複数のレベルを架橋する組織研究も容易に衰退するためである．そうした衰退の発生には，科学における2つの傾向が関わると Rousseau（2011）は考えている．1つは研究分野の分化による専門化（specialization）の増大，もう1つが研究を容易にするために複雑さが単純化されることである．こうした専門化と単純化の作

4　普及の理由には階層線形モデリング（hierarchical linear modeling: HLM）などの手法の登場も含まれる．

用に抗うために，コミュニティによる努力の維持が求められ，とりわけ組織
現象を多元的に捉え続ける必要があると Rousseu（2011）は主張している．

　Rousseau（2011）が示唆するミクロ‐マクロの架橋と多元性の保持につ
いて，それらを包括的に捉える／論じるためのフレームワークに，メゾ視点
（meso perspective）のアプローチ（以下，メゾ・アプローチ）がある
（House et al., 1995; Rousseau, 1985; Rousseau & House, 1994）．House et
al.（1995）によれば，メゾ・アプローチはミクロとマクロ両方の組織プロセ
スを統合することを狙いとし，そこでは組織的文脈と組織を構成する要素
（e.g., 個人，二者，集団，組織，組織集団）の関係や，それらの関係がある
成果をどう形づくるかが検討される．House et al.（1995）がメゾ・アプロー
チを提唱した主たる理由の1つが，組織のミクロ的プロセスとマクロ的プロ
セスを個別に検討できないことである．House et al.（1995）によれば，マ
クロの理論では個人や集団がマクロ的組織現象に及ぼす影響が見過ごされや
く，他方でミクロの理論は心理学理論を用いて組織における個人や集団の行
動や特性に関心を向けるが，組織という文脈を見過ごしてしまう（con-
text-free）．そこで，House et al.（1995）はメゾ・アプローチの提唱によっ
て，双方の欠点を補完し，組織的現象と行動的現象の両方を捉えることを企
図したのである．つまり，メゾ・アプローチの研究ではミクロとマクロの両
方を検討の射程に入れることが肝要となる．この点に関して，House et
al.（1995）はミクロとマクロの両方を考慮した組織の考察には，複数のレベ
ルにおける分析（とその過程）が互いに結びつく特徴があると考えている．
言い換えれば，メゾ・アプローチの特徴は複数のレベルにおける因果メカニ
ズムを体系的に分析する点にあり，それゆえメゾ・アプローチには組織と組
織における個人を捉える方法論的特徴があると言えるだろう．次項では，こ
のアプローチに関わる組織行動研究として，コンテクスト変数の追加による
方略を取り上げる．

1-3-2　コンテクスト変数の追加

　上述したメゾ・アプローチの下で行われる研究においては，ミクロ・レベ
ルの研究に，より上位の要因としてコンテクスト変数を追加するという方略
が採られてきた．具体的には，個人の行動を説明する変数として，個人の態

度やパーソナリティ特性だけではなく，組織構造や職場の状況といった心理学では捉えられてこなかった要素を，コンテクスト変数として分析モデルに加えてきた．こうした方略を検討したのが Johns（2006）である．

Johns（2006）によれば，心理学の手法を利用する組織行動研究において，コンテクスト変数は頻繁に登場してきた．しかし，それらの変数に関するレビュー論文はほとんど存在せず（Johns, 2006, p. 393），それらのコンテクスト変数が組織における行動に影響を与える場合においても，組織における行動が理論化される際には，そうしたコンテクスト変数は無視されてきた（Johns, 2006, pp. 389-390）．Johns（2006）は，こうした問題を乗り越えるため，コンテクスト変数を組織における人間行動の発生だけではなく，その行動に意味を与えるものとして捉え，その影響過程を検討した（pp. 387-389, pp. 395-399）．彼は，組織的状況に存在するコンテクストは，組織におけるタスクや社会的，物理的刺激から構成されると述べ，それらのコンテクスト変数が，組織で起こる行動の因果関係や効果の逆転，さらにはその行動の発生する確率に影響することを指摘した．

以上を踏まえ，Johns は，組織行動研究の分析モデルを精緻化するためには，コンテクスト変数を追加することが必要不可欠であると主張した．換言すれば，本アプローチは心理学のモデルを中心とする組織行動のミクロ的研究に，組織に関するコンテクスト変数を追加することで，組織と結びつけようとする，ミクロ側からの拡張を目指した方略であると言える．Johns（2006）の研究以降，メゾ・アプローチにおける分析手法の発展も伴い，組織行動を中心とした経営学の学術雑誌が，コンテクスト変数を特集していることからも（Johns, 2017），この方略は広く受け入れられていると言えるだろう．

1-3-3 現在の組織行動研究に残された課題

ここまで，組織の喪失という問題に対する方略として，複数のレベルに注目したメゾ・アプローチの下で行われる，コンテクスト変数の追加という方略を検討してきた．そこでは，分析手法の発展に伴い，組織と組織における人間行動を結びつける試みがなされてきたと言える．

しかしながら，上述の方略も Heath らが抱えた課題を完全に乗り越えて

いる訳ではない．組織における人間行動の独自性は，それらの行動に組織的な要素が常に結びつく点にあった．そのため，それらの行動を理論的に捉えるためには，組織的な要素を含んだ行動として捉える必要がある．しかし，メゾ・アプローチの下で行われる研究ではそうした検討は必要とされず，分析の精緻化のためにのみ，組織的な要素（コンテクスト変数等）が必要とされる．ただし，そこでは組織における人間行動は，分析上は組織的な要素と関連するが，理論的には組織とは切り離されたものとして扱われてしまう．

　では，分析だけではなく，理論的に組織と組織における人間行動を結びつけるにはどうすれば良いのだろうか．この課題の検討に向け，次節では，近年の組織行動研究において，組織との結びつきを検討する必要性が指摘されているトピックを取り上げる．具体的には，関係的デモグラフィー（relational demography: 以下，RD）研究とジョブ・クラフティング（job crafting: 以下，JC）研究を取り上げる．

　RD 研究と JC 研究を詳しく論じる前に，それらを取り上げる意図を述べる．RD と JC はそれぞれ研究が行われてきたが，後述するように，両者には概念を論じる上で「全体系としての組織」（cf. Schein, 1965 邦訳 3 頁）を看過しえないという共通点がある．つまり，それらの研究では，Schein（1965, 邦訳第 6 章）が指摘する多様でダイナミックな相互作用が前提とされ，「組織における人間行動」が検討される必要がある．それらの議論で肝要となるものが相互作用という視点だが[5]，それこそが組織行動研究を特徴づける「組織との関わり」であり（Mowday & Sutton, 1993），また組織行動研究の独自性を支える組織文脈であるとされてきた（Cappelli & Sherer, 1991）．その「組織との関わり」に関して，RD と JC は理論と実証の双方の面でも一定の研究蓄積があるにもかかわらず，本稿の主題となるパラドックスが生じている．と同時に，両者の研究ではそうしたパラドックスの発生に対して，「組織との関わり」を取り戻そうとする動きも見られてきている．そこで本稿は，組織行動研究に関わるパラドックスの発生とそれに対する動きが見られた典型的な例として，RD 研究と JC 研究を取り上げる[6]．これらのことを踏まえ，以下では，それらの研究の検討を通じ，本稿が指摘してき

5　相互作用に対する代表的視点に，組織と個人の目標の調和（西田，1976）や主体性・自律性とコントロールの関係（Tannenbaum, 1968；古川，2018）がある．

た現在の組織行動研究が抱える課題を検討する手がかりを論ずる.

1-4 喪失問題の超克に関する試み

1-4-1 関係的デモグラフィー研究による試み

RD は「……集団の文脈における個人のデモグラフィック効果……」(Tsui et al., 1995, p. 196) を指す概念である. すなわち, RD とは個人のデモグラフィーを個人の置かれた社会的状況との関係から捉える視点とも言える. そうした視点の嚆矢が組織デモグラフィー (organizational demography; Pfeffer, 1983) 研究である [7]. 組織におけるデモグラフィーに注目した Pfeffer の理由に関して, 本稿の焦点となる「組織とのつながり」を考える上で重要となるものが, 個人という単位で組織を分析することの問題である (Pfeffer, 1981, 1983, 1985).

Pfeffer によれば, 個人に焦点化しすぎた経営実践や経営理論の検討は, 組織が関係的なもの (存在) であるという事実を見過ごすという結果を招く (Pfeffer, 1985, p. 68). この点に関して, Pfeffer (1990) は組織デモグラフィーという考えの背後に, 2つの仮説があると述べている. それは「(1) 組織とその中の人々は他の組織や他の諸個人と相互依存関係にある, そして (2) この相互依存—この社会的関係—の結果として, 社会的コンテクストの影響と制約を調査することによって, 個人ないし組織の行動を理解」(Pfeffer, 1990 邦訳 91 頁) できるというものである. 2つの仮説の骨子となる相互依存性を論じる際, Pfeffer は C. I. Barnard の言葉をもとに, 組織における相互依存性に伴う相互作用が社会的・関係的である点を強調した. 具体的には, Pfeffer は Barnard (1938) による誘引の議論に関して, 貨幣的インセンティブの影響には, 貨幣それ自身の重要性に加え, 他者との比較 (i.e.,

---

6　無論, RD 研究と JC 研究だけがパラドックスに関係する研究ではない. このことは House et al. (1995) のカリスマ・リーダーシップ研究の言及からも示唆される. この点に関して, リーダーシップ研究では特定のアプローチに議論が限定される恐れがある一方, RD 研究と JC 研究は概念の議論までさかのぼり, パラドックスの発生と超克の動きを考察できると, 本稿は判断し両者を選択した.

7　組織デモグラフィーは「……組織における労働力, とりわけ管理に関わる労働力の勤続年数の分布」(Pfeffer, 1981, p. 293) を扱う概念である.

関係性）から生じる重要性が伴うことを論じた．つまり，Pfeffer（1990）には協働システムとして組織を捉えたBarnard（1938）をもとに，（貨幣的）インセンティブと協働システムの社会的性質を結びつける狙いがあったのである．

　上述したPfefferの問題意識や狙いを顧みれば，RDのルーツとなる組織デモグラフィー概念には2つの意義がある．1つは，相互依存性という社会的性質（i.e., 関係的な性質）を帯びる組織文脈を捉えること（cf. Baron & Pfeffer, 1994）である．そしてもう1つは，社会的性質を帯びる組織文脈でのデモグラフィーに着目することで，幅広い組織的現象（e.g., イノベーション，パワーの分布，訓練開発，組織間関係など；cf. Pfeffer, 1983）を節約的かつ直接的に説明しようとしたことである．すなわち，組織デモグラフィー概念は，社会的性質という組織文脈を踏まえた上で，個人に焦点化しすぎた分析では看過される組織的現象を捉えるという意図から生まれたのである．

　組織を関係的なものとして捉える視点に関して，RDは個人のデモグラフィーの特徴が周囲との関係に応じて変化する，相対的なものとして考える点に特徴がある．その相対的な影響の捕捉には，二者間，集団，組織などの様々な比較対象（i.e., 準拠）との社会的比較が不可欠となる．つまり，RD概念それ自体にPfeffer（1990）が示唆した社会的関係とHouse et al.（1995）が主張するメゾ・アプローチの視点が含まれるのである（cf. Joshi et al., 2011）．したがって，概念そのものが社会的関係としての組織（cf. Pfeffer, 1990）を前提としているという意味で，RDは「全体系としての組織」を捉えうる特徴を持つ概念であると言える．

　ところが，社会的関係としての組織が前提にあったRD研究において，研究の発展に伴い，組織とのつながりが衰微していった．Pfefferの研究（e.g., McCain et al., 1983; Wagner et al., 1984）により示唆された，他者との関係性からデモグラフィーを捉えるRDの考え方は，Tsui & O'Reilly（1989）によって発展され，そこではPfefferらが注目したコホート以外のデモグラフィー（e.g., 性別，人種，教育歴）にもその視点が拡張されるだけでなく，上司−部下という二者関係に関係的視点が応用された．Tsui & O'Reilly（1989）以降，RDは市民権を獲得し，様々な視点から検討が行われた結果，RDが作用するメカニズム（Chatman et al., 1998; O'Reilly et al., 1989）に加

え，成果（Chatman & Flynn, 2001）や行動（Chattopadhyay, 1999）など，様々な結果変数との関係が精緻化されていった（cf. Riordan, 2000; Tsui & Gutek, 1999）．しかしながら，そうした研究の発展が RD の影響や影響過程に焦点化されるあまり，RD 研究において，次第に社会的関係としての組織という概念の前提に対する意識が弱化していった．すなわち，RD 研究の進展とともに，Pfeffer が意図した様々な組織との繋がり（e.g., 組織的現象の豊かな描写，組織の持つ社会的性質）が見失われるというパラドックスが生じたのである．

そうした状況にあった RD 研究において，「全体系としての組織」との繋がりへの関心を取り戻す契機となった発見が，デモグラフィーの非対称効果（nonsymmetrical effects: Tsui et al., 1992）の指摘であろう．ここでいう非対称効果とは，周囲の関係という点では同じ状況に置かれた場合でも，そのことが及ぼす影響がデモグラフィーにより異なることを指す．例えば Tsui et al.（1992）は，他者とのズレが大きい状況（e.g., 周りが女性 or 男性だけ）に置かれた場合，心理的コミットメントが男性は低下する一方，女性は向上することを明らかにしている．この非対称効果について，Konrad et al.（1992）はデモグラフィーと社会的意味（social significance）の結びつきに注目し，デモグラフィーという特性が社会的関係における意味を帯びると述べている．つまり，RD 研究が示唆する非対称効果は，何かしらの社会的作用を帯電したものとして捉える必要があるのである．

前述の非対称効果に関して，近年の研究は社会的意味の作用を組織の文脈から捉えてきた．例えば Chattopadhyay et al.（2004）は，職場における地位階層（status hierarchy）の違いにより他者との関係に対する価値が異なるため（cf. Chattopadhyay et al., 2010），デモグラフィーの非対称効果が生じる可能性を指摘している．Pfeffer（1990）に対して，Chattopadhyay の研究が持つ意義は，地位階層に着目することで，RD（特にその非対称効果）の検討に組織構造という組織文脈を導入した点にあると言えるだろう．

1-4-2 ジョブ・クラフティング研究による試み

JC とは「個人が自らの仕事のタスク境界もしくは関係的境界においてなす物理的・認知的変化」（Wrzesniewski & Dutton, 2001, p. 179；高尾，

2020, 2頁）を指す概念である．そのJC概念は，トップ・ダウンで職務（ジョブ）が従業員に課されるという古典的な職務設計理論（job design theory）の想定とは異なり，従業員が職務をカスタマイズする機会を主体的に活用する有様を描写するために考え出された（Berg et al., 2008）．以下では，JC概念に関して，JC概念で重要な特徴を説明した後，いかなる意味において，JC研究が「全体系としての組織」と関わりを持つかを論じていく．

　本研究は，「全体系としての組織」との関わりを論じる上で，JCを2つの視点から検討する必要があると考える．1つが，個人が主体性（agentic）を持ち，組織と関わるという想定，そしてもう1つがジョブ（jobs）という概念である．前者がJCの前提と広く認識されてきたのに対し（高尾，2020; Wrzesniewski & Dutton, 2001），後者は相対的に注目されてこなかった．それにもかかわらず，本研究が後者に注目する理由は，そうすることがJCと「全体系としての組織」との繋がりを捉える鍵となると考えるからである．

　JCの対象がジョブであることから，JC概念には，担い手に対する要求（incumbent requirements; Cohen, 2013, p. 450）が不可欠とされてきた．さらに，ジョブは「組織における個人に課されるタスクと対人関係の集合」（Berg et al., 2008, p. 1）として捉えられ，個人に課されたタスクと対人関係（i.e., ジョブ）を「形成，成形，再定義する」（Wrzesniewski & Dutton, 2001, p. 180）行いが，JCであるとされた．他方，経営組織論においてジョブは「管理的役職名のもとで従業員によって遂行されるタスクのまとまり」（Cohen, 2013, p. 432）であり，組織を捉える上で欠かせない要素（i.e., building blocks）として捉えられてきた（Cohen, 2013）．さらに，ジョブを構成するタスク（tasks）が組織目標を暗黙裡に反映することから（Weick, 1965），そのまとまりであるジョブもまた，組織目標に関わるものと考えられてきた．つまり，ジョブには組織（の目標）とそこで働く個人を結びつける役割がある，と考えられてきたのである（Cohen, 2013）．

　ここまでの議論を踏まえれば，JCは個人に関わる能動性に加え，組織を構成するジョブという要素も内包するがゆえに，主体性・自由裁量とコントロールに関わるパラドックス（古川，2018）を内包する概念であると言えよう．したがって，JC概念（研究）は，組織と個人の目標の調和という点において（西田，1976），「全体系としての組織」が関係する研究／テーマとし

て捉えられるのである.

　JCと組織の関係については，既存研究はJCを行う当人（i.e., job craft-ers）だけでなく，JCが生じる組織にもJCが影響すること[8]，またその影響が必ずしも組織にとっても望ましいものではないことを，経験的研究を通じて黎明期より指摘してきた（Berg et al., 2008; Demerouti, 2014; Lyon, 2008; Petrou et al., 2012; Rudolph et al., 2017; Tims & Bakker, 2010; Wrzesniewski & Dutton, 2001）．だが，本研究はそれらの既存研究が「全体系としての組織」を十分に議論してきたとは言い難いと考える．その理由は，既存研究におけるミクロ－マクロの架橋が十分になされていないためである（Rousseau, 2011）．例えば，環境としての組織がJCにいかに影響するか（i.e., 組織→JC）は，JD-Rに基づく理論化（Tims & Bakker, 2010; Tims et al, 2012）やプロセス・モデル（Lazazzara et al., 2020），チームレベルのJC（Leana et al., 2009；Tims et al., 2013）などが精力的に検討されてきた．しかしながら，他方で，JCが組織に及ぼす影響（i.e., JC→組織）は，JCが組織にポジティブまたはネガティブに影響しうるというWrzesniewskiらの考察以降，度々指摘されながらも，十分に議論されてはいない（Lazazzara et al., 2020）．つまり，JCが組織的要素を含んだという点が焦点化されてこなかったのである.

　ただし，一部の研究者は，JCという個人の行いがもたらす組織への影響について，JCが生じる文脈的影響を議論の俎上に載せることで検討してきた．この点について，JCと社会的文脈の重要性を論じた嚆矢的研究がLeana et al.（2009）である．Leana et al.（2009）はジョブが社会的文脈に深く埋め込まれた（embedded）ものであることを踏まえ，JCが他者と共同的に生じる行為であるとの視点から（cf. p. 1172），共同で行われるJC（i.e., collaborative JC）の影響を検討した．その後の研究は，Leana et al.（2009）が注目した「社会的な埋め込み」の影響について，社会的文脈をより詳しく論じてきた．例えば，Berg et al.（2010）は埋め込みを構造的視点（i.e., ジョブ・クラフターの階位）に注目したのに対して，Sekiguchi et al.（2017）は階位の影響が，他者と効果的にやりとりできる能力（i.e., 社会的スキル）と

8　組織に対するJCの影響に関しては，JCの視点それ自体が生産性の向上を図る方策というマネジメント視点に留まらない枠組みから生じたものとの指摘もある（高尾，2020）.

他者への影響力に左右されることを明らかにしている.

　Leana et al.（2009）や Sekiguchi et al.（2017）が社会的埋め込みを JC の担い手の視点から検討したのに対し，特定の他者との関係から社会的文脈を捉えようとする研究もある（Bizzi, 2017; Tims & Parker, 2020）. Bizzi（2017）は，仕事上でコンタクトを取る相手の職務特性とネットワークにおける中心性（centrality）に注目し，社会的文脈の作用を考察している. その2つに注目した理由は，他者の活動に関する利害（stakes）を職務特性が左右すること，そして個人がいかなる位置にいるかに応じて，JC の結果に対する理解や知識が異なるためである. Bizzi（2017）が示唆する他者との期待や対立に関して，Tims & Parker（2020）はあるジョブ・クラフターと同僚との対立関係を説明する理論枠組みを，社会的情報処理理論（Salancik & Pfeffer, 1978）と帰属（attribution）をもとに構築し，個人の JC が同僚にいかに作用するかを精緻化している. これらは，社会的文脈という JC の持つ組織的要素に注目し，ミクロ－マクロの架橋を試みてきた研究と言えるだろう.

1-5 結論

　本研究は，組織行動研究が陥ったパラドキシカルな状況を追いながら，組織行動研究が組織を捉えるために必要な視座について探求することを目的としてきた. こうした目的は，「組織における人間行動」を研究する学問分野であるとの認識が広く受け入れられてきた一方で，組織行動研究において「組織」が喪失してきたという警鐘を踏まえたものであった（Heath & Sitkin, 2001）. そこで本研究は，組織行動研究で「組織が喪失する」とは一体どういうことなのか，またその課題に関して，いかなる議論がなされてきたかを検討した.

　上述のパラドキシカルな状況に対して，近年の組織行動研究は，分析方法を洗練化させることで対応を試みてきたが，理論的に，組織と組織における人間行動を結びつける方法については，放置されたままであった. そこで，本研究では，RD 研究と JC 研究を取り上げながら，その残された課題に対する含意を検討した. 両者の共通点は，個人の特性や行動を，組織という状

況において捉え直すことに取り組んでいる点である．組織における人間行動の把握を，分析手法の洗練によって行うだけではなく，現象を把握する概念レベルから再検討することが，組織行動研究に求められていると言えよう．そのため，組織的側面を軽視してきた既存の組織行動研究においても，それらを組織という状況下における行動として読み替えていく必要があるだろう．

さらに言えば，このことは，組織行動研究のアイデンティティを巡る課題であると同時に，組織行動研究の実務的有用性にも関わってくる（cf. Agunius & Pierce, 2008）．実務家は，彼らが組織で直面する課題を解決するために組織行動研究の知識を参照する．しかし，組織における人間行動を捉えるという組織行動研究の独自性が失われてしまうと，実務家が組織行動研究の知識を参照する必要性は薄れてしまい，結果として，実務家への有用な知識の提供という，組織行動研究の実務的有用性も脅かされることになる．そのため，上述したパラドックスや概念の再検討は，実務的有用性という観点からも検討されるべき課題であると言えよう．

また，こうした検討は，組織レベルの現象を検討する際にも有用であると考えられる．近年，マクロ組織論や戦略論の研究者が，組織における人間行動に関する知見を，自らの理論や分析モデルに組み込む動きがある．この動きはミクロ的基礎（micro-foundation）と呼ばれ，組織行動の研究者との協働の必要性が主張されている（Felin & Foss, 2005）．しかし，ミクロ的基礎の下では，組織における人間行動に関する知見は，組織との繋がりを十分に検討されないまま，安易に拝借され，変数としてのみ分析モデルに組み込まれてしまうことが指摘されている（Felin et al., 2015）．そのため，マクロ側からの拡張に対しても，組織行動研究は，自ら研究の知見を正しく橋渡しする必要がある．組織における人間行動を，組織的現象として，概念レベルから再検討することは，ミクロとマクロの架橋という点においても必要不可欠であると言えよう．

最後に，研究者同士の協働について述べておきたい．組織行動を，組織という状況下における人間行動として研究するためには，組織的な視点と人間行動の視点の両方が必要になる．そのため，研究者の専門化が進んだ現在の状況だからこそ，マクロ的視点に立つ研究者とミクロ的視点に立つ研究者の

協働が求められていると言えよう．さらに言えば，そうした協働の基盤になるコミュニティは，実務界からの参加も含めて，今後ますます重要になると考えられる（Rousseau, 2011）．そのコミュニティにおいては，お互いに不足している要素を，欠点として捉えるのではなく，研究の発展の余地が残されているという視点から捉えることが肝要になる．そうした意味でも，それぞれの分野の研究者が相互に協働しながら，お互いの知見を活かすことが必要であろう．

【参考文献】

Aguinis, H., & Pierce, C. A. (2008). Enhancing the relevance of organizational behavior by embracing performance management research. *Journal of Organizational Behavior, 29* (1), 139-145.

Barnard, C. I. (1938). *The functions of the executive.* Harvard University Press（山本安次郎・田杉競・飯野春樹訳『新訳　経営者の役割』ダイヤモンド社，1968）.

Baron, J. N., & Pfeffer, J. (1994). The social psychology of organizations and inequality. *Social Psychology Quarterly, 57* (3), 190-209.

Berg, J. M., Dutton, J. E., & Wrzesniewski, A. (2008). What is job crafting and why does it matter. *Retrieved form the website of Positive Organizational Scholarship on April, 15,* 2011.

Berg, J. M., Wrzesniewski, A., & Dutton, J. E. (2010). Perceiving and responding to challenges in job crafting at different ranks: When proactivity requires adaptavity. *Journal of Organizational Behavior, 31* (2-3), 158-186.

Bizzi, L. (2017). Network characteristics: When an individual's job crafting depends on the jobs of others. *Human Relations , 70* (4), 436-460.

Cappelli, P., & Sherer, P. D. (1991). The missing role of context in OB: The need for a meso-level approach. *Research in Organizational Behavior, 13,* 55-110.

Chatman, J. A., & Flynn, F. J. (2001). The influence of demographic heterogeneity on the emergence and consequences of cooperative norm in work teams. *Academy of Management Journal, 44* (5), 956-974.

Chatman, J. A., Polter, J. T., Barsade, S. G., & Neale, M. A. (1998). Being different yet feeling similar: The influence of demographic composition and organizational culture on work processes and outcomes. *Administrative Science Quarterly, 43* (4), 749-780.

Chattopadhyay, P. (1999). Beyond direct and symmetrical effects: The influence of demographic dissimilarity on organizational citizenship behavior. *Academy of Management Journal, 42* (3), 273-287.

Chattopadhyay, P., George, E., & Lawrence, S. A. (2004). Why does dissimilarity matter? Exploring self-categorization, self-enhancement, and uncertainty reduction. *Journal of Applied Psychology, 89* (5), 892-900.

Chattopadhyay, P., Finn, C., & Ashkanasy, N. M. (2010). Affective responses to professional dissimilarity: A matter of status. *Academy of Management Journal, 53* (4), 808-826.

Cohen, L. E. (2013). Assembling jobs: A model of how tasks are bundled into and across jobs. *Organization Science, 24* (2), 432-454.

Demerouti, E. (2014). Design your own job through job crafting. *European Psychologist, 19* (4), 237-247.

Felin, T., & Foss, N. J. (2005). Strategic organization: A field in search of micro-foundation. *Strategic Organization, 3* (4), 441-455.

Felin, T., Foss, N. J., & Ployhart. R. E. (2015). The microfoundations movement in strategy and organization theory. *Academy of Management Annals, 9* (1), 575-632.

古川久敬 (2018).「組織行動研究の展望：パラドックスを抱えた組織と個人を意識して」 『組織科学』*52* (2), 47-58.

Gordon, R. A., & Howell, James, E. (1959). *Higher education for business.* Columbia University Press.

服部泰宏 (2020).『組織行動論の考え方・使い方：良質のエビデンスを手にするために』 有斐閣.

Heath, C., & Sitkin, S. B. (2001). Big-B versus Big-O: What is *organizational* about organizational behavior? *Journal of Organizational Behavior, 22* (1), 43-58.

House, R., Rousseau, D. M., & Thomas-Hunt, M. (1995). The meso paradigm: A framework for the integration of micro and macro organizational behavior. *Research in Organizational Behavior, 17,* 71-114.

Johns, G. (2006). The essential impact of context on organizational behavior. *Academy of Management Review, 31* (2), 386-408.

Johns, G. (2017). Reflections on the 2016 decade award: Incorporating context in organizational research. *Academy of Management Review, 42* (4), 577-595.

Joshi, A., Liao, H., & Roh, H. (2011). Bridging domains in workplace demography research: A review and reconceptualization. *Journal of Management, 37* (2), 521-552.

Katz, D., & Kahn, R. L. (1978). *The social psychology of organizations.* Wiley.

貴島耕平・福本俊樹・松嶋登 (2017).「組織行動論の本流を見極める：人間関係論，組織開発，アクション・サイエンス」『国民経済雑誌』*216* (2), 31-55.

Konrad, A. M., Winter, S., & Gutek, B. (1992). Diversity in work group sex composition: Implication for majority and minority members. *Research in the Sociology of Organizations, 10,* 115-140.

Lawrence, P. R. (1987). Historical development of organizational behavior. In J. W. Lorsch (Ed.), *Handbook of organizational behavior* (pp. 1-9). Prentice-Hall.

Lazazzara, A., Tims, M., & de Gennora, D. (2020). The processes of reinventing a job: A meta-synthesis of qualitative job crafting research. *Journal of Vocational Behavior, 116.* https://doi.org/10.1016/j.jvb.2019.01.001.

Leana, C., Applebaum, E., & Shevchuk, I. (2009). Work process and quality of care in early childhood education: The role of job crafting. *Academy of Management Journal, 52* (6), 1169-1192.

Likert, R. (1967). *The human organization: Its management and value.* McGrawHill (三隅二不二訳『組織の行動科学：ヒューマン・オーガニゼーションの管理と価値』ダイヤモンド社，1968).

Lyon, P. (2008). The crafting of jobs and individual differences. *Journal of Business*

Psycholog, 23, 25-36.

McCain, B. E., O'Reilly Ⅲ, C., & Pfeffer, J. (1983). The effects of departmental demography on turnover: The case of a university. *Academy of Management Journal, 26* (4), 626-641.

McClelland, D. C. (1961). *The Achieving society*, Van Nostrand（林保監訳『達成動機』産業能率短期大学出版部, 1971).

Molloy, J. C., Ployhart, R. R., & Wright, P. M. (2011). The myth of "the" micro-macro divide: Bridging system-level and disciplinary divides. *Journal of Management, 37* (2), 581-609.

Mowday, R. T., & Sutton, R. I. (1993). Organizational behavior: Linking individuals and groups to organizational contexts. *Annual review of psychology, 44* (1), 195-229.

西田耕三 (1976).『ワーク・モチベーション研究：現状と課題』白桃書房.

O'Reilly Ⅲ, C. A. (1990). Organizational behavior: Where we've been, where we're going. *Annual Review of Psychology, 42*, 427-458.

O'Reilly Ⅲ, C. A., Caldwell, D. F., & Barnett, W. P. (1989). Work group demography, social integration, and turnover. *Administrative Science Quarterly, 34* (1), 21-37.

Petrou, P., Demerouti, E., Peeters, M. C. W., Schaufeli. W. B., & Hetland, J. (2012). Crafting a job on a daily basis: Contextual correlates and the link to work engagement. *Journal of Organizational Behavior, 33*, 1120-1141.

Pfeffer, J. (1981). Some consequences of organizational demography: Potential impacts of an aging work force on formal organizations. In S. B. Kesler, J. N. Morgan, & V. K.Oppenheimer (Eds.), *Aging, social change* (pp. 291-329). Academic Press.

Pfeffer, J. (1983). Organizational demography. In L. L. Cummings, & B. M. Staw (Eds.), *Research in organizational behavior, Vol. 5* (pp. 299-357), JAI PRESS.

Pfeffer, J. (1985). Organizational demography: Implications for management. *California Management Review, 28* (1), 67-81.

Pfeffer, J. (1990). Incentives in organizations: The importance of social relations. In O. E. Williamson (Ed.), *Organization theory: From Chester Barnard to the present and beyond* (pp. 72-97). Oxford University Press（飯野春樹監訳『現代組織論とバーナード』90-124頁, 文眞堂, 1997).

Pierson, F. C. (1959). *The education of American businessmen*. McGraw-Hill Book Company.

Porter, L. W., Lawler, E. E., & Hackman, J. R. (1975). *Behavior in organizations*. McGraw-Hill.

Porter, L. W., & Schneider, B. (2014). What was, what is, and what may be in OP/OB. *The Annual Review of Organizational Psychology and Organizational Behavior, 1* (1), 1-21.

Riordan, C. M. (2000). Relational demography within groups: Past developments, contradictions, and new directions. *Research in Personnel and Human Resource Management, 19*, 131-173.

Robbins, S. P. (2005). *Essentials of Organizational Behavior*. Prentice Hall（髙木晴夫訳『組織行動のマネジメント：入門から実践へ』ダイヤモンド社, 2009).

Rousseau, D. M. (1985). Issues of level in organizational research: Multi-level and cross-level perspectives. *Research in Organizational Behavior. 7*, 1-37.

Rousseau, D. M. (2011). Reinforcing the Micro/Macro bridge: Organizational thinking and pluralistic vehicles. *Journal of Management, 37* (2), 429-442.

Rousseau, D. M., & House, R. J. (1994). Meso organizational behavior: Avoiding three fundamental biases. In C. L. Cooper, & D. M. Rousseau. (Eds.), *Trends in organizational behavior* (Vol.1, pp. 13-30). John Wiley & Sons.

Rudolph, C. W., Katz, I. M., Lavigne, K. N., & Zacher, H. (2017). Job crafting: A meta-analysis of relationships with individual differences, job characteristics, and work outcomes. *Journal of Vocational Behavior, 102*, 112-138.

Salancik, G. R., & Pfeffer, J. (1978). A social information processing approach to job attitudes and task design. *Administrative Science Quarterly, 23* (2), 224-253.

Schein, E. H. (1965). *Organizational psychology*. (松井賚夫訳『組織心理学』岩波書店, 1966).

Schneider, B. (1985). Organizational behavior. *Annual Review of Psychology, 36*, 573-611.

Sekiguchi, T., Li, J., & Hosomi, M. (2017). Predicting job crafting from the socially embedded perspective: The interactive effect of job autonomy, social skill, and employee status. *The Journal of Applied Behavioral Science, 53* (4), 470-497.

Staw, B. M., & Sutton, R. I. (1993). Macro organizational behavior. In J. K. Murnighan (Ed.) *Social psychology in organizations: Advances in theory and research* (pp. 350-384). Prentice-Hall.

高尾義明 (2020).「ジョブ・クラフティングの思想：Wrzesniewski and Dutton (2001) 再訪に基づいた今後のジョブ・クラフティング研究への示唆」『経営哲学』*17* (2), 2-16.

Tannenbaum, A. S. (1968). *Control in organizations*. McGraw-Hill.

Tims, M. Y., & Bakker, A. B. (2010). Job crafting: Towards a new model of individual job redesign. *SA Journal of Industrial Psychology, 36* (2), 1-9.

Tims, M., Bakker, A. B., & Derks, D. (2012). Development and validation of the job crafting scale. *Journal of Vocational Behavior, 80* (1), 173-186.

Tims, M., Bakker,A. B., Derks, D., & van Rhenen, W. (2013). Job crafting at the team and individual level: Implications for work engagement and performance. *Group & Organization Management, 38* (4), 427-454.

Tims, M., & Parker, S. K. (2020). How coworkers attribute, react to, and shape job crafting. *Organizational Psychology Review, 10* (1), 29-54.

Tsui, A. S., Egan, T. E., & O'Reilly Ⅲ, C. A. (1992). Being different: Relational demography and organizational attachment. *Administrative Science Quarterly, 37* (4), 549-579.

Tsui, A. S., Egan, T. D., & Xin, K. R. (1995). Diversity in organizations: Lessons from demography research. In M. M. Chemers, S. Oskamp & M. A. Costanzo. (Eds.), *Diversity in organizations: New perspectives for a changing workplace* (pp. 191-219). Sage Publication.

Tsui, A. S., & Gutek, B. A. (1999). *Demographic differences in organizations: Current research and future directions*. Lexington Books.

Tsui, A. S., & O'Reilly Ⅲ, C. A. (1989). Beyond simple demographic effects: The importance of relational demography in superior-subordinate dyads. *Academy of Management Journal, 32* (2), 402-423.

Wagner, W. G., Pfeffer, J., & O'Reilly Ⅲ, C. A. (1984). Organizational demography and turnover in top-management groups. *Administrative Science Quarterly, 29* (1), 74-92.

Warner, M. (1994). Organizational behavior revisited. *Human Relations, 47* (1), 1151-1166.

Weick, K. (1965). Laboratory experimentation with organizations. In J. G. March, *Handbook of organizations* (pp. 194-260). Rand McNally.

Wrzesniewski, A., & Dutton, J. E. (2001). Crafting a job: Revisioning employees as active crafters of their work. *Academy of Management Review, 26* (2), 179-201.

砂口文兵・貴島耕平「組織行動研究における組織」へのコメント

高尾 義明

1. 砂口・貴島論文の重要な貢献

　砂口・貴島論文（以下では，本論文と略記する）は，組織行動研究者，とりわけその概要が年次大会で発表された組織学会に所属する当該領域の研究者にとって，刺激的な内容を含んでいる．というのは，本論文が光を当てた，組織行動研究において「組織の喪失」が生じているという事態に薄々気付いていた組織行動研究者は少なからずいたとしても，そのような指摘が日本の学界でなされてきたことはこれまでほとんどなかったからである（数少ない例外として，古川，1996）．本論文におけるパラドックスという強い表現を用いた指摘が，当該領域の研究者の内省を喚起したことは想像に難くない．そうした意味で，本論文は日本の組織行動研究の今後の発展に重要な貢献を果たすものといえる．

　本論文においては，組織行動研究の全体的トレンドを示すだけでなく，関係的デモグラフィー及びジョブ・クラフティングという2つのトピックを取り上げ，「組織の喪失」を巡る具体的な展開を示そうと試みているが，この点も評価されるべき点である．それぞれのトピックにおける説明が説得力をもったものになっているかは後ほど触れるが，特定のトピックにおける「組織の喪失」を示そうとしたことは，「組織の喪失」という問題がアクチュアルなものであることを伝えるという面で効果的であったと考えられる．

　また，本論文は，経営学関連分野において近年取り上げることが増えているRigor-Relevanceの相克を，従来と少し違う角度からあぶり出したとも理解できる．科学として要求されるRigorを過度に重視することが，実践とのRelevanceの低下につながるという指摘は，経営学においてこれまでになされてきた．そうした直接的な相克も意識しつつ，本論文ではRigorの重視が組織行動研究の研究内容の転倒をも生み出しているという指摘がなされていることは見逃せない点である．

　このように本論文は，日本における今後の組織行動研究の発展に対して大

きな意義をもつものであるが，検討すべき点が皆無であるわけではない．以下では，紙幅の関係から，組織行動研究がパラドックスに陥っているという認識，関係的デモグラフィー及びジョブ・クラフティングを取り上げるというテーマ選択の妥当性という2点について若干の検討を行った上で，本論文の締めくくりとして提案された研究者の協働に関する評者の感想を最後に提示したい．

2. 組織行動研究はパラドックスに陥っているのか

　本論文では，第1-2節のタイトル通り，「組織行動研究が抱えたパラドックス」を問題として取り上げている．パラドックスという刺激的な術語を用いることは，問題の所在をアピールするという意味では効果的である．しかし，パラドックスという術語はそのインパクトに比して定義や含意が十分に共有されているとはいえず，その使用がかえって問題の本質の把握を妨げる危険性もはらんでいる．

　本論文でいうパラドックスとは，「『組織における』人間の行動を論じてきた組織行動研究において，組織への関心が薄れてきたという事態の発生」と説明されている．そこにパラドックスを見出せるというためには，「組織における」人間の行動を論じることと組織への関心の関係についての一定の前提を与件としている．そこでいう組織への関心が Heath & Sitkin（2001）の「Big-O」のように，組織における協働や調整を達成するといった組織レベルの現象への解明に関わるものであるとすれば，まさにパラドックスが生じていると理解できる．筆者らがパラドックスに陥っているという認識を示しているということは，そうした関心を幅広い組織行動研究者が持っていることを想定していることを意味するが，その想定は妥当なものといえるだろうか．

　組織行動研究に対する一般的な定義は，本論文でも参照されているように，「組織内で人々が示す行動や態度についての体系的な学問」（Robbins, 2005）である．その研究対象は，組織における人間行動や態度であり，ミクロ的なアプローチから組織の成り立ちを検討するといった探求はそこには必ずしも含まれていない．いいかえれば，「組織における」人間の行動を論じることは，組織そのものへの関心を必ずしも必要とせず，コンテクストの1

つとして組織を扱うこともありうる.

　人間行動一般で見られる何らかの傾向性，たとえば行動経済学で取り上げられるようなさまざまなバイアスが，組織的コンテクストにおいても生じているかどうか検討することは，Heath & Sitkin（2001）のいう「Big-B」もしくは「Contextualized-B」に該当する．そうした検討においては組織への関心は希薄であり，組織現象の解明に役立たないといえるかもしれない．しかし，そうしたバイアスに焦点を当てることで組織における人間行動の説明力を高めることができれば，上記の組織行動研究の定義を踏まえると，それもまた組織行動研究に含められるとも考えうる.

　このように，Heath & Sitkin（2001）の「Big-O」的な問題関心が共有されていてはじめて，組織行動研究はパラドックスに陥っているという認識が生じるが，「Big-O」的な問題関心は幅広く共有されていると想定できるだろうか．本論文の概要の発表の舞台になった，組織学会に参加する組織行動研究者ではミクロ的アプローチから組織現象に迫りたいという研究関心がかなり共有されているように評者には思われる．しかし，そこを超えた，日本の組織行動研究者，さらにいえば世界の組織行動研究者において，上記のような組織への関心は幅広く共有されていないかもしれない．したがって，パラドックスに陥っているという認識そのものを共有することから始めないといけないように思われる.

　経営学におけるパラドックス研究のレビューによれば，パラドックスとは，「相互依存的要素間の継続的な矛盾（persistent contradiction between interdependent elements）」とされる（Schad et al., 2016）．たとえば，この定義に基づいて，組織行動研究やそれを巡る状況においてどのような要素が関連し，どういった矛盾が生じているのかを明確に描写することができれば，本論文の主張はより妥当なものと理解されるだろう．そうした描写を試みた上で，本論文で取り上げている組織行動を巡る問題がパラドックスという術語で語られるべきものかどうか検討してよいのかもしれない.

3. 2つの研究テーマの選択は妥当か

　次に，「組織の喪失」の展開を見出す具体的な研究テーマとして関係的デモグラフィーとジョブ・クラフティングをピックアップしたことについて検

討する．本論文では，それらのトピックを取り上げた根拠として相互作用や「組織との関わり」が挙げられているが，そうした基準でいえば他にもさまざまな概念（たとえば，組織市民行動，心理的契約等）が該当するはずである．したがって，これら2つがピックアップされた理由づけは必ずしも頑健なものとはいえない．

　もっとも，関係的デモグラフィーについては，「組織の喪失」及びそこからの回復の流れを，説得力を持って示すことができていると評価できる．関係的デモグラフィーの議論は，Pfeffer（1983）が，勤続年数の分布という組織的デモグラフィーが，組織レベルの諸変数から影響を受けると同時に，組織レベルの影響を与えるものであることを提示したところに出発点がある．そうした含意をもつ組織的デモグラフィーが関係的デモグラフィーとして概念の精緻化が図られるとともに実証研究が進む中で，組織についての意識が希薄になり，さらには，そこからある種の回復の試みがなされていることがコンパクトに説明されている．

　一方，ジョブ・クラフティングについては，そうした著者らの狙いが成功しているようには思いにくい．評者の私見によれば（cf. 高尾，2020），ジョブ・クラフティング概念には，組織行動研究の困難を扱う本論文の問題意識に適合しない特徴が含まれているためである．ジョブ・クラフティング概念の提唱には，ジョブデザイン研究が前提にしていた組織側の視点から，ワーク・アイデンティティや仕事の意味といった，個人にとっての仕事の経験，すなわち個人の認知への視点の移行が含まれていた．極論すれば，Wrzesniewski & Dutton（2001）は，組織との関わりをあえて無視し，個人の視点から仕事を捉えようとしたがゆえに「この活動（引用者注：ジョブ・クラフティング）は従業員に役立つが，その本質からいえば組織にとって良いものでも悪いものでもない」（p. 187）と述べたといえる．こうした含意をもつジョブ・クラフティングは，組織の「喪失」を示すトピックとしてはふさわしくない，というのが評者の見解である．

　もっとも，ジョブ・クラフティング研究が進展するとともにその概念規定も揺れ動き（cf. 高尾，2020），相互作用や組織との関わりが議論されるようになったのは，本論文の指摘の通りである．しかし，組織の「喪失」を検討するのであれば，ジョブ・クラフティングと類似性が見いだされる組織市民

行動やプロアクティブ行動を取り上げるという選択肢もあったように思われる．

4. おわりに：専門化が進んだ時代における協働に向けて

　本論文の締めくくりでは，研究者同士の協働が取り上げられている．「研究者の専門化が進んだ現在の状況だからこそ，マクロ的視点に立つ研究者とミクロ的視点に立つ研究者の協働が求められる」という著者らの提案に，評者も大いに賛意を表したい．しかし，出版される論文数が爆発的に増加し，専門化の加速が進行していることを踏まえると，事態はより深刻である可能性もある．すなわち，かつては組織行動研究とひとくくりにできた研究領域内部においても，意識的に研究者の協働を図っていかなければならないのかもしれない．いいかえれば，Heath & Sitkin（2001）がいうような「Big-O」的問題関心をもつ研究者と，「Big-B」もしくは「Contextualized-B」的な立ち位置の研究者が，それぞれの関心や前提の違いを意識しつつ，そうした違いを架橋することを考える時期を迎えつつあるのではないだろうか．

　学問の細分化とジャーナル志向が進むことで，バウンダリー・スパナーとなる「スター不在の時代」に入ることが予想される中で（cf. 服部,2020），本論文が提唱するような協働を促進するために学会が果たすべき役割はどのようなものなのか．本論文は，そういったことまで考えさせる貴重な問題提起を行ったといえる．

【参考文献】（砂口・貴島論文の文献リストに含まれているものは省いている）

古川久敬（1996).「『組織行動』研究の動向」『産業・組織心理学研究』10（1), 15-26.
Schad, J., Lewis, M. W., Raisch, S., & Smith, W. K. (2016). Paradox research in management science: Looking back to move forward. *Academy of Management Annals*, *10*（1), 5-64.

2 個人 – 組織適合研究の系譜と新展開

山﨑 京子

2-1 はじめに

　個人と組織の関係性を論じる諸概念は，近年，EOR（employee-organization relationship）として包括されるようになっている（Coyle-Shapiro & Shore, 2007）．服部（2016）によれば，これには組織同一化，組織コミットメント，心理的契約と並んで本稿が議論する個人 – 組織適合（Person-Organization fit：以下，P-O fit）が含まれている．P-O fit とは「個人と組織間の職場における適合（fit）であり，（1）一方が他方の要求するものを提供し，または（2）類似する基礎的な特徴を共有し合い，または（3）その両方が成立していること」（Kristof, 1996, pp. 4-5）とされる．EOR 概念の中で最も研究蓄積のある組織コミットメントは個人が組織内でのメンバーシップを継続するか否かに関わる態度であることから，P-O fit の被説明変数となる．組織同一化は，時間を掛けて相互作用を繰り返しながら個人が組織との一体性への認知を得ていくという恒常的な調和を重視しているが，P-O fit では個人の価値観が先行して認知され組織との適合性を一時点で判断する．心理的契約は組織と従業員の間における相互期待に関する合意が成立しているか否かという従業員の知覚を議論するものであり，P-O fit では個人による組織への期待には言及していない．

　このように EOR 概念の中でも個人の価値観や特性を組織とは独立させて議論する P-O fit の研究だが，日本では組織社会化の文脈の中で時折用いられる程度の概念であった．その背景には，日本型雇用システムの特徴である

職務の定めのない雇用契約というメンバーシップ型労働慣行と，それに伴う新卒一括採用と終身雇用による個人と組織の安定した関係性（濱口，2011）があり，個人は組織との関係性の中で自身の価値観や特性を自覚する必要がなかったからだといえるだろう．だが，近年では非正規社員や外国人社員の増加による組織内での価値観の多様化，副業の解禁やテレワークの進展，そしてキャリア自立など，個人は組織との関係性を見直す外的要因が増加している．よって，雇用システムの移行期にある日本において，個人は自身の価値観と照らし合わせて組織との適合や不適合をどのように認知するのか，その認知は変化するのか，その結果としてどのような態度や行動が発生するのか，を探求する際に P-O fit という概念は新たな知見を与えてくれる．ところが，日本では P-O fit の概念定義，測定方法，研究モデルに関わる最新の議論がほとんど紹介されていない．そこで本稿では，P-O fit 研究の全体を概観するフレームワークを提示し，日本における P-O fit 研究の適用可能性を検討することを目的とする．

2-1-1 「個人−組織適合」と「個人−環境適合」

P-O fit の上位概念に位置付けられるのが個人−環境適合（Person-Environment fit：以下，P-E fit）であり，それは個人と職場環境の特性が一致している状態（Kristof-Brown et al., 2005, p. 281），あるいは個人と環境の間の一致，マッチング，または類似性（Edwards, 2008; Schneider et al, 1997）とされる．個人−環境の下位概念について，採用プロセスの時間軸による適合の内容を整理した Jansen & Shipp（2013）は，雇用前の採用前段階では個人−職業（Person-Vocation: P-V），探索段階では個人−職務（Person-Job: P-J）と個人−個人（Person-Person: P-P），選択段階では P-J と P-O が重視されるとしている．雇用後の社会化段階では P-O と P-J，長期雇用段階では P-O，P-J，P-V，P-P，そして個人−集団（Person-Group: P-G）の適合がテーマとなるという整理を行っている．

この中で P-O fit は選択，社会化，そして長期雇用の3段階を継続していることから，時間経過の中で適合の変化をダイナミックに捉えることができる概念だといえる．とはいえ，P-O fit は P-E fit の下位概念という位置づけから，その基礎理論や測定，分析手法においては P-E fit の議論に大きく依

存する点は否めない.

2-1-2 個人 – 組織適合研究数の推移と転換期

P-O fit 研究の発表本数は,Web of Science の検索[1]では 2008 年に一旦ピークを迎え,続く 2 年間は一旦発表論文数が下がるが,2011 年以降も上昇傾向である.1997 年から 2007 年までの平均出版数が 3.9 本に対して,2008 年から 2020 年の年間平均出版数は 12.6 本である.Google Scholar による検索[2]でも同様に 2008 年前とそれ以降に傾向の差があり,1997 年から 2007 年の年間平均出版数が 9.3 本,2008 年から 2020 年が 35.5 本となった(図 1).

転換となる 2008 年前後に P-O fit 研究には 4 つの出来事があった.1 つめは,2007 年に Ostroff と Judge の編纂による *Perspectives on Organizational Fit* が出版されたことである.全 13 編の論文には適合の定義,概念,そして研究方法について,26 名の研究者[3]による批判的議論が展開されている.2 つめは同年に "Global e-Conference on fit" という研究大会が開催されたこ

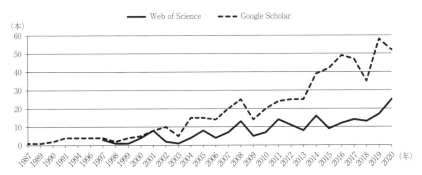

図 1　個人 – 組織適合の研究発表数

1　2021 年 4 月 25 日現在に "Person Organization fit" もしくは "P O fit" でタイトル検索を行い,222 件が抽出され,Article のみにすると 190 本となった.

2　2021 年 4 月 20 日現在に "Person Organization fit" 検索で 2,777,000 件,"P O fit" 検索で 1,090,000 件が抽出された.それぞれの表示 1000 件につき内容を確認し,学位論文,出版本,大学紀要,大会発表論文(Academy of Management Proceedings を除く),英文以外の論文を除き,タイトルに検索用語が含まれている論文のみを抽出すると,合わせて 574 本となった.

3　同領域における代表的な研究者である.Cable D. M., Chatman J. A., Edwards J. R., Jansen K. J., Kristof-Brown A. L., O'Reilly C. A. らが挙げられる.

と，3つめは2008年にEdwardsがP-E fitを説明する基礎理論に関する批判的レビュー論文を発表したことである．そして4つめが，2013年にKristof-BrownとBillsberryの編纂による *Organizational Fit: Key Issues and New Directions* が出版されたことである．これらがその後の論文数の増加に大きく寄与しているといえよう．

上記の転換期を手掛かりに，本稿では適合研究をめぐる論点の展開を3つの時期に分類した．まず，1930年代の萌芽期から1990年代前半の概念生成期，続く1990年代後半から2000年代中盤の概念整理と検証期，そして2007年以降の既存概念への批判と新展開期であり，ここでは不適合やダイナミクスという新しいテーマと，それらを実証研究するためのリサーチデザインや基礎理論に関する論争が展開される．そこで，本稿ではP-O fitをめぐる議論を年代順に追いながら現在地を確認することにする．なお，本稿で検討する先行研究は主に被引用論文として上位を占めた論文，転換期において重要な役割を果たした研究者の出版物に掲載されている論文，その引用論文，被引用論文である．

2-2 主要研究の時代変遷と論点

2-2-1 萌芽期（1930年代）から概念生成期（1990年代前半）

(1) 個人−環境適合の萌芽期の系譜

組織行動研究においてP-E fitは何十年ものあいだ中心的な位置を占めてきたとするEdwards（2008）に基づき，P-O fit以外の適合タイプも含めて適合研究の系譜を整理する．古くを遡れば，職業心理学の創始者ともいわれるParsons（1909）が個人のキャリア意思決定に職業特性とのマッチングの重要性を唱えたのが適合という概念の始まりだとされる．だが，この領域に最も影響を与えたのは，個人の6つの職業興味（現実的，研究的，芸術的，社会的，企業的，慣習的）と，職業特性との適性をアセスメントしてキャリアガイダンスに適用する職業選択の理論を提示したHolland（1959, 1997）である．この職業心理学の系譜はP-J fitやP-V fitへと受け継がれ，採用と選考の領域（eg., Breaugh, 1992; Wanous, 1980; Werbel & Gilliland; 1999）

へと発展する．こうした Holland による個人とその環境との適合によって
種々の成果を説明するというものの見方が，P-E fit 理論全般に引き継がれ
ていったのである．さらに，職務満足やストレスの研究領域（e.g., Katzell,
1964; Locke, 1969; McGrath, 1976; Schaffer, 1953）は，後に不適合（misfit）
の理論的な根拠として用いられるようになる．

　他方，P-E fit の理論的な源流が Lewin（1935, 1951）の場の理論であるこ
とは多くの研究者が認めている（e.g., Edwards, 2008; Ostroff & Schulte,
2007; Sekiguchi, 2004; 竹内，2009）．Lewin の研究の影響は広く社会心理学，
組織心理学，組織行動論などに至るが，適合の基礎理論として引用されるの
が古典的な B＝F（P, E）で表される，行動（behavior）は人（person）と
環境（environment）の関数（function）であるという公式である．この考
え方は P-E fit 研究に深く浸透しているが，Lewin は行動が個人と環境の適
合から生じると仮定したわけではなく（Edwards, 2008），個人と環境の相互
作用的な側面を強調していることから，その後の論争にもなる適合のダイナ
ミズムでも引き合いに出されるようになる．

　上記が P-E fit の系譜となるが，本稿が主題とする P-O fit については，
Argyris（1957）に重要な源流があるといえる（Kristof-Brown & Jansen,
2007; Verquer et al., 2003）．Argyris（1957）は，適応[4]（adjustment）を
パーソナリティが内部でつり合いの取れている状態，順応（adapted）を
パーソナリティが外部とつり合っている状態，そして適応し，かつ順応して
いるのが統合（integrate）だと定義（p. 22）しているが，この統合の概念
こそが現在の適合（fit）の原型だと考えることができる．さらに Argyris
は個人と組織の不一致は両者の効果性を高めるための基礎にもなりえる，と
言及していることから後の不適合の議論でも引用されることになる．

(2)　個人 - 組織適合概念の生成

　個人と組織の適合関係を理論モデルとして提示したのが Schneider（1987）
による A-S-A モデルである．A-S-A モデルでは，人が組織に魅了され
（attraction），組織に選抜され（selection），組織から離脱したり一部の人が
淘汰されたりする（attrition）プロセスを通して，特定の特性をもった個人

4　adjustment を適応，adapted を順応，integurate を統合とした日本語訳は，伊吹山・中村訳
　（1970）に従った．

の集合によって組織全体の特性が創発することを説明している。組織に馴染んで残る人々によって組織が形成される（the people make the place）という考え方は、P-O fit の理論的基礎となっている（Kristof-Brown & Jansen, 2007）が、時間経過とともに組織が同質化し、適応と変化の能力が低下する可能性についても同時に示唆している（Schneider, 1987）。

そして、P-O fit を明確に概念化したのが Chatman（1989, 1991）である。Chatman（1989）は、「P-O fit とは、組織の規範や価値観と個人の価値観の適合（congruence）である」（p. 339）と定義し、P-O fit は組織からの選考と社会化、個人からの選択を調整変数として組織成果や個人成果に影響する、というモデルを提示した。このモデルでは P-O fit が高まることが組織成果や個人成果につながるとしているが、組織構成員の多くが過剰適合になると同調、惰性をもたらし、変革性と適応性が減少することも指摘している。「個人にとってどの程度組織と適合しているか、という視点と、組織内における高い適合者と低い適合者の割合、という2つの視点から、理想的なP-O fit の水準というものがあるだろう」（p. 346）と Chatman（1989）は結論づけている。このように、過剰な同調の危険性と適度な不適合の重要性は、Argyris（1957）、Schneider（1987）、そして Chatman（1989）が共通して指摘している点である。

その後、Chatman は個人の価値観と組織文化との間の適合を測定するために組織文化プロファイル（Organizational Culture Profile: OCP）尺度を開発する（O'Reilly et al., 1991）。OCP では組織文化に関する54項目について、個人の重視する価値観と組織の重視する価値観を別々に個人に評価させ、それらの一致度によって適合の度合いを測定しようとしている[5]。このOCP を用いた O'Reilly et al.（1991）の研究では、P-O fit が認められた1年後に職務満足と組織コミットメントへの正の影響が確認され、2年後に在職意向が認められた。彼らの研究以降、数多くの定量研究が発表されるようになるが、それらは O'Reilly et al.（1991）が行ったような縦断調査ではないことから、後に適合研究はスタティックな研究だという批判を受けるように

---

5 この技法は Q-Sort Technique といわれ、Carl R. Rogers による自己一致理論を具体的に測定するためにカードが用いられていた。現在では質問紙法を用いて順位相関係数によって変数化している（O'Reilly et al., 1991）。

なるのである.

2-2-2 概念整理と検証期（1990 年代後半から 2000 年代中盤）

（1） 拡張化した概念の整理

O'Reilly et al.（1991）の概念をさらに精緻化したのが Kristof（1996）である．Kristof（1996）は適合の概念を補充的適合（supplementary fit）と相互補完的適合（complementary fit）に分類した（図2）．補充的適合は矢印（a）で示され，組織の特徴（組織文化や価値観，目標，規範）と個人の本質的な特徴（人格や価値観，目標，態度）間の関係性を表し，相互補完的適合は組織の需要（demands）と供給（supplies），個人の需要と供給を相互に掛け合わせたものである[6]．具体的には，個人が望む資源や機会を組織が供給するかどうかという需要 – 供給適合（needs-supplies fit）の矢印（b）と，組織が個人に要求する資源や知識・スキル・能力を個人が提供できるかどうかという要求 – 能力適合（demands-abilities fit）の矢印（c）という2種類

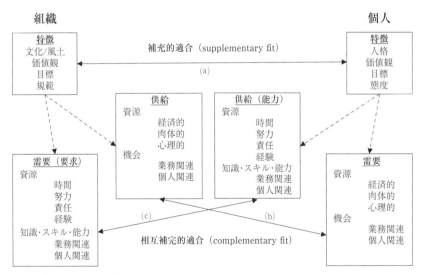

図2　多様な個人 – 組織適合の概念

出所：Kristof（1996）p. 4

6　Harrison（2007）は，補充的適合は相性（affinity）であり，相互補完的適合は結合（interlock）を示しており，双方の属性が釣り合っている状態が適合である，と説明している.

がある.

　Chatman や O'Reilly らが主張したのは個人と組織の価値観の適合であり，Kristof（1996）の分類では補充的適合に相当する. だが，相互補完的適合も含めた広義な定義となった背景には，既述の職業心理学や職務満足の研究系譜からの基礎理論を考慮したからであろう[7]. これ以降，適合という概念は P-J fit とともに組織社会化（e.g., Cable & Parsons, 2001; Cooper-Thomas & Anderson, 2002, Kammeyer-Mueller, 2007），人的資源管理（e.g., Gerhart, 2007），採用（e.g., Cable & Yu, 2007），資格過剰（e.g., Luksyte & Spitzmueller, 2016）といった隣接研究領域へとさらなる広がりを見せるようになる.

(2) メタ分析による検証

　適合に関する定義や尺度の整備が進んだ結果，様々な経験的研究が発表されるようになった. ただ，それらは決して蓄積的に行われたとはいえず，相互に矛盾する結果を発表するものも少なくなかった. その原因として指摘されているのが，適合の測定と分析の方法が統一されていないという問題である.

　適合の測定方法には，主観的適合，客観的適合，そして認知的適合の3種類がある（Hoffman & Whoehr, 2006; Kristof, 1996; Kristof-Brown & Billsberry, 2013; Verquer et al, 2003）[8]. このうち主観的適合とは，回答者である個人に個人と組織の価値観を個別に回答させることで双方の価値観の差を変数化するものである. 回答者に対して自身の価値観などの特徴に対する自己認識と，組織側の価値や規範の認識を共に回答させ，適合の程度を把握する[9]. 対して客観的適合においては，個人に自分の特徴を回答させた後に，今度は他の組織メンバーに組織の側の特徴を回答させる. 個人の主観によらない，ダイアドなレベルでの適合を測定するのである. 最後に認知的適合

7　相互補完的適合（complementary fit）の前提理論には Murray（1938）によるニーズ－プレスモデルがある.

8　竹内（2009）は，主観的適合（subjective fit），客観的適合（objective or actural fit），認知的適合（perceived fit）の3分類のうち，それらの名称に関して Hoffman & Woehr（2006）が「認知的適合」としているものを，Kristof-Brown et al.（2005）では「主観的適合」と逆に名称化しているなど，統一されていない点を指摘している. また，Verquer et al.（2003）でも，「認知的適合」と「主観的適合」は Kristof-Brown et al.（2005）とは異なり，「主観的適合」と「認知的適合」が逆転している. 本稿では，Kristof-Brown & Billsberry（2013）の名称分類で統一する.

9　既出の組織文化プロファイル尺度（O'Reilly et al., 1991）は主観的適合の代表例である.

は，個人の特徴が所属先組織とどのくらい適合しているかという全般的な評価を，個人に対して問うものである．そのため，明確な測定基準を設けることは困難であるが，個人の組織に対する経験的な事実認識を把握することができるとされている（Edwards, 2008）．こうしたやり方を各々の研究者が任意に選択し，適合の測定を行ってきたことが，多くの研究の乱立状態を招来したのである（Meglino & Ravlin, 1998）．

そうした中で 2000 年以降は，過去の経験を統合的に把握するためのメタ分析が行われている．例えば Verquer et al.（2003）は，21 編の P-O fit の研究についてメタ分析を行い，職務態度（職務満足，組織コミットメント，離職意向）に対して価値観の認知的適合 [10] が最も強く影響を及ぼしていることを明らかにした．加えて，多様な適合の構成要素，測定方法，研究デザインの問題が，結果に対して影響を与える調整要因となるという重要な事実を発見している．また Kristof-Brown et al.（2005）は P-O fit のみならず，P-J，P-G，そして個人 - 上司の適合も含めて，172 編の研究についてメタ分析を行った結果，Verquer et al.（2003）と同じく，多様な適合の構成要素，測定方法，研究デザインの問題が結果に影響を与える調整要因 [11] となっていることが確認された．また，個人 - 組織の価値観適合と職務満足，組織コミットメントとは強い相関があるが，在職期間や離脱とは弱い相関が認められた（Krisotf-Brown et al., 2005）．こうして，P-O fit の定義や種類，次元の整理と，被説明変数への影響力についての論争はメタ分析によって一旦は収束へ向かうのだが，ほどなく P-O fit に対する新たなる批判によって転換期を迎えることになる．

2-2-3　既存概念への批判と新展開期（2007 年以降）

既出の通り P-O fit 研究の転換期である 2007 年以降は *Perspectives on*

---

10 ただし，Verquer et al.（2003）の原著では「主観的適合」としているが，測定手法は被験者に直接的に適合の認知を問う形式のため，Kristof-Brown & Billsberry（2013）の分類に従い「認知的適合」と書き換えた．

11 1 点目に補充的適合（価値観適合など）は需要 - 供給適合よりも総じて強い影響力があること．2 点目に適合の多次元性（価値観適合や目標適合など）として職務満足度と離職意向では多次元の尺度のほうが強く，組織コミットメントに対しては価値観適合のみのほうが強い関係性を示すこと．3 点目に影響力の強さは認知的適合，次に主観的適合，客観的適合の順番であること，などである．

Organizational Fit と *Organizational Fit: Key Issues and New Directions* の
出版，"Global e-Conference on fit" の開催，Edwards による批判的レビュー
の発表という象徴的な出来事があった．だが，これらの論争とその後の実証
研究については日本では十分に検討されていない．よって本稿では 4 つの論
点に絞って論考を進める．

(1) 不適合の適切な説明と実証研究

　Ostroff & Schulte（2007）は，「初期の適合理論の概念化では，適合は不
適合より高い成果が得られる，という仮定を立てる傾向があったが，適合の
機能を正しく理解するためには適合の水準の高低にも関心を払い，不適合に
ついて適合と同様に説明できなければならない」（pp. 41-42）と主張し，
Harrison（2007）も「適合は望ましいことでも，望ましくないことでもな
く，単なる状態を示しているだけであり，時には適合状態が静止や停滞につ
ながり，過剰に適合すると個人は自己満足に陥り，環境に変化があっても適
切な適応行動に移れないかもしれない．適合は非生産的な牡蠣を生み出し，
不適合は真珠を生み出す」（p. 397）と従来の仮定を批判している．こうし
た議論を受けて，これ以降の研究では論文タイトルに「適合・不適合」と並
列させるようになる．

　さらに，不適合は適合より複雑な現象であるという点に注目し，その多様
なパターンを探る研究が目立つようになる．例えば Cooper-Thomas &
Wright（2013）は，インタビューを通して不適合を（a）一軸上に逆方向の
両端に適合と不適合が位置づけられた連続体，（b）不適合は適合より過剰，
もしくは不足，（c）不適合は個人の特性による質的に異なる領域での相違，
という類型化を行うことで，不適合の定義を「個人と環境の不適合とは，個
人と環境の間の不一致を意味し，一方または両方の当事者にとってその不一
致が顕著な次元で，組織レベルでの比較対象となる要因より個人要因が過
多，不足，もしくは質的に異なること」（p. 24）とした．不適合による結果
や調整変数を探索する研究も活発化し，例えば代替可能な仕事の選択肢が組
織コミットメント（Silva et al., 2010）や離職（Wheeler et al., 2007）への影
響に対する調整変数となることが明らかになり，また自己開示も不適合によ
る欠席率への調整機能を果たす（Doblhofer et al., 2019）ことが判明した．
さらに，不適合から燃え尽き要素である無関心，非効率への影響は確認でき

ない（Tong et al., 2015）など，否定的な被説明変数を不適合研究に用いることの限界も指摘されるようになる．そこで，肯定的な被説明変数も含めた検証として，EVLN（exit: 離脱，voice: 発言，loyalty: 忠誠，neglect: 放棄）を用いたところ，不適合は建設的な反応（発言と忠誠）に対して，仕事の代替可能性が低い場合に社会的政治的資源を媒介して有意となる（Zubielevitch et al., 2021）ことも明らかになった．

　認知的不適合をインタビューによる定性的研究法で探求した Follmer et al.（2018）は，これまでブラックボックスであった不適合の認知からその後の行動までのプロセスを明らかにした．発見事実は，1）不適合の認知の誘発要因は，職場で起きた変化（組織変革など）と，他者からの社会的シグナル（よそ者扱い）であり，2）不適合を経験した個人は自分が適合する部分と不適合の部分を説明する能力に長けており，3）不適合に対するストレス対処行動として，一次評価で脅威だと判断した後に，脱出，環境変化の可能性，自己変容，変革などを二次評価し，4）不適合の影響を軽減するためのアプローチとして「適応戦略」「脱出戦略」「救済を求める戦略」「諦め戦略」を検討する，という4点であった．この研究から Follmer et al.（2018）は「適合とは単に組織への参入過程で自分の居場所を見つけることではなく，むしろ，適合を維持するために認知や行動を調整する複雑な一連の過程である」（p. 460）と主張し，個人が不適合に対して適合感を生み出すためにダイナミックな行動を取ることを観察する研究を推奨している．

（2）時間概念，相互作用を考慮したダイナミクス

　適合概念の源流を辿れば，職業心理学では適合は時間を掛けて展開されるダイナミックなプロセスであると考えられており（Ostroff & Schulte, 2007, p. 49），Lewin も個人と環境の相互作用を認識していた．だが，後に適合研究は個人や環境の変化の可能性を無視するようになり，「特定の時点における適合の感覚の切り取られた情報」（Kristof-Browin & Jansen, 2007, p. 142）によって議論がされるようになった．その理由として Ostroff & Schulte（2007）は「相互作用論では個人と環境の要素の相互作用がどのように反応に影響を与えるのかを規定していなかったため，適合研究では人と環境の特性の一致によって状況を捉えることを提案してきた」（p. 8）とし，Kristof-Brown & Jansen（2007）は「A-S-A 理論（Schneider et al., 1995）にお

いて個人は一度社会化されると安定し，職場環境も一定であることを前提として，組織は時間経過とともに類似性を高めていくと予測したことに起因する」(pp. 142-143) としている．だが，社会化された個人は成長せず，組織も常に安定していると考えるのは非現実的であることから，適合のダイナミズムへの関心が高まり，適合 (fit) から適合過程 (fitting) へと実証研究のテーマが転換するようになった．

　例えば，個人の認知の変化を観測するための縦断的な調査では，組織社会化の影響は新規参入から数カ月間という限定的なものであり，それ以降は個人の中で形成された価値観に基づいた認知的適合が有意になるという研究 (Cooper-Thomas et al., 2004) や，個人の中で適合の認知が変化するパターンから3つのモデル[12]を発見した研究 (Vleugels et al., 2018)，適合認知の時間変化とその後の離職との関係における LMX (リーダー・メンバー間交換理論) の役割に関する縦断研究 (Boon & Biron, 2016) などが発表されるようになる．また，個人の時計的時間と心理的時間の違いから適合ナラティブを議論するミクロな研究 (Jansen & Shipp, 2013) から，個人の適合認知から組織の生存に至るまでの長期間にわたるマクロな研究 (Ellis & Tsui, 2007) も提示されるようになった．さらに，個人の適合の認知が変化するということは，適合と不適合の間を往来することにもなるため，Vleugels et al. (2019) は個人の価値観の変化，価値観適合の平均値差，個人差，変動の頻度差に着目をして適合の認知の変動に5つの類型[13]を見出し，個人は不快な不適合を解消する努力をするから変動するのではないかという発見事実を得た．

　組織の価値観についても，従来は組織のアイデンティティは永続的な特性の1つであるという仮定に基づき P-O fit は安定していると捉えられていたが，組織変革中の組織における P-O fit について熟達志向性を調整変数とした研究 (Caldwell et al., 2004) や，組織変革前後の P-O fit と P-J fit の比較

---

12 比較推論モデル（自分と対象を比較して適合を認知する），論理的推論モデル（職場での経験が適合の認知につながると考える），帰納的推論モデル（情動と職務行動が適合を代弁していると考える）に分類．

13 安定適合型（高い価値観適合，低い変動），変動適合型（高い価値観適合，短期周期での変動），無所属型（高分散の価値観適合，低い変動），微弱適合型（低い価値観適合，低い変動），不適合型（低い価値観適合，高い変動）．

研究（Caldwel, 2011）も行われるようになった．このように，個人のみならず組織の変化も考慮すれば，個人と組織の不適合は恒常的に発生するといえよう．

(3) リサーチデザインの再検討

不適合やダイナミクスという新しい議論を経験的研究によって実証するためには，リサーチデザインの見直しが必要になる．Edwards & Shipp (2007) は，これまで疑問視されてきた適合研究における仮定である 1) P-E fit は望ましい結果をもたらす，2) 異なる環境の異なる個人でも効果は同じ，3) 個人と環境の絶対的な水準やその差の方向にかかわらず効果は同じ，という問題に対処するアプローチとして，個人と相対する環境の次元，適合の種類，そして内容領域を 3 次元で表した P-E fit の統合的概念化フレームワークを提示したうえで，結果変数と組み合わせた多項式回帰分析（polynomial regression）による応答局面法（response surface methodology）の適用を強調した．

その一方で，Kristof-Brown & Billsberry (2013) は，リサーチモデルをめぐる論争は研究パラダイムの違いとして捉えた．適合を内的要因と外的要因の相互作用と見なす個人－環境適合パラダイムと，内的な感覚としてとらえる認知的適合パラダイムでは，それぞれの適合定義や研究アプローチが全く異なることを示した（表1）．

個人－環境適合パラダイムは実証主義の立場から定量的なデータを用いて個人と組織の適合性を測定し，被説明変数への影響を実証するアプローチをとるものであり，認知的適合パラダイムでは解釈主義の立場から個人の適合への認知の感覚を引き出すためにインタビューなどの定性的な手法をとる．そして，これら両パラダイム間の相関は高くはない（Edwards et al., 2006）．こうした背景を踏まえ，研究手法をどちらかのパラダイムだけに偏向しすぎると適合研究の限界を迎える（Kristof-Brown & Billsberry, 2013）ため，適合と不適合の関係性を探索するにはデータ収集においては個性記述的アプローチ（idiographic approach）[14] を，データ分析は法則定立的アプローチ（nomothetic approach）[15] に基づき，既存理論を手がかりにしてデータのパ

---

14 単数，または数個のケースを対象とした質的，多面的，詳細な情報に主眼を置いて，規定された事象を特殊性と全体的ゲシュタルトから把握しようとする．

表1　適合研究のパラダイム

	個人-環境適合パラダイム	認知的適合パラダイム
パラダイム	間接的. 実証主義，脱実証主義. 実証主義者は，知識は客観的であると考える. 「純粋な科学」による推論であるとする. 脱実証主義者は，厳密な測定環境を緩め，客観的知識を構成する人々の心理的状態を受けいれるが，そうした現象を実際は測定しない.	直接的. （定性的な研究法では）解釈主義. 知識は人々の心の中に構成され，他者との社会的関わりに影響を受けると考える．一人ひとりにとって何が真実かを探求することが最も重要である．行動に影響を与えるのは認知であるため，解釈主義者の目標は普遍的な法則の発見ではなく，より完全で詳細な調査の下での現象を理解する.
アプローチ	態度は個人の特性（価値観，パーソナリティ，目標，態度）と状況要因（価値観，文化，風土，目標，需要）との間の相互作用の機能であるという相互作用心理学に依拠．個人の特性と外的環境を概念的に同一基準にして理解をしようとする. 「厳格な一致」を論じようとする.	個人の環境との「適合している感覚」，もしくは「適合していない感覚」に重点を置こうとする. 「一般的な適合性」を論じようとする.
測定	自分自身と，環境に対するデータセットに回答し，研究者が適合値を算出する. 適合性を，統計処理ができる実態のある概念化された水準として扱う．このアプローチの仮定は，2つのセットデータが適合するほど，より良い成果が出る（Ostroff, 2012）と考える.	「どの程度あなたは自分の所属組織に馴染んでいると思いますか？」「どの程度あなたのスキルは仕事で要求されるものと合っていますか？」といった適合への直接的な認知に関する質問をする.
分析と結論	仮説を立て，調査を設計し，仮説検証のデータを収集し，一般化した主張をする結論を描く. 主観的適合（subjective fit）は，対象となる個人が自分自身の内的，および外的要素に対して同時に回答するもの．例えば，自分自身の価値観と組織が持つ価値観に対する自分の認識をペアで回答し，そのペアの間の類似度（あるいは乖離度）を測定する方法. 客観的適合もしくは実態的適合（objective fit もしくは actual fit）では，個人に自分自身と組織への回答を得るのではなく，個人と環境の特徴をそれぞれ異なる回答者から入手する手法．一般的には，個人の価値観や特徴は自己評価させ，組織価値観や風土などは別の回答者（上司など）に回答させる.	定性的な研究法では直接的な質問に続き，どのように人々が会社を辞めたいという気になるのかを理解しようとする．特に，どのように適合の感覚もしくは不適合の感覚が生まれ，時間を経て変化するのかを追求しようとする. 認知的適合（perceived fit）では，主観的な認知の世界から物事を理解しようとし，人々が適合がどのような意味があると各自が解釈しているのかを説明させる. それらの中の共通点や相違点を見出し，法則を見出そうとする.
研究例	個人と組織の類似性によって適合を測定する組織文化プロファイル尺度の開発（O'Reilly et al., 1991）. 新入職者の P-O fit は現状の職務満足と組織コミットメントに有意に正の影響があり，離職意向に対しては有意に負の影響を与える（Chatman, 1991; Kristof-Brown et al., 2005; Verquer et al., 2003）.	定量的な測定では「適合している感覚の度合い」を尺度にして統計解析をする（Cable & Judge，1996）. 定性法では解釈的アプローチが最も適している（Billsberry et al., 2005; Kammeyer-Mueller, 2007）. 個人-環境適合と認知的適合との関係性を理解しようとするアプローチもある（Edwards et al., 2006）.
限界	「厳格な一致」が最適の成果をもたらすという結果を支持する研究はほんの一握り（Jansen & Kristof-Brown, 2006）．個人と環境が高い水準で適合しているときより，低い水準で適合しているときより，単純に一致度が高いことが最適で，どのようなタイプの不一致であろうとも同様に最適以下だという帰結は棄却される. 一人ひとりの個人の適合の経験についての洞察が少ない．人がどのように適合や不適合の感覚を経験するのか，という点がこのパラダイムでは解明できない.	認知的適合の定量分析は，職務満足や組織コミットメントに最も強く関係するため，比較的小さい研究には魅力的に映るが，個人の情動に大きく影響を受けるため「適合とは別の議論だ」との批判を受ける（Edward et al., 2006; Harrison, 2007）.

出所：Kristof-Brown & Billsberry（2013）pp.1-8 をもとに筆者作成

ターンを探し出すことを Billsberry et al.（2013）は推奨している．こうした
リサーチデザインにおけるパラダイムの整理は，その後の実証研究における
研究の立ち位置を明確に意識する必要性を示したといえるだろう．

（4） 理論化に向けた概念の精緻化

P-O fit をめぐる最も基底的な批判が基礎理論の欠如であり，概念のまま
で留まっているという点である（Harrison, 2007）．適合研究は帰結を重視し
たプロセス理論（Campbell et al., 1970）のため解釈は次元内容（職務要件，
仕事の志向性，価値観など）に依存しており（Edwards & Shipp, 2007），組
織科学における理論を構築し評価するための原則[16]に基づき適合研究を検
討すると，その理論的進歩は乏しく「理論を定期的，厳密に評価しない限
り，P-E fit 研究における理論構築は漂流し続ける運命にある」（Edwards,
2008, p. 218）と批判される．よってそれ以降の実証研究では，依拠する基
礎理論が提示されるようになる．

例えば制御適合理論（Higgins & Freitas, 2007），解釈レベル理論と自己
決定理論（Van Vianen et al., 2013），中範囲の理論による資源保存理論と資
源ベース理論（RBV）の統合（Wheeler et al., 2013），自己調整理論（John-
son et al., 2013），認知－感情パーソナリティシステム（Resick et al., 2013），
文化的コンテクスト（Lee & Ramaswami, 2013）などが試行的に検討され
ている．その中でも Yu（2013）は適合・不適合をもたらすダイナミズムを
説明する動機づけに関する基礎理論を幅広く議論している．適合や一貫性へ
の動因として自己整合性理論，バランス理論，認知的不調和理論を挙げ，快
楽主義への動因にはサイバネティクス，そのほか不確実性低減への動因，統
制への動因，帰属への動因などを列挙している．また，適合をマネジメント
する理論には，社会的投影，情動的整合性，社会的情報処理，職務満足への
反応，EVLN，コーピング，サイバネティクス統制理論，プロアクティブ行
動，ジョブクラフティング，情報探索などが検討されており，適合と不適合
の実証研究のための基礎理論の布石となっている．

---

15 大規模なサンプルを対象とした少数の変数の定量的分析を重視して科学的法則性によって事象
を捉えようとする．
16 構成要素の定義，構成要素間の関係性の説明，構成要素が選択された理由の理論的な説明，そ
して理論が成立する条件を示す境界を規定すること（Edwards, 2008）．

こうした基礎理論の検討は適合・不適合研究の進展には欠かすことのできない議論であると同時に，それは適合・不適合はいまだ「概念」であって「理論」ではない，ということを示しているのである．

2-3 個人 − 組織適合研究のフレームワークと日本での適用可能性

本節では図3の研究のフレームワークに基づき研究の全体像を概観する．Aの領域はP-O fitそのものに対する議論であり，適合の種類や次元，新しい論点でもある不適合や個人の中での認知の変化などについて言及している．Bは適合の結果であり，研究初期では離職意向，組織コミットメントが，近年では不適合研究の文脈から能動的な行動を検証する動きも出てきた．さらに，Cの適合から結果への調整要因に関する研究では，仕事の代替可能性や上司と部下の交換関係による影響も確認されている．これらA,B,Cの領域においては，適合から結果への影響関係の構造がかなり明らかになってきているといえよう．

他方，Dの適合の規定要因やEの調整要因の議論は不十分である．適合概念の源流であるChatman（1989）に遡れば「個人と組織の特徴の一致」から議論が始まるため，何が適合をもたらすのかについてはいまだに不明な点が多い（De Cooman et al., 2019）．

Fの領域であるアプローチ，リサーチデザインでは，近年では個人と組織の相互作用というダイナミックなコンセプトに回帰するために縦断研究が増加している．また，定量的研究手法では応答局面法が提示され，定性的研究手法ではグラウンデッド・セオリーによる概念生成など，幅広いデザインが採用されるようになっている．

さらに，基礎理論を示すGの領域では，不適合は適合より複雑な概念であることから数多くの「不一致から均衡へ向かうダイナミクス」に関連する理論が検討されるものの，統一見解には至っていない．とはいえ，各領域AからGまではそれぞれが相互に影響しているため，基底となる理論に基づいたリサーチデザインの一貫性が求められるだろう．

なお，P-O fit研究の隣接領域となるHでは，組織社会化や人的資源管理，さらに近年では資格過剰をテーマとした論文内で適合や不適合が扱われてい

H　隣接領域
組織社会化 (e.g., Cable & Parsons, 2001; Cooper-Thomas & Anderson, 2002; Kammeyer-Mueller, 2007; Kammeyer-Mueller et al. 2013)
採用 (e.g., Cable & Yu, 2007)、人的資源管理 (e.g., Gerhart, 2007)、資格過剰 (e.g., Luksyte & Spitzmueller, 2016)

C　結果への調整要因
仕事の代替 (e.g., Silva et al. 2010; Wheeler et al. 2007)
認知－感情パーソナリティ・システム (e.g., Resick et al. 2013)
自己開示 (Doblhofer et al. 2019)
LMX (e.g., Boon & Biron, 2016)

B　結果（被説明変数）
(e.g., Edwards & Shipp, 2007)
態度 (e.g., Verquer et al. 2003)
パフォーマンス、ストレス (e.g., Kristof-Brown et al. 2005)
感情的、認知的、行動的、生存率 (e.g., Ellis & Tsui, 2007)
感情 (e.g., Gabriel et al. 2014)
EVLN (e.g., Zubielevitch et al. 2021)

E　適合への調整要因
動因 (e.g., Yu, 2013)
文化的コンテキスト (e.g., Lee & Ramaswami, 2013)
時間的距離 (e.g., Vanderstukken et al. 2019)

A　個人－組織適合
(e.g., Harrison, 2007; Kristof, 1996; Kristof-Brown & Jansen, 2007)
補充的適合／相互補完的適合
客観的適合／主観的適合 (e.g., Kristof-Brown et al. 2005; Verquer et al. 2003)
不適合 (e.g., Coldwell et al. 2008; Cooper-Thomas & Wright, 2013; De Cooman et al. 2019; Follmer et al. 2018; Vleugels et al. 2018)
個人内変動性 (fitting) (e.g., Vleugels et al. 2018)
個人内安定性 (fit)

D　規定要因（説明変数）
心理的魅力、認知バイアス、
組織文化、人事施策 (e.g., Ellis & Tsui, 2007)
組織変革 (e.g., Caldwell, 2011; Caldwell et al. 2004)
感情 (e.g., Gabriel et al. 2014)

F　アプローチ、リサーチデザイン
適合による直接効果／調整効果／媒介効果
個人－環境適合パラダイム／認知的適合パラダイム (e.g., Kristof-Brown & Billsberry, 2013)
多項式回帰分析と応答局面法 (e.g., Edwards & Shipp, 2007; Ostrof, et al. 2007; Ostrof & Schulte, 2007)
一時点測定／時間変化 (e.g., Boon & Biron, 2016; Wheeler et al. 2007)
スタティック・アプローチ／質的研究、個性記述的アプローチ (e.g., Billsberry, et al. 2013).
量的研究、（法則定立アプローチ）

G　適合の再定義、適合・不適合を説明する基礎理論
(e.g., Cable & Edwards, 2004; Edwards, 2008; Harrison, 2007; Wheeler et al. 2013)
ASA 理論　解釈レベル理論　自己決定理論 (e.g., Vanderstukken et al. 2019; Van Vianen et al. 2013).
社会的・国家的な文化 (e.g., Lee & Ramaswami, 2013)　中範囲の理論、RBV、HRM (e.g., Wheeler et al. 2013)
資源保存理論 (e.g., Doblhofer et al. 2019; Wheeler et al. 2013)　制御適合理論 (e.g., Higgins & Freitas, 2007)
自己調整理論 (e.g., Johnson et al. 2013)、時点間時間と心理的時間 (e.g., Jansen & Shipp, 2013)
自己整合理論、バランス理論、認知的不適合理論、サイバネティックス、不確実性低減動機、転制動因、帰属動因、社会的投影、拍動的整合性.
社会的情報処理、職務満足、EVLN、コーピング、ストレス、クロノグラフィック、ジョブクラフティング行動。(e.g., Yu, 2013).

注：概念間の因果関係を示す領域 A, B, C, D, E は実線枠で、方法論の領域 F は点線枠で、基礎理論となる領域 G は太点線枠で、隣接領域である領域 H は細線枠で表した。

図3　個人－組織適合研究のフレームワーク

るが，こうした隣接領域においても上記の議論を踏まえておく必要があるといえる．

　本稿では，P-O fit という概念が歴史的変遷の中でどのように生成，発達し，現在はどのような課題を抱えているのかについて概観した．最後に，日本における P-O fit 研究の適用可能性について検討する．

　既述のとおり，日本型雇用慣行の特徴であるメンバーシップ型の同質性が薄まる中で，個人は組織との関係性を見直す機会が増えている．適合研究は個人が自身の価値観や特性を自覚し，組織の文化や特性との適合性を認知することと，それに伴う行動を議論するものである．特に近年の研究傾向では不適合が発生したときの個人の行動や，個人と組織がともに変化することを想定したダイナミック適合を説明しようとする概念に発達していることから，例えばプロフェッショナル人材のキャリア発達やシニア人材の役職定年や再雇用に伴う個人と組織との関係性の変化をダイナミックに捉えることが可能であろう．また，グローバル競争下での M&A や組織変革によって組織側の文化が変化したときに従業員が認知する不適合や，ダイバーシティ推進施策によって個人の組織に対する適合の認知にゆらぎが発生したときも，個人が適合から不適合へ，あるいは不適合から適合へと向かおうとするダイナミズムを P-O fit という概念によって解釈することができるのではないだろうか．

　最後に，本稿では限られた紙面の中で適合研究のすべてを網羅することには限界があり，特に基礎理論で言及された各理論の説明や解釈に触れることはできなかったが，現在の適合研究では中核的な議論であることを指摘しておく．雇用システムの転換期にある日本において，今後は個人と組織の適合と不適合を動的に捉える実証研究を蓄積することで，適合研究の理論構築に貢献することができるようになるだろう．

【参考文献】

Argyris, C. (1957). *Personality and organization: The conflict between system and individual.* Harper Torchbooks（伊吹山太郎・中村実訳『新訳 組織とパーソナリティー：システムと個人の葛藤』日本能率協会, 1970）.

Billsberry, J., Ambrosini, V., Moss-Jones, J., & Marsh, P. J. G. (2005). Some suggestions for mapping organizational members' sense of fit. *Journal of Business and Psycholo-*

gy, *19* (4), 555-570.

Billsberry, J., Talbot, D. L., & Ambrosini, V. (2013). Mapping fit: Maximizing idiographic and nomothetic benefits. In A. Kristof-Brown & J. Billsberry (Eds.), *Organizational fit: Key issues and new directions* (pp. 124-141). Wiley-Blackwell.

Boon, C., & Biron, M. (2016). Temporal issues in person−organization fit, person−job fit and turnover: The role of leader−member exchange. *Human Relations, 69* (12), 2177-2200.

Breaugh, J. A. (1992). *Recruitment: Science and practice.* PWS-Kent.

Cable, D. M., & DeRue, D. S. (2002). The convergent and discriminant validity of subjective fit perceptions. *Journal of Applied Psychology, 87* (5), 875-884.

Cable, D. M., & Edwards, J. R. (2004). Complementary and supplementary fit: a theoretical and empirical integration. *Journal of applied psychology, 89* (5), 822-834.

Cable, D. M., & Judge, T. A. (1996). Person-organization fit, job choice decisions, and organizational entry. *Organizational Behavior and Human Decision Processes, 67* (3), 294-311.

Cable, D. M., & Parsons, C. K. (2001). Socialization tactics and person-organization fit. *Personnel Psychology, 54* (1), 1-23.

Cable, D. M., & Yu, K. Y. T. (2007). How selection and recruitment practices develop the beliefs used to assess fit. In C. Ostroff & T. A. Judge (Eds.), *Perspectives on organizational fit* (pp. 155-182). Lawrence Erlbaum Associates.

Caldwell, S. D. (2011). Bidirectional relationships between employee fit and organizational change. *Journal of Change Management, 11* (4), 401-419.

Caldwell, S. D., Herold, D. M., & Fedor, D. B. (2004). Toward an understanding of the relationships among organizational change, individual differences, and changes in person-environment fit: A cross-level study. *Journal of Applied Psychology, 89* (5), 868-882.

Campbell, J. J., Dunnette, M. D., Lawler, E. E., & Weick, K. E. (1970). *Managerial behavior, performance, and effectiveness.* McGraw-Hill.

Chatman, J. A. (1989). Improving interactional organizational research: A model of person-organization fit. *Academy of Management Review, 14* (3), 333-349.

Chatman, J. A. (1991). Matching people and organizations: Selection and socialization in public accounting firms, *Administrative Science Quarterly, 36* (1), 459-484.

Coldwell, D. A., Billsberry, J., van Meurs, N. & Marsh, p. J. G. (2008). The effects of person-organization ethical fit on employee attraction and retention: Towards a testable explanatory model, *Journal of Business Ethics, 78* (4), 611-622.

Cooper-Thomas, H. D., & Anderson, N. (2002). Newcomer adjustment: The relationship between organizational socialization tactics, information acquisition, and attitudes. *Journal of Occupational and Organizational Psychology, 75* (4), 423-437.

Cooper-Thomas, H. D., van Vianen, A., & Anderson, N. (2004). Changes in person-organization fit: The impact of socialization tactics on perceived and actual P-O fit. *European Journal of Work and Organizational Psychology, 13* (1), 52-78.

Cooper-Thomas, H. D., & Wright, S. (2013). Person-environment misfit: the neglected role of social context. *Journal of Managerial Psychology, 28* (1), 21-37.

Coyle-Shapiro, J. A., & Shore, L. M. (2007). The employee-organization relationship: Where do we go from here?. *Human Resource Management Review, 17* (2), 166-

179.

De Cooman, R., Mol, S. T., Billsberry, J., Boon, C., & Den Hartog, D. N. (2019). Epilogue: Frontiers in person-environment fit research. *European Journal of Work and Organizational Psychology, 28* (5), 646-652.

Doblhofer, D. S., Hauser, A., Kuonath, A., Haas, K., Agthe, M., & Frey, D. (2019). Make the best out of the bad: Coping with value incongruence through displaying facades of conformity, positive reframing, and self-disclosure. *European Journal of Work and Organizational Psychology, 28* (5), 572-593.

Edwards, J. R. (2008). Person-environment fit in organizations: An assessment of theoretical progress. *Academy of Management Annals, 2* (1), 167-230.

Edwards, J. R., Cable, D. M., Williamson, I. O., Lambert, L. S., & Shipp, A. J. (2006). The phenomenology of fit: Linking the person and environment to the subjective experience of person-environment fit. *Journal of Applied Psychology, 91* (4), 802-827.

Edwards, J. R., & Shipp A. J. (2007). The relationship between person-environment fit and outcomes: An integrative theoretical framework. In C. Ostroff & T. A. Judge (Eds.), *Perspectives on organizational fit* (pp. 209-258). Lawrence Erlbaum Associates.

Ellis, A., & Tsui, A. S. (2007). Survival of the fittest or the least fit? When psychology meets ecology in organizational demography. In C. Ostroff & T. A. Judge (Eds.), *Perspectives on organizational fit* (pp. 287-316). Lawrence Erlbaum Associates.

Follmer, E. H., Talbot, D. L., Kristof-Brown, A. L., Astrove, S. L., & Billsberry, J. (2018). Resolution, relief, and resignation: A qualitative study of responses to misfit at work. *Academy of Management Journal, 61* (2), 440-465.

Gabriel, A. S., Diefendorff, J. M., Chandler, M. M., Moran, C. M., & Greguras, G. J. (2014). The dynamic relationships of work affect and job satisfaction with perceptions of fit, *Personnel Psychology, 67* (2), 389-420.

Gerhart, B. (2007). Horizontal and vertical fit in human resource systems. In C. Ostroff & T. A. Judge (Eds.), *Perspectives on organizational fit* (pp. 317-348). Lawrence Erlbaum Associates.

濱口桂一郎 (2011).『日本の雇用と労働法』日本経済新聞出版社.

Harrison, D. A. (2007). Pitching fits in applied psychological research: Making fit methods fit theory. In C. Ostroff & T. A. Judge (Eds.), *Perspectives on organizational fit* (pp. 389-416). Lawrence Erlbaum Associates.

服部泰宏 (2016).「人材管理の基底としての個人-組織関係:欧米における研究の系譜と日本型マネジメントへの示唆」『横浜経営研究』*37* (1), 85-109.

Higgins, E. T. (2005). Value from regulatory fit. *Current Directions in Psychological Science, 14* (4), 209-213.

Higgins, E. T., & Freitas, A. L. (2007). Regulatory fit: Its natrure and consequences. In C. Ostroff & T. A. Judge (Eds.), *Perspectives on organizational fit* (pp. 71-98). Lawrence Erlbaum Associates.

Hoffman, B. J., & Woehr, D. J. (2006). A quantitative review of the relationship between person-organization fit and behavioral outcomes. *Journal of Vocational Behavior, 68* (3), 389-399.

Holland, J. L. (1959). A theory of vocational choice. *Journal of Counseling Psychology, 6,* 35-45.

Holland, J. L. (1997) *Making vocational choices* (3rd ed.). Prentice-Hall (渡辺三枝子・松本純平・道谷里英共訳『ホランドの職業選択理論：パーソナリティと働く環境』雇用問題研究会, 2013).

Jansen, K. J., & Kristof-Brown, A. (2006). Toward a multidimensional theory of person-environment fit. *Journal of Managerial Issues, 18* (2), 193-212.

Jansen, K. J., & Shipp A. J. (2013). A review and agenda for incorporating time in fit research. In A. Kristof-Brown & J. Billsberry (Eds.), *Organizational fit: Key issues and new directions* (pp. 195-221). Wiley-Blackwell.

Johnson, R. E., Taing, M. U., Chang, C., & Kawamoto, C. K. (2013). A self-regulation approach to person-environment fit. Organizational fit: Key issues and new directions. In A. Kristof-Brown & J. Billsberry (Eds.), *Organizational fit: Key issues and new directions* (pp. 74-98). Wiley-Blackwell.

Kammeyer-Mueller, J. D. (2007). The dynamics of newcomer adjustment: Dispositions, context, interaction, and fit. In C. Ostroff & T. A. Judge (Eds.), *Perspectives on organizational fit* (pp. 99-122). Lawrence Erlbaum Associates.

Kammeyer-Mueller, J. D., Schilpzand, P., & Rubenstein, A. L. (2013). Dyadic fit and the process of organizational socialization. In A. Kristof-Brown & J. Billsberry (Eds.), *Organizational fit: Key issues and new directions* (pp. 50-73). Wiley-Blackwell.

Katzell, R. A. (1964). Personal values, job satisfaction, and job behavior. In H. Borow (Ed.), *Man in a world of work* (pp. 341-363). Houghton Mifflin.

Kristof, A. L. (1996). Person-organization fit: An integrative review of its conceptualizations, measurement, and implications. *Personnel Psychology, 49* (1), 1-49.

Kristof-Brown, A., & Billsberry, J. (Eds.) (2013). *Organizational fit: Key issues and new directions.* Wiley-Blackwell.

Kristof-Brown, A. L., & Jansen, K. J. (2007). Issues of person-organization fit. In C. Ostroff & T. A. Judge (Eds.), *Perspectives on organizational fit* (pp. 123-153). Lawrence Erlbaum Associates.

Kristof-Brown, A. L., Zimmerman, R. D., & Johnson, E. C. (2005). Consequences of individual's fit at work: A meta-analysis of person-job, person-organization, person-group, and person-supervisor fit. *Personnel Phycology, 58* (2), 281-342.

Lee, Y. T., & Ramaswami, A. (2013). Fitting person-environment fit theories into a national cultural context. In A. Kristof-Brown & J. Billsberry (Eds.), *Organizational fit: Key issues and new directions* (pp. 222-240). Wiley-Blackwell.

Lewin, K. (1935). A dynamic theory of personality: Selected papers. *The Journal of Nervous and Mental Disease, 84* (5), 612-613.

Lewin, K. (1951). *Field theory in social science.* Harper & Row.

Locke, E. A. (1969). What is job satisfaction? *Organizational Behavior and Human Performance, 4,* 309-336.

Luksyte, A., & Spitzmueller, C. (2016). When are overqualified employees creative? It depends on contextual factors. *Journal of Organizational Behavior, 37* (5), 635-653.

McGrath, J. E. (1976). Stress and behavior in organizations. In M. Dunnette (Ed.), *Handbook of industrial and organizational psychology* (pp. 1351-1395). M Dunnette.

Meglino, B. M., & Ravlin, E. C. (1998). Individual values in organizations: Concepts, controversies, and research. *Journal of Management, 24* (3), 351-389.

Murray, H. A. (1938). *Explorations in personality*. Houghton Mifflin.

O'Reilly, C. A., Chatman, J., & Caldwell, D. F. (1991). People and organizational culture: A profile comparison approach to assessing person-organization fit. *Academy of Management Journal, 34* (3), 487-516.

Ostroff, C. (2012). Person-environment fit in organizational settings. In S. W. J. Kozlowski (Ed.), *The Oxford handbook of organizational psychology, Vol. 1* (pp. 373-408). Oxford University Press.

Ostroff, C., Caldwell, D. F., Chatman, J. A., O'Reilly, C. A., Edwards, J. R., Harrison, D. A., & Espejo, J. (2007). Methodological and analytical techniques in fit research. In C. Ostroff & T. A. Judge (Eds.), *Perspectives on organizational fit* (pp. 351-387). Lawrence Erlbaum Associates.

Ostroff, C., & Judge, T. A. (Eds.) (2007). *Perspectives on organizational fit*. Lawrence Erlbaum Associates.

Ostroff, C., & Schulte, M. (2007). Multiple perspectives of fit in organizations across levels of analysis. In C. Ostroff & T. A. Judge (Eds.), *Perspectives on organizational fit* (pp. 3-69). Lawrence Erlbaum Associates.

Parsons, F. (1909). *Choosing a vocation*. Houghton Mifflin.

Resick, C. J., Giberson, T. R., Dickson, M. W., Wynne, K. T., & Bajdo, L. M. (2013). Person-organization fit, organizational citizenship, and social-cognitive motivational mechanisms. In A. Kristof-Brown & J. Billsberry (Eds.), *Organizational fit: Key issues and new directions* (pp. 99-125). Wiley-Blackwell.

Schaffer, R. H. (1953). Job satisfaction as related to need satisfaction in work. *Psychological Monographs: General and Applied, 67* (14), 1-29.

Schneider, B. (1987). The people make the place. *Personnel Psychology, 40* (3), 437-453.

Schneider, B., Goldstiein, H. W., & Smith, D. B. (1995). The ASA framework: An update. *Personnel Psychology, 48* (4), 747-773.

Schneider, B., Kristof, A. L., Goldstein, H. W., & Smith, D. B. (1997). What is this thing called fit?. *International Handbook of Selection and Assessment, 55* (6), 393-412.

Sekiguchi, T. (2004). Person-organization fit and person-job fit in employee selection: A review of the literature. *Osaka Keidai Ronshu, 54* (6), 179-196.

Silva, N. D., Hutcheson, J., & Wahl, G. D. (2010). Organizational strategy and employee outcomes: A person-organization fit perspective. *The Journal of Psychology, 144* (2), 145-161.

竹内倫和 (2009).「新規学卒就職者の個人−環境適合が組織適応に及ぼす影響：個人−組織適合と個人−職業適合の観点から」『産業・組織心理学研究』*22* (2), 97-114.

Tong, J., Wang, L., & Peng, K. (2015). From person-environment misfit to job burnout: Theoretical extensions. *Journal of Managerial Psychology, 30* (2), 169-182.

Van Vianen, A. E., Stoelhorst, J. W., & De Goede, M. E. (2013). The construal of person-organization fit during the ASA stages: Content, source, and focus of comparison. In A. Kristof-Brown & J. Billsberry (Eds.), *Organizational fit: Key issues and new directions* (pp. 145-169). Wiley-Blackwell.

Vanderstukken, A., Proost, K., & Van Den Broeck, A. (2019). Subjective PO fit in recruitment: Is it always really 'O'? Organizational values may be industry values, depending on temporal distance. *European Journal of Work and Organizational Psy-*

chology, *28*（5）, 602-615.

Verquer, M. L., Beehr, T. A., & Wagner, S. H.（2003）. A meta-analysis of the relations between person-organization fit and work attitudes. *Journal of Vocational Behavior*, *63*（3）, 473-489.

Vleugels, W., De Cooman, R., Verbruggen, M., & Solinger, O.（2018）. Understanding dynamic change in perceptions of person–environment fit: An exploration of competing theoretical perspectives. *Journal of Organizational Behavior*, *39*（9）, 1066-1080.

Vleugels, W., Tierens, H., Billsberry, J., Verbruggen, M., & De Cooman, R.（2019）. Profiles of fit and misfit: A repeated weekly measures study of perceived value congruence. *European Journal of Work and Organizational Psychology*, *28*（5）, 616-630.

Wanous, J. P.（1980）. *Organizational entry: Recruitment, selection, and socialization of newcomers*. Addison-Wesley.

Werbel, J. D., & Gilliland, S. W.（1999）. Person–environment fit in the selection process. In G. R. Ferris（Ed.）, *Research in personnel and human resources management*, Vol. 17,（pp. 209-243）. Elsevier Science/JAI Press.

Wheeler, A. R., Gallagher, V. C., Brouer, R. L., & Sablynski, C. J.（2007）. When person-organization（mis）fit and（dis）satisfaction lead to turnover: The moderating role of perceived job mobility. *Journal of Managerial Psychology*, *22*（2）, 203-219.

Wheeler, A. R., Jonathon, R. B., Halbesleben, J. R., & Shanine, K.（2013）. Exploring the middle range of person-environment fit theories through a conservation of resources perspective. In A. Kristof-Brown & J. Billsberry（Eds.）, *Organizational fit: Key issues and new directions*（pp. 170-194）. Wiley-Blackwell.

Yu, K. Y. T.（2013）. A motivational model of person-environment fit: Psychological motives as drivers of change. In A. Kristof-Brown & J. Billsberry（Eds.）, *Organizational fit: Key issues and new directions*（pp. 21-49）. Wiley-Blackwell.

Zubielevitch, E., Cooper-Thomas, H. D., & Cheung, G. W.（2021）. The（socio）politics of misfit: A moderated-mediation model. *Journal of Managerial Psychology*, *36*（2）, 138-155.

個人－組織適合研究の発展に日本の研究者がどのように貢献できるか

関口 倫紀

　山﨑論文は，個人－組織適合（P-O fit）の研究を丹念にレビューし，P-O fit を個人と組織の関係性（EOR）の枠組みの1つであると同時に個人－環境適合（P-E fit）の下位概念であると捉え，現在に至る研究の発展を3つの時代に区分して整理したうえで統合的なフレームワークとしてまとめた労作である．山﨑論文によるレビューを読むことで明らかになるのは，P-O fit という概念が，私たちがこの概念に最初に触れたときに直感的に感じる印象としては分かりやすいものであるにもかかわらず，本来的には曖昧で多義的で難解な概念であること，そして，それゆえに概念化，概念整理，概念批判が繰り返され，さらに新しい方法論の開発および精緻化との相互作用が起こることで研究内容が昇華され，新しい知見が生み出され，P-O fit 研究全体が発展してきたことである．

　ただし，限られた紙面で P-O fit の膨大な研究を包括的にレビューしようと試みられているため，既存文献の整理と統合という域を超えた学術的貢献という面ではやや不足感がある．つまり，論文の後半部分において，文献レビューとそれに基づく研究成果の統合によってどのような新しい視点が見えてきたのか，そして，日本の組織論研究者が当該分野をさらに切り開いていくには何が必要なのかといった示唆が十分に考察できていない．

　そこで本コメントでは，山﨑論文の後半部分を補うという意味で，日本の研究者が P-O fit 研究の発展にどのように貢献できるかという視点を中心に議論してみる．とりわけ，日本において研究を推進していく際に，単に先行研究で示されてきた P-O fit 概念およびそれを含む理論枠組みをそのまま用いるのではなく，日本もしくは東アジアという文脈の特徴を活用することで，日本独自の視点を加味しつつ研究を実践することの可能性を探ってみたい．

1.　個人－組織適合の再概念化への貢献

　欧米主導の研究の流れの延長線上で P-O fit の既存の概念や理論枠組みの

精緻化に真正面から取り組むことも十分に学術的な意味があると思うが，日本の研究者が，日本の独自性を武器としつつ，世界的にもインパクトのある貢献を行おうとするのであれば，日本独自の，あるいは東アジア独自のP-O fit もしくは P-E fit の姿を探っていく研究が考えられる．まず，P-O fit という概念の意味を突き詰めて考えていくと，組織とは何か，個人とは何か，そしてそれらの関係は何かを問わねばならなくなる．例えば，当該概念が生み出されて進化した欧米の文脈で考えるならば，個人というのは組織やその他の社会的，物理的対象から分離独立した存在であるという前提があり，独立した個人が，同じく独立した組織とどう対峙しているのかという構図を示した概念であるように思われる．また，適合対象となる組織についても，組織文化や業務構造という特徴を有した非人格的な実在というイメージが強いように思われる．これらの見解は，異文化研究における相互独立的自己観（Markus & Kitayama, 1991）や，システム的組織観（Trompenaars & Hampden-Turner, 2011）から推察される．

それに対して，日本をはじめとする東アジア地域においては，個人は他から完全に切り離され独立した存在というよりは，他者や集団の概念と部分的に重なりあっており，場合によっては他者や集団と一体化していると考えることもできる．組織についても，業務やシステムよりも先に，人々の集まり，共同体，家族というイメージが先行しているではないだろうか．これらの見解は，異文化研究における相互協調的自己観（Markus & Kitayama, 1991）や，社会集団的組織観（Trompenaars & Hampden-Turner, 2011）から推察される．このように考えると，日本や東アジアの文脈におけるP-O fit とは，互いに独立した個人と組織の非人間的な特徴が対比されているというよりは，個人が，同じく人々の集まりである組織に溶け込んでいる様相として認識されるのかもしれない．

上記のような議論から，欧米で開発された P-O fit 概念をそのまま日本や東アジアの文脈に当てはめることにはやや無理があるのではないかという議論もできるだろう．明治時代以降の急速な近代化で西洋の考え方が輸入されてはじめて個人主義の発想が生まれたという歴史的経緯から，個人と組織を分離して理解するという考え方が日本ではまだ浸透しておらず，日本の人々にとっては個人と組織との適度な距離を保つということも難しいのかもしれ

ない．別の言い方をすれば，欧米でははじめから個人と組織とに距離があっ
て，その距離感を前提に P-O fit が概念化されてきたように思えるが，日本
や他の東アジア地域においては，個人が組織と重なり合っていることを出発
点にするべきなのかもしれない．

2. 多国籍・多文化的研究とインディジナス研究の可能性

上項で挙げたような日本もしくは東アジア特有の文脈を活かした P-O fit
の再概念化や，それを通じた P-O fit を取り巻く理論枠組みを構築していく
ための具体的な研究方法として，国際比較や文化比較を主眼とする多国籍・
多文化的研究（multinational or multicultural studies）と，地域文脈の独自
性や地域固有の現象から出発した概念や理論の構築を行い，場合によっては
それらを一般化可能なものにまで発展させることも念頭に置くようなイン
ディジナス研究（indigenous research; Li et al., 2016）の２つがまず考えら
れる．P-E fit における多国籍・多文化的研究の先駆的な事例としては，Oh
et al.（2014）が実施したメタ分析が挙げられる．Oh らの分析結果によれば，
北米では対非人格的な対象との適合性（P-O fir と P-J fit）が職務態度に与
える影響が相対的に強いのに対し，東アジアでは人間関係的な適合性（個人
－集団適合 [P-G fit] と個人－上司適合 [P-S fit]）が職務態度に与える影響が
相対的に強いことが明らかになった．これらの結果には，東アジアでは調和
的人間関係や権威者への服従が重視されるという文化的特性が反映されてい
るのだろうと Oh らは考察している．このような知見をさらに掘り下げるな
らば，適合度と結果変数の関係のみならず，例えば，不適合（misfit）に対
して人々がどのような行動をするのかといったダイナミックな適合過程（fit-
ting）についても，欧米と東アジアとでは違いがあることも予想される．欧
米では，環境を変えたり環境に働きかけたりすることによって不適合を解消
しようとするのに対し，東アジアでは，自分自身を変えることで環境に合わ
せていこうとするのではないだろうか．

P-E fit のインディジナス研究の先駆的事例としては，Chuang et al.（2015）
による質的研究が挙げられる．Chuang らは，台湾の人々を対象とする質的
調査に基づいて P-E fit の中華モデルを導いた．Chuang らは，適合性を考え
る際の中華的な前提として，儒教的関係主義，仁を重んじる調和的人間関

係，儒教的自我，家族や人間関係に埋め込まれつつ成長発展する自己といった視点を考慮した．調査の結果，中華系の人々は，P-E fit を個人の視点からみて環境との一致度があるのか（congruent）ではなく，調和を重視する人間関係的な視点からみてその環境は適切なのか（appropriate）と認識していることや，修練（cultivation）を重視する視点から，欧米的な視点からは不適合な状態（自分の能力が求められる能力に達していないなど）であっても，それはむしろ適切である（適合している）というような解釈をするといった発見を得ている．そして，それらの要素を含んだ P-E fit の中華モデルを提示した．このような先駆的事例を参考にし，それを拡張させるなり，あるいは新たに質的研究を実施したりするならば，P-O fit もしくは P-E fit の日本モデルの構築が可能かもしれない．

3. 異なる種類の適合性との関係性

　日本において，P-O fit, P-J fit, P-G fit などの異なる P-E fit の下位概念間の関係性がどうなっているのかを，他国や多文化と比較しながら検討していく研究も考えられる．例えば，Sekiguchi（2006）は，企業の人的資源管理がどのように P-O fit, P-J fit, P-G fit を高めていくのかについての日米比較をモデルで示した．日本企業では，新卒一括採用を中心とする採用や入社時の組織社会化では P-O fit の確立が相対的に最重視され，入社した後の初任配属後は，人材育成や頻繁な人事異動を通じて組織内で P-J fit と P-G fit を高めるプロセスが存在することを示した．一方，米国企業では，採用では P-J fit の確立が相対的に最重視され，入社後の組織社会化などによって P-O fit や P-G fit も高まることが期待されるが，適合が実現しない場合には転職することによって外部労働市場を介した P-O fit, P-J fit, P-G fit の確立が再度模索されることを示した．これらのモデルは近年になって頻繁に指摘されるようになった日本企業による「メンバーシップ雇用」と欧米企業による「ジョブ型雇用」の違いを反映していると思われるが，Sekiguchi（2006）では概念的なモデル提示にとどまっており，実証研究による検証はまだなされていない．「近年では非正規社員や外国人社員の増加による組織内での価値観の多様化，副業の解禁やテレワークの進展，そしてキャリア自立など，個人は組織との関係性を見直す外的要因が増加している」と山﨑論文でも言及

されているように，現在は日本における働き方や雇用のあり方も過渡期にあると思われるため，そのような変化を考慮しつつ，厳密な実証研究を中心としてさらに上記のようなプロセスの理解を深めていくような研究も考えられるだろう．

4. 結語

　まとめると，山﨑論文が冒頭で指摘しているように，現在の日本ではP-O fit の研究が活発になされているわけではないが，日本や東アジアという文脈の独自性を考慮した研究を推進することで，P-O fit 分野の発展に大きく寄与する余地は十分に残されていると考えられる．山﨑論文による詳細なレビューと統合的フレームワークによる全体像の提示が日本におけるP-O fit 研究を活性化させることのきっかけになることを期待したい．

【引用文献】

Chuang, A., Hsu, R. S., Wang, A. C., & Judge, T. A. (2015). Does West "fit" with East? In search of a Chinese model of person–environment fit. *Academy of Management Journal, 58* (2), 480-510.

Li, P. P., Sekiguchi, T., & Zhou, K. (2016). The emerging research on indigenous management in Asia. *Asia Pacific Journal of Management, 33* (3), 583-594.

Markus, H. R., & Kitayama, S. (1991). Culture and the self: Implications for cognition, emotion, and motivation. *Psychological Review, 98* (2), 224.

Oh, I. S., Guay, R. P., Kim, K., Harold, C. M., Lee, J. H., Heo, C. G., & Shin, K. H. (2014). Fit happens globally: A meta-analytic comparison of the relationships of person–environment fit dimensions with work attitudes and performance across East Asia, Europe, and North America. *Personnel Psychology, 67* (1), 99-152.

Sekiguchi, T. (2006). How organizations promote person–environment fit: Using the case of Japanese firms to illustrate institutional and cultural influences. *Asia Pacific Journal of Management, 23* (1), 47-69.

Trompenaars, F., & Hampden-Turner, C. (2011). *Riding the waves of culture: Understanding diversity in global business.* Nicholas Brealey International.

3 組織の外に広がる 社会関係資本[1]

成員の退出から組織が得るもの

横田 一貴

3-1 はじめに

　人の組織間移動は，経営に重要な影響を及ぼしうる現象の1つとして経営学の様々な研究領域が注目してきた．具体的にはイノベーションの領域において，成員の組織間移動が企業の研究開発や知識のスピルオーバーにどのような影響を与えるかを追究する研究群がある．他方では，人的資源管理論や組織行動論の領域において，採用や離職を通じた成員の組織内外の移動が研究されている．

　本稿では，経営学におけるこうした組織を跨いだ人の移動に関する既存研究を，成員の退出という現象に焦点を絞って整理していく．本稿では主に成員の（a）自発的な離転職を，（b）成員を失う側の組織の視点から捉える，という意味で「退出」という言葉を用いる[2]．言い換えれば，「成員を失うこと」が組織にどのような効果をもたらすのかという点について，経営学の多様な領域を横断し，知見の綜合を試みるのである．

　成員は本来，自由に，ある組織への所属を停止し，他の組織へと移ることが可能である．したがって企業組織は常に，成員を失う可能性に直面してい

---

1 本研究は，科研費（20J20594）による研究成果の一部である.
2 本稿では主に組織側の計画に沿わない成員の退出（Shaw et al., 1998）に焦点を絞るため，企業側の意思決定による解雇（e.g. downsizing ; c.f. Datta et al., 2010 など）や契約期間の終了（c.f. De Stefano et al., 2019 など），定年退職などの非自発的な離転職については，レビューの中心としない．また CEO など組織の中でも特殊なポジションを持つ成員の退出に特有の議論は取り上げない.

ると言える（Coff, 1997）．組織の計画に反して成員の離転職が起こると，特定の能力や社内のチームワークが失われることで業務に支障が出たり，またこれまで投資してきた人的資源からリターンを得ることができなくなったりなど，その組織は様々なダメージを被ることになる．それ故，組織が成員を失うことは，アカデミアにおいても実務界においても基本的には回避すべき事態として捉えられる傾向がある（Allen et al., 2010）．実際に，人的資源管理論・組織行動論の領域では，組織の離職率が高まるほど組織的成果は低下するという認識がコンセンサスとなっている（Hancock et al., 2013; Park & Shaw, 2013）．そのため，組織的成果を高めるためには，リテンションの施策を充実させ離職を防ぐことが重要であると考えられてきた（Somaya & Williamson, 2008; 山本，2009）．

　しかし，経営学の既存研究を紐解いていくと，成員の退出に関して必ずしも負の側面ばかりが指摘されてきたわけではないことがわかる．組織がその成員を失うことが，かえって正の効果をもたらす場合があるという議論の端緒は古く，早くも1980年代の研究において，成員の退出にプラスの効果がありうるという論点が提起されている（Dalton & Todor, 1979; Staw, 1980）．しかしながら，退出の正の側面というテーマを検討する試みはそれ以降活発ではなく，長らく成員の退出を直接扱ってきたHR・OBの離職研究においても，退出の正の側面という論点について知見の蓄積が進んでいるとは言い難い[3]．

　ところが2010年前後から，退出の正の側面について新しい知見を生み出している研究が複数の研究領域で同時多発的に現れつつある（Corredoira & Rosenkopf, 2010; Carnahan & Somaya, 2013）．とりわけ代表的なのはイノベーションの領域であり，そこではある程度成員の退出が起こる組織の方が，外部からの情報を入手しやすい組織になるということが指摘されている．本稿ではこのように，成員の退出を組織が許容することの合理的側面について示唆を与えている研究群を抽出し，こうした議論の展開を捉えるため

---

[3] 成員の退出に正の側面がある可能性を視野に入れている研究として典型的なのは，仮説導出において逆U字の関係性を想定した仮説を予備的に検証している研究である（Yanadori & Kato, 2007）．ただし，この種の逆U字仮説を支持する結果が得られたとする研究は極めて少ない．例外としては，Meier & Hicklin（2008）．

のフレームワークを構築していく.

　ただし本稿は，リテンションと退出のどちらをどの程度促進すると総合的にメリットが大きいのかというような問題を考えているのではない. もしこのトレードオフに一定の答えを見出すことが目的なのであれば，メタ分析などが適切な手法となる[4].

　本稿が目的とするのはむしろ，リテンションと退出の両方を綜合的に思考するための理論枠組みの構築であり，そのために成員の移動が組織の成果を左右するという現象の背後に潜んでいる論理を見出すことである. それ故に本稿では，メタ分析やシステマチックなレビュー手法ではなく，ナラティブなレビューを通して既存研究を整理していく. ナラティブなレビューには，論文の選択基準がある程度恣意的になってしまうという弱みがあるものの，画一的な基準では取りこぼされてしまうような複数の研究の間に論理的なつながりを見出す上では強みがある. 以下では，それぞれの既存研究において念頭に置かれているメカニズムの了解を経て，成員の退出が，成員を失う側の組織（元組織）に対して及ぼす影響に関する議論を綜合していく.

　渉猟する既存研究の範囲としては，主に "employee mobility", "employee turnover" というキーワードで探索を行う. こうして見つかった研究およびそれらの引用文献のうち，成員の退出を原因変数として扱っており，尚且つ成員を失う側の組織への影響を考察している研究を理論・実証研究を問わず特定し，それらの読解を通じて背後のメカニズムとして想定されてきた論理を，代表的な研究例を取り上げながら整理する.

　簡潔に結論を先取りすれば，成員の退出という現象を扱ってきた従来の研究にみられなかったのは，成員が離転職した後になっても元の組織に影響を及ぼしうる，という視点である. 言い換えれば，多くの既存研究ではいったん組織を離れた成員は，もはや（元組織にとっては）存在しないものとして扱われてきたのである. しかし実際には，組織を離れた成員は，多くの場合他の場所で活動を続けている. このとき，退出した成員と元組織に残った同僚などとのつながりが残っているのであれば，既に所属を停止した元成員が元組織に何らかの影響を及ぼす可能性もまた残されているのである.

4　成員の退出の正の側面に関する実証研究が数多く存在する訳ではないので，実際のところメタ分析を適用するには今しばらくの研究蓄積が必要だろう.

理論的に解釈すれば，組織成員の持つ社会関係資本は，離転職を経て直ちに霧消するのではなく，組織間を移動した後になっても元組織に影響を及ぼす紐帯として機能しうるのである．成員が組織を退出することの正の側面について新しい知見を生み出している研究群は，いずれも退出した元成員のその後の活動や，そのような元成員と，組織に残った既存成員の間の相互作用に注目するようになってきている．つまり，組織間を移動しつつも，元組織との社会関係資本がある程度存続することが想定されているのである．

　従来の研究，とりわけ離職研究が組織内部に構築される社会関係資本に焦点を当てて成員の退出の効果を推論しようと試みてきたことと，近年の研究が一度組織を離れた成員の持つ社会関係資本に焦点を当てるようになってきたことのそれぞれは，組織の捉え方に関して経営学に新しいパラダイムが生まれつつあることを示唆している．

　人的資本と同じように，組織内部に良質な社会関係資本が「蓄積されていく」ような組織観から考えれば，成員の長期的なコミットメントを引き出し，可能であれば自発的な離職を防ぐ手立てを実施することが組織の成果を高めるために有効だろう．しかし，成員が退出することを契機として他の組織へ，組織の外へと社会関係資本が「広がっていく」という視点に立てば，組織の外へ飛び出した成員との社会関係資本が残ったり，翻って社会関係資本を外から取り入れたりと，成員が退出しつつも組織の成果が高まるという経路が見えてくる．

　成員の退出という現象に焦点を当てて，経営学の複数の領域の動向を俯瞰した本稿が展望するのは，個々の成員が多様な社会関係資本を組織の内外と保有しているような社会において，成員の入退出が繰り返されることで浮かび上がってくる，社会関係資本の束としての組織を巡る研究である．組織を社会関係資本の束として捉えることで，成員にまつわる資本を組織内に「蓄積するもの」として捉えてきた従来の考え方とは異なるマネジメントが見出されるだろう．

3-2 成員の退出への伝統的なアプローチ：HR・OB の離職研究

3-2-1 退出が組織的成果に及ぼす負の効果

　経営組織における成員の退出という現象を最も直接的に扱ってきたのは，人的資源管理論（human resource management：以下，HR）や組織行動論（organizational behavior：以下，OB）の領域における離職の研究であろう．この研究群では，組織成員の行動としての離職（もしくは離職意思）を生じさせる先行要因や，それによる組織レベルの結果変数への影響などが検討されてきた．

　離職研究において，そもそも成員の退出が組織レベルの成果を左右しうるという予測の基礎となっているのは，人的資本と社会関係資本の2つの理論である．

　第1に，組織成員はそれぞれ何らかのスキルや知識，能力といった人的資本を有しており，それらを用いて組織の活動に貢献している．人的資本（human capital）とは，企業組織で働く個々の成員が，教育や訓練，経験を通した学習によって獲得する知識やスキル，専門性のことを指す（Hatch & Dyer, 2004）．人的資本は成員個人に身体化されているため，組織がこうした人的資本を当てにできるのは，成員が活動に参加してくれる場合のみである．したがって成員が組織を退出し活動への貢献がなくなってしまえば，退出した成員の持つ人的資本もまた組織から失われることになる．特定の人的資本を有する成員を雇用するために要したコストや，成員の人的資本を高めるために投じた教育のコストも，その成員が退出してしまえばそれ以上便益を回収できなくなるという点において退出のコストであると考えられる（Kwon & Rupp, 2013）．

　第2に，成員は多くの場合全く個人的な人的資本だけを用いて活動に貢献しているわけではなく，しばしば周囲の成員との間に形成した社会関係資本を活用して成果を実現している．社会関係資本（social capital）とは，ある個人が社会的なネットワークを介して潜在的に獲得可能な資源のことを指す（Nahapiet & Ghoshal, 1998）．社会関係資本を豊富に有する個人とは，周囲

の様々な人々と社会的な関係性を持ち、そうした他者からの支援によって多様な資源を動員できるような人である。また社会関係資本の蓄積が豊富な組織とは、組織内の成員の間に強固な関係性が構築されており、成員同士が相互に支援を与えながら活動を実現させているような組織を意味する。

例えば特定の活動の遂行に必要なスキルがあったときに、そのような人的資本を持つ他の成員から支援を受けて活動に貢献するということがある。このとき、重要な成員にそもそもたどり着くことができるか、またたどり着くことができたとしてもその成員が惜しみなく支援を提供してくれるかどうかは、成員同士の間に信頼感などを醸成する社会的なつながりがそれ以前に十分構築されていたかどうかに依存する（Sandefur & Laumann, 1998）。この考え方のもとでは、成員が組織を退出してしまうと、これまでその成員を経由していた成員同士の連携に支障が出るというコストや、また新たに別の成員を迎え入れる場合にはその新規成員との間に初めから関係性を構築し直さなければならないというコストが生じることになる。

このように、成員の人的資本が組織から失われること、またメンバーが欠けることで組織内の社会関係資本のネットワークに亀裂が生じることは、いずれも組織の活動をある程度阻害し、成果の低下につながると予想される。実際に、組織が成員を失うことは組織の成果に対して負の影響を生じさせるという仮説は、人的資本の理論の観点からも（Yanadori & Kato, 2007）、社会関係資本の理論の観点からも（Shaw, Duffy et al., 2005）、実証的な裏付けが蓄積されている。

HR・OB領域の多くの離職研究は、このような人的・社会関係資本の喪失というメカニズムを想定した上で、組織レベルで集計した離職率が、組織的成果の尺度に対して一貫して負の効果を及ぼすという仮説を想定してきた。組織レベルの成果の尺度として取り扱われてきたのは、典型的には売上高(Shaw, Duffy et al., 2005; Siebert & Zubanov, 2009)、労働生産性(Yanadori & Kato, 2007)、利益率（Kacmar et al., 2006）、事故率（Shaw, Duffy et al., 2005）などである。

HR・OB領域の離職研究における近年の複数のメタ分析の研究においても、離職率の組織的成果への効果は総合的にみれば線形の負の効果であるとする結論が得られている（Hancock et al., 2013; Park & Shaw, 2013）[5]。つま

り，離職の研究の現在におけるコンセンサスとしては，組織の離職率はゼロに近いほどよいとされているのである．

3-2-2 退出が組織に及ぼす正の効果：1980年代の論点

はじめに述べたように，離職研究に取り組んだ論者は負の効果だけを指摘してきたわけではない．わずかではあるが一部の研究は，成員の退出が組織の成果に正の効果をもたらす可能性があることを指摘している（Dalton & Todor, 1979; Staw, 1980）．

こうした研究は，成員の退出が組織的成果に及ぼす効果は逆U字のモデルによって示されると主張する．逆U字のモデルにおいては，離職率の最適な値はゼロではなくなり，特定の水準までは成員の退出を許容することに合理的な意義があることになる．この種の古典的な研究が依拠していたメカニズムは以下の3種類に分類することができる．しかしそのいずれも，本稿の考えている重要なメカニズムとは異なる．

古典的な研究が指摘している第1のメカニズムは，組織全体の中で相対的にパフォーマンスが低い成員が退出すれば，組織全体としてのパフォーマンスの平均値は向上するというものである（Abelson & Baysinger, 1984; Dalton & Todor, 1979）．また第2に，人事管理のプロセスのうち採用活動をミスなく遂行することは現実的ではないという限定合理性に基づいた推論からすると，組織への適合度が低い（高まりにくい）人員が誤って採用されてしまうことがあるため，このような人員については適合的でない組織に留まるよりも，他の組織に移る方が雇用側と労働者の両方にとって合理的であるという議論もある（Siebert & Zubanov, 2009）．言い換えれば，調整の難しいメンバーが退出することで，組織内部の調整にかかるコストが低下するのである．

第3に，成員の退出を契機として新たな人員が組織に入ってくることに注

---

5 線形の負の効果のモデルの派生形として，離職率が高まるほど負の効果が減衰していく曲線の負のモデルを想定する研究もある．背後に想定されている論理としては，離職率の高い組織はそもそも高い人的資本を持つ成員に活動を依存していない可能性があり，人的資本を失うコストが低い（Hancock et al., 2013），また組織は成員を補充する業務に慣れていくため，成員が頻繁に退出する組織ほど補填活動にかかるコストを低く抑えることできる（Shaw, Duffy et al., 2005; Shaw, Gupta, & Delery, 2005）といった点が指摘されている．

目する研究もある（Dalton & Todor, 1979; Staw, 1980; Alexander et al., 1994）．確かに成員が退出した場合，とりわけ人員の欠員によって成果に悪影響が生じる場合には特に，埋め合わせとして新たな人員の確保が進められる可能性は高い．

　しかし，これら3つの議論は，本稿の関心対象となる「退出のメリット」ではない．前者2つは採用や組織内社会化のミスを克服するという，マイナスをゼロに戻すというメリットであって，採用も組織内社会化も適切に行われている人員については退出が起こらない方が望ましいという議論に回収される論点である．また，3番目の「新しい成員の獲得」は，成員の退出よりもむしろ採用活動の方に依存しており，「成員の退出」によって直接得られるメリットではない．本稿の関心対象は，組織の側は可能であればリテンションしたいと考えている有用な成員が，組織側の計画に反して退出してしまう際に，どのような正の効果が生じうるか，という問題である．

　以上のように，古くは1980年代に既に提起されていた成員の退出の合理的側面に関する論点は主に，人事管理の限界から一定の退出が生じると述べているのに過ぎない．相対的にパフォーマンスが低い成員を教育し能力を向上させることができるならば，また採用活動におけるミスマッチを減らすことができるならば，最終的にはやはり離職率はゼロであることが望ましいという結論になる．したがって，当時想定されていたメカニズムは，組織にとって最適な離職率がゼロではないかもしれないという発想に強い根拠を与えるものであったとは言い難いのである[6]．

　これに対して，2010年代前後になってから展開されつつある幾つかの研究では，成員が組織から失われることの合理的側面について新しい論点が提示されている．

6　もしもリクルートの結果ではなく，退出が起こることによって直接に既存成員間の活動に変化が生じるという議論があるならば，こちらは退出の効果として整理できる．ただし，この経路で起こる「正の効果」に関する議論はほとんど見られない．例外として，Krackhardt & Porter（1985）によれば，同僚が離職すると離職をしない自分の選択を合理化するため組織への愛着を強めることがある．またイノベーション領域ではTzabbar & Kehoe（2014）が，スター研究者の退出が起こると，残った成員が今まで取り組んでこなかった新しい分野の研究をするようになるという議論がなされている．

3-3　成員の退出への新しいアプローチ：退出した成員の社会関係資本

　2010年代から現れつつある研究には，理論的な視野の拡張がみられる．結論を先取りすれば，この種の新たな研究群はいずれも，組織を一度退出した成員が，その後も元々所属していた組織に対して何らかの影響を及ぼす可能性に注目している．具体的に言えば，過去に組織を去った成員の持つ社会関係資本の存在に焦点が当てられているのであり，このような社会関係資本の捉え方に依拠することが，成員の退出の持つ正の効果を研究する上では有意義である可能性が示唆されている．

　過去に組織を去った成員とのつながりに注目した近年の試みには，①イノベーションの領域における「リバース・ナレッジ・フロー」という現象に関する研究群，②組織レベルの紐帯に関する研究群，③同窓ネットワークに関する研究群の3つの領域がある．本稿の問題意識に基づけば，いずれの領域も成員の退出が組織に及ぼす正の効果について示唆的な知見を生み出している．

3-3-1　リバース・ナレッジ・フロー

　成員の組織からの退出は，イノベーションの領域においても重要なテーマである．組織間の知識移転や知識のスピルオーバーに注目する研究では，一般的に，人の移動が起きると知識は元組織から移動先の組織へ，移動する人に携えられて移転されると考えられてきた（Song et al., 2003; Singh & Agrawal., 2011; Tandon et al., 2020）．とりわけ，通常他のメディアでは移転しにくいと考えられている暗黙知でさえも，それを携えた成員自身が移動する場合には組織を跨いで移転される可能性がある（Kogut & Zander, 1992）．このように，人が転職することによってある組織から別の組織へ，またある地域から別の地域へと知識が移転されると考えられることから，人の転職パターンと知識の普及には密接な関係性があると想定されてきたのである（Almeida & Kogut, 1999）．

　以上の経路，すなわち移動する成員を獲得する側の組織への知識移転は，人的資本の理論から解釈することができる（Kogut & Zander, 1992）．人的

資本という視点からは，成員が元々所属していた組織はその人的資本を失うことになるため，離職研究と同じく組織にとってマイナスの効果が予想される．他方で，移動する人を雇う側の組織は，その成員が持つ能力や知識の獲得というプラスの効果を享受できる．例えば Aime et al.（2010）は，退出した成員が組織のルーチンに関する知識を移動先組織に持ち込むことで，他組織によるルーチンの模倣が進行し，元組織の競争優位性が失われるという負の効果を指摘している．

　これに対して，移動先の組織から，逆に元組織へと知識がもたらされる場合がある，というのが Corredoira & Rosenkopf（2010）らの提唱したリバース・ナレッジ・フローの議論である[7]．

　Corredoira & Rosenkopf（2010）は，研究者が転職した後に，成員を失った元企業がその成員の移動先企業から知識を得ている程度を検証した．1980年から1994年にかけて活動していた米国の半導体発明者を対象とした分析の結果，企業はその成員を失った後に，成員の移動先組織の特許を引用し始めるようになるという傾向がみられた．移動先組織との技術的距離や，アライアンスの有無，移動先企業からの発明者の雇用など，そもそも特許の引用関係を生じさせる可能性のある他の要因を全て統制した上でも，成員の転職が起こった組織間では，移動先企業の特許を参照して新たな特許が取得されるという傾向が確認されたのである．

　この傾向の背後にあるメカニズムについて，Corredoira らは転職した元成員と元企業の成員との間でコミュニケーションを通した情報交換が生じ，それを通じて知識が通常のナレッジ・フローとは逆の方向に移転されているのではないかと指摘している[8]．簡潔にいえば，古巣の組織に残る既存成員と退出した元成員の間につながりが残っているのだと考えれば，それにより

7　提唱者の Corredoira & Rosenkopf（2010）では，"reverse knowledge *transfer*" という表現が使われているが，後続の実証研究（Kim & Steensma, 2017）やレビュー論文（Mawdsley & Somaya, 2016）では，この種の議論を総括して "reverse knowledge *flow*" という表現が使われている．

8　リバース・ナレッジ・フローという現象を説明しうるメカニズムとして，転職していった元成員のその後の動向に企業が注意を向けるため，成員と元成員の間でコミュニケーションがなくとも，元成員のモニタリングを通して移動先組織の知識を学習し，新たな特許の創出に繋がるという解釈の可能性もありうる（Corredoira & Rosenkopf, 2010）．どちらのメカニズムで解釈することが妥当かについて答えはまだ出ていないが，後続の実証研究である Kim & Steensma（2017）は，社会関係資本が働いていると想定する立場を支持している．

生じる交流を通じて，元成員が移動先で知り得た知識がある程度元組織に流れ込むことがあるのだと解釈することが可能ということである．

ハイテク産業とは異なる文脈でも同様にリバース・ナレッジ・フローが観察されることを指摘した研究がある．Godart et al.（2013）は，高級ファッションの業界において，あるデザイン事務所から退出したファッション・デザイナーの数と，由緒のあるフランスのファッション雑誌（*Journal du Textile*）におけるその事務所の創造性の評価の間に，逆U字の関係性が見られることを指摘した．すなわち，デザイナーが退出する事務所ほど，事務所の創造性が専門誌から高く評価される傾向があったのである．彼らもまた，他の事務所に転職した過去の成員からの情報提供が，デザイナーにとって組織外部からアイデアを得る重要な手段の1つになっていると想定している．

このように，退出した成員とのつながりを通じて元組織に何らかの情報や知識，アイデアがもたらされることがあるという現象は，ある程度外的妥当性も高いメカニズムであることが近年の研究からは示唆されているのである[9].

3-3-2　組織間関係：潜在的に補完的な関係にある他社とのつながり

リバース・ナレッジ・フローに関する研究は，知識移転に焦点を当てて成員の退出後の社会関係資本について新しい考え方を提示している先駆的な例であるものの，後続の研究はまだ少ない．しかし，異なる研究領域においても，組織を去った成員との関係性が残るという議論が表れつつある．以下では，イノベーションの領域とは異なるケースとして，組織間の取引関係に注目した研究群を取り上げる．

Somaya et al.（2008），Carnahan & Somaya（2013）はそれぞれ，組織の成員が他の組織へと転職することの効果を，弁理士事務所とFortune500に掲載されるような著名な企業との間の関係性に注目して検証している．彼ら

9　ただし，Godart et al.（2013）のリサーチ・デザインでは，成員の退出の効果と，リクルーティングの効果を明確に峻別できていない点には注意が必要である．彼らのデータセットにおいて，成員が退出している程度（mobility out-degree）と新規採用の程度（mobility in-degree）の相関係数は 0.67 と高く，やはり人が退出するほど人員の補充も行われる可能性が示唆されている．

によれば，弁理士事務所の立場からみた際に，自らの抱えている弁理士の一部が特定の企業に転職するほど，それら企業から特許取得を外注される傾向がある．このように，ある組織で社会関係資本を形成した成員が所属先を移ることによって，組織レベルでは新しい取引相手が開拓され，取引関係が生じるというケースがあるのである．このことから，Somaya et al. (2008) は，成員の退出先として，成員を奪われることが組織的成果にダメージを生じさせるような競合組織（competitor）がある一方で，成員が移動していくことによって組織的成果がむしろ高まるような組織のタイプ（cooperator）がありうることを論じている．

　特許弁理士のケースでいえば，成員が他の弁理士事務所（competitor）に転職する場合には取引関係が失われる可能性があるけれども，成員が一般企業（cooperator）に転職する場合には，新たに特許を取得する際に外注する相手組織として選ばれる可能性が高まる．言い換えればSomaya らの研究は，取引関係における川上もしくは川下企業への成員の退出を許容することには，取引相手を開拓する際に有利になるという合理性があることを指摘している．

　興味深いことに，これとは逆の論点，すなわち退出した成員が取引相手を他所に持ち去ってしまい，成員の退出を機に取引関係が断絶することを指摘する研究群が 2000 年代前後にみられる（Baker et al., 1998; Broschak, 2004; Seabright et al., 1992）．つまり顧客を取り合う関係にある competitor への転職は長らく議論されてきたのに対して，潜在的に補完的な移動先がありうることは近年漸く注目されるようになってきたのである．この領域においても，退出した成員との間の関係性が維持される可能性へと発想の転換が生じている．

　Carnahan & Somaya（2013）は，上述の視点を一歩進めて競争の視点を取り入れている．既に述べたように，補完的な関係にある二社間においては，相手組織から移動する成員を受け入れているほど，取引先として選ばれる可能性が高まる．けれども，組織は他の多様な組織からの転職者を受け入れている可能性があることを踏まえると，競合他社の出身者の方がより多く当該組織に移動している可能性がある．このような状況に関する実証結果の1つとして，特許弁理士については，他の弁理士事務所から成員を多数雇い

入れている企業とは取引関係が途絶えてしまう傾向があることをCarnahan
らは示している．つまり，アルムナイが組織外部に散らばることは，新規の
取引相手を探索する際に重要であるだけでなく，取引関係を長期的に維持す
る際にも重要である可能性がある[10]．

　人が移動することを契機として，移動のあった組織間で新たに共同研究が
行われるなどつながりが形成されるという議論はイノベーション領域におい
ても指摘されている（Paruchuri & Awate, 2017; Rosenkopf & Almeida,
2003; Tandon et al., 2020）．このように特定の成員の移動が組織間関係に影
響を及ぼすメカニズムとしては，社会関係資本を保有する成員が移動したこ
とによって，①元組織の他の成員の保有する人的資本などについて知識を有
する成員が移動したことから，外部からは見出すことができなかった潜在的
な共同研究の余地を見出すことができる，②既に信頼を醸成した成員が両方
の組織に存在することで共同研究を実現する取引コストを抑えることができ
る，などが考えられる．

　以上のように，成員の退出を取引関係や共同研究開発の関係性を組織間に
新たに生じさせる契機として捉えることが可能であることが複数の領域の研
究から示唆されている[11]．適度に退出が起こり，つながりを有する成員が
組織の外部に散らばっているような組織は，外部から情報を獲得しやすくな
るというだけでなく，外部組織との協働関係を構築する際にも，退出により
スピルオーバーした社会関係資本から恩恵を受ける可能性が示唆されている
のである．

---

10 アルムナイ（alumni）は過去にある組織に所属していた元成員を指すが，こうした元成員の中
　には転職を経て再び元組織に戻ってくるような成員も一定数存在する．このように一旦退出を
　経てから再び元組織に貢献するようになる成員はブーメラン社員（boomerang employee）と呼
　ばれ，近年研究が蓄積されつつある（Shipp et al., 2014; Snyder et al., 2020; Arnold et al.,
　2020）．このような一度退出した成員の再雇用への着目もまた，過去の離職者が離転職後も元組
　織と相互作用しうることへの発想の転換と一致する．
11 イノベーションの領域では，離職した成員が起業する可能性にも注意が向けられており（Ganco,
　2013），他の組織への転職ではなく起業が起こるとルーチンの模倣などから市場での競争が増加
　し元組織のパフォーマンスに悪影響があることが指摘されている（Campbell et al., 2012）．こ
　うした研究群に対して，垂直的な取引関係が生じうるような関連産業への起業が起きた場合に
　は，退出と起業による好影響が生じるという論点を提起できるかもしれない．

3-3-3　企業組織の同窓ネットワーク

　元組織で構築した社会関係資本が移動後も維持されているようなケースと
して最も特徴的な現象が，企業組織の同窓ネットワーク（alumni network；
以下，同窓ネットワーク）に関する議論である．企業の同窓ネットワークに
関する実証研究は少ないものの，組織が成員の退出を許容し，退出した成員
の組織に対する良好な態度（good will）が維持されることで組織が正の効
果を享受可能な経路として注目されている（Somaya & Williamson, 2008,
2011）．

　同窓ネットワークは，過去の離職者の集団であり，まさに特定の組織への
所属に依存した社会関係資本が，組織を離れた後も維持されているという集
団である．たとえ同窓ネットワークが形成されていたとしても，そのネット
ワークと元となる組織が接続されていなければ，組織が過去の成員から情報
などを得ることはできないだろう．同窓ネットワークは本来，大学や大学院
などをはじめとした学校組織において生じる所属先を共にした人同士のつな
がりのことを指していた．しかし，近年ますます多くの企業が公式・非公式
に同窓プログラムを組織するようになってきている．例えば，Procter &
Gamble, Microsoft, KPMG, Accenture, McKinsey & Company などの企
業組織がこのような同窓プログラムを実施していると報告されている
（Somaya & Williamson, 2008）．

　リバース・ナレッジ・フローのようなコミュニケーションを通じた知識移
転が，もしも個人的に面識のあった成員と元成員の間で交わされているなら
ば，この場合はむしろ私有財として個人レベルで保有されている社会関係資
本，すなわち個人の保有する知人のネットワークが作動していると捉えるべ
きだろう．しかし企業組織の同窓ネットワークにおいては，相互作用する当
人同士に直接の面識と社会関係資本の構築がなくても，過去の離職者からの
支援が成立する可能性がある．このように同じ企業組織の出身であるという
ことを担保に，共通の知人などがいなくとも他者から支援を受けることがで
きる場合には，元成員の持つ社会関係資本が私的なレベルを超えて公共財と
して存在していると解釈することが可能である（筒井，2007）．

　同窓ネットワークが形成され，尚且つ元組織の現役成員がそこから排除さ

れることなく接続されるためには，組織を退出した成員が元組織に対して良
好な態度（good will）を維持しているかということが問題となる（Somaya
& Williamson, 2008）．散発的ではあるが，成員の離職後の態度形成に関す
る議論として参考になる最新の研究を2つ取り上げる．

　Raghuram et al.（2017）は，上司と良好な関係性（LMX）を構築してい
たかどうかによって，成員が離職後に元組織に対して好意的となるかどうか
が左右されると指摘している．彼らによれば，上司との関係性が良好である
場合に，成員が離職を申し出てそれに反対されると，その成員は組織から必
要とされているということを感じ，たとえ結果的に離職したとしても，元組
織に対して好意的な態度（goodwill）を持つようになる．

　Raghuram らと非常に近い議論を，異なる理論的基盤から，尚且つリバー
ス・ナレッジ・フローの議論などを参照しつつ展開している例として，高尾
（2015）を挙げることができる．高尾は，成員が転職後に元組織に対してど
の程度支援的な行動をとるかということが，組織へのアイデンティフィケー
ションによって左右されることを指摘する．すなわち，過去に所属していた
組織へのアイデンティフィケーションが強いほど元組織への支援的行動は行
われやすく，逆に現在所属している組織へのアイデンティフィケーションの
程度が強いほど元組織への支援的行動は行われにくい．また後者の効果は，
現在所属している組織への在職期間が短いほど強い．最後の知見は，一見直
観に反したものである．本来は，転職先での在職期間が伸びるほど，新しい
組織での社会化が進み，同一化も促されると想定されるように思われる．し
かし実際には，転職から時間が経った後には，支援が行われない程度が低下
するのである．この知見は，移動後の元成員の態度が中長期的に変化してい
くことを示唆している．企業組織の同窓ネットワークを組織することの意義
は，近年退出した成員との接点を持つことというよりも，離転職時点からあ
る程度期間が経過しており，離職した元組織への態度が軟化した元成員との
接点にあるかもしれない．

　退出した成員の態度に影響する要因に関する研究は，以上に紹介したよう
にまだ探索的に進められている段階ではあるものの，将来的にはこの切り口
から組織が同窓ネットワークを構築・活用する方法について示唆が得られる
かもしれない．

3-4　社会関係資本の束としての組織

　これまで見てきたように，成員の退出という現象に焦点を絞って概観してみると，経営学の複数の領域に興味深い議論の展開が生じている．イノベーションや組織間の取引関係，企業組織の同窓ネットワークに関する研究領域を横断し，そこで想定されているメカニズムを整理していくと，過去に退出した成員，とりわけそのような元成員と組織の間の紐帯に光を当てることが，成員の退出の正の効果を捉える上で重要な糸口となりうることが示唆されている（Somaya et al., 2008; Corredoira & Rosenkopf, 2010; Levin et al., 2011; Carnahan & Somaya, 2013; Godart et al., 2013）．

　そもそも経営学における社会関係資本の理論では，主に社内の成員の間で構築される内的（internal）な社会関係資本と，組織成員と外部の他の組織との間に構築される外的（external）な社会関係資本という次元が扱われてきた（Adler & Kwon, 2002; Leana & Van Buren, 1999; Nahapiet & Ghoshal, 1998）．例えばバウンダリー・スパナーやゲート・キーパーの概念で象徴的であるように，組織の社会的ネットワークにおいて重要な影響力を持つ個人は，組織の内か外どちらかに存在することが従来の研究では前提となっていた（Jones, 2006）．このように内部もしくは外部に成員が配置されており，その間を跨ぐ交流がしばしば生じるという静的な組織活動を想定するのではなく，成員の退出を契機として，組織内部の社会関係資本が外部との新しい社会関係資本へと変化することを視野に入れれば，成員の入退出によって，組織が外部との間に持つつながりの組み合わせが変化するという動的な組織の捉え方を見出すことができる．成員の社会関係資本を組織内部に蓄積するのではなく，しばしば退出を通じてそれを組織の外部に広げることを活用するような組織は，ある種の束として多様な社会関係資本の組み合わせを一時的に保有しているに過ぎない．退出したとしても，つながりが残っているならば，その元成員もこの束の一部である．組織の資産がこの束から失われるのは，離転職が起こった時ではなく，つながりが途絶えた時なのである．

　このように考えれば，本稿においてレビューした既存研究は，単に成員の退出に見過ごされがちであった正の側面が存在するということを指摘するの

に留まらず，特定の組織に法的な雇用関係，メンバーシップを有する成員の集まりを組織として捉えるという見方とは異なる組織の捉え方をも示唆しているといえる．

　成員の退出が起こる組織が得るのは，組織の外部との新しいつながりである．組織がこうした外部とのつながりを用いて，退出した成員から情報や取引相手を発見し獲得することができる可能性があることは，近年の既存研究において十分示されている．しかし，退出後につながりが必ず残るとは限らないだろう．むしろ，退出後の元成員を捉えるという視点の展開に30年余りを要したことの背景には，離転職後も元組織とつながりが残る方が珍しいという理由があるかもしれない．したがって，成員の退出をどのようにマネジメントしているかによって，退出からコストだけを被っている多くの組織と，つながりを広げる契機として活用しはじめている一部の組織の違いが見えてくるのである．

　本稿は「成員の退出」に焦点を当てて，ナラティブなレビューを通じて，既存の知見の綜合を試みた．厳密に言えば，成員の退出の問題は，それがどのようなカテゴリーの成員なのか，労働市場はどの程度流動的で代替が容易なのかどうかなど，本稿では扱うことのできていない様々な要因にも左右される問題である．したがって，成員の退出に正の効果が存在するという仮説は，実証的には極めて特殊的な条件のもとでしか成立しない可能性もある．元成員とのつながりが残りうる領域，その種のつながりが重要な領域がどのような産業・労働市場なのかという問題を詳細に検討できなかったことは本稿の限界である．

　しかし，研究領域を横断し，異なる領域の研究の間に共通の論理展開を見出していくというレビューを通して本稿が記述した社会関係資本の束としての組織の捉え方は，生涯を通して複数の組織を渡り歩くことが一般的になりつつある企業組織を捉える視座として一定の意義を持つと期待される．

【参考文献】

Abelson, M. A., & Baysinger, B. D. (1984). Optimal and dysfunctional turnover: Toward an organizational level model. *Academy of Management Review, 9* (2), 331-341.

Adler, P. S., & Kwon, S. W. (2002). Social capital: Prospects for a new concept. *Acade-*

my of Management Review, 27 (1), 17-40.

Agrawal, A., Cockburn, I., & McHale, J. (2006). Gone but not forgotten: Knowledge flows, labor mobility, and enduring social relationships. *Journal of Economic Geography, 6* (5), 571-591.

Aime, F., Johnson, S., Ridge, J. W., & Hill, A. D. (2010). The routine may be stable but the advantage is not: Competitive implications of key employee mobility. *Strategic Management Journal, 31* (1), 75-87.

Alexander, J. A., Bloom, J. R., & Nuchols, B. A. (1994). Nursing turnover and hospital efficiency: An organization level analysis. *Industrial Relations: A Journal of Economy and Society, 33* (4) : 505-520.

Allen, D. G., Bryant, P. C., & Vardaman, J. M. (2010). Retaining talent: Replacing misconceptions with evidence-based strategies. *Academy of Management Perspectives, 24* (2), 48-64.

Almeida, P., & Kogut, B. (1999). Localization of knowledge and the mobility of engineers in regional networks. *Management Science, 45* (7), 905-917.

Arnold, J. D., Van Iddekinge, C. H., Campion, M. C., Bauer, T. N., & Campion, M. A. (2020). Welcome back? Job performance and turnover of boomerang employees compared to internal and external hires. *Journal of Management, 47* (8), 2198-2225.

Baker, W. E., Faulkner, R. R., & Fisher, G. A. (1998). Hazards of the market: The continuity and dissolution of interorganizational market relationships. *American Sociological Review, 63* (2), 147-177.

Broschak, J. P. (2004). Managers' mobility and market interface: The effect of managers' career mobility on the dissolution of market ties. *Administrative Science Quarterly, 49* (4), 608-640.

Campbell, B. A., Ganco, M., Franco, A. M., & Agarwal, R. (2012). Who leaves, where to, and why worry? Employee mobility, entrepreneurship and effects on source firm performance. *Strategic Management Journal, 33* (1), 65-87.

Carnahan, S., & Somaya, D. (2013). Alumni effects and relational advantage: The impact on outsourcing when a buyer hires employees from a supplier's competitors. *Academy of Management Journal, 56* (6), 1578-1600.

Cirillo, B., Tzabbar, D., & Seo, D. (2020). A bibliometric and topic modeling analysis of the structural divide in the multidisciplinary research on employee mobility. In D. Tzabbar & B. Crillo (Eds.), *Employee inter-and intra-firm mobility: Taking stock of what we know, identifying novel insights and setting a theoritical and empirial agenda* (pp. 15-36). Emerald Publishing.

Coff, R. W. (1997). Human assets and management dilemmas: Coping with hazards on the road to resource-based theory. *Academy of Management Review, 22* (2), 374-402.

Corredoira, R. A., & Rosenkopf, L. (2010). Should auld acquaintance be forgot? The reverse transfer of knowledge through mobility ties. *Strategic Management Journal, 31* (2), 159-181.

Dalton, D. R., & Todor, W. D. (1979). Turnover turned over: An expanded and positive perspective. *Academy of Management Review, 4* (2), 225-235.

Datta, D. K., Guthrie, J. P., Basuil, D., & Pandey, A. (2010). Causes and effects of employee downsizing: A review and synthesis. *Journal of Management, 36* (1), 281-

348.

De Stefano, F., Bonet, R., & Camuffo, A.（2019）. Does losing temporary workers matter? The effects of planned turnover on replacements and unit performance. *Academy of Management Journal, 62*（4）, 979-1002.

Dess, G. G., & Shaw, J. D.（2001）. Voluntary turnover, social capital, and organizational performance. *Academy of Management Review, 26*（3）, 446-456.

Ganco, M.（2013）. Cutting the Gordian knot: The effect of knowledge complexity on employee mobility and entrepreneurship. *Strategic Management Journal, 34*（6）, 666-686.

Godart, F. C., Shipilov, A. V., & Claes, K.（2013）. Making the most of the revolving door: The impact of outward personnel mobility networks on organizational creativity. *Organization Science, 25*（2）, 377-400.

Hancock, J. I., Allen, D. G., Bosco, F. A., McDaniel, K. R., & Pierce, C. A.（2013）. Meta-analytic review of employee turnover as a predictor of firm performance. *Journal of Management, 39*（3）, 573-603.

Hatch, N. W., & Dyer, J. H.（2004）. Human capital and learning as a source of sustainable competitive advantage. *Strategic Management Journal, 25*（12）, 1155-1178.

Jones, O.（2006）. Developing absorptive capacity in mature organizations: The change agent's role. *Management Learning, 37*（3）, 355-376.

Kacmar, K. M., Andrews, M. C., Van Rooy, D. L., Chris Steilberg, R., & Cerrone, S.（2006）. Sure everyone can be replaced … but at what cost? Turnover as a predictor of unit-level performance. *Academy of Management Journal, 49*（1）, 133-144.

Kim, J. Y., & Steensma, H. K.（2017）. Employee mobility, spin outs, and knowledge spillin: How incumbent firms can learn from new ventures. *Strategic Management Journal, 38*（8）, 1626-1645.

Kogut, B., & Zander, U.（1992）. Knowledge of the firm, combinative capabilities, and the replication of technology. *Organization Science, 3*（3）, 383-397.

Krackhardt, D., & Porter, L. W.（1985）. When friends leave: A structural analysis of the relationship between turnover and stayers' attitudes. *Administrative Science Quarterly*, 242-261.

Kwon, K., & Rupp, D. E.（2013）. High performer turnover and firm performance: The moderating role of human capital investment and firm reputation. *Journal of Organizational Behavior, 34*（1）, 129-150.

Labianca, G., & Brass, D. J.（2006）. Exploring the social ledger: negative relationships and negative asymmetry in social networks in organizations. *Academy of Management Review, 31*（3）, 596-614.

Leana III, C. R., & Van Buren, H. J.（1999）. Organizational social capital and employment practices. *Academy of Management Review, 24*（3）, 538-555.

Levin, D. Z., Walter, J., & Murnighan, J. K.（2011）. Dormant ties: The value of reconnecting. *Organization Science, 22*（4）, 923-939.

Mawdsley, J. K., & Somaya, D.（2016）. Employee mobility and organizational outcomes: An integrative conceptual framework and research agenda. *Journal of Management, 42*（1）, 85-113.

Meier, K. J., & Hicklin, A.（2008）. Employee turnover and organizational performance: Testing a hypothesis from classical public administration. *Journal of Public Admin-*

istration Research and Theory, 18 (4), 573-590.

Nahapiet, J., & Ghoshal, S. (1998). Social capital, intellectual capital, and the organizational advantage. *Academy of Management Review, 23* (2), 242-266.

Oettl, A., & Agrawal, A. (2008). International labor mobility and knowledge flow externalities. *Journal of International Business Studies, 39* (8), 1242-1260.

Park, T. Y., & Shaw, J. D. (2013). Turnover rates and organizational performance: A meta-analysis. *Journal of Applied Psychology, 98* (2), 268.

Paruchuri, S., & Awate, S. (2017). Organizational knowledge networks and local search: The role of intra-organizational inventor networks. *Strategic Management Journal, 38* (3), 657-675.

Raghuram, S., Gajendran, R. S., Liu, X., & Somaya, D. (2017). Boundaryless LMX: Examining LMX's impact on external career outcomes and alumni goodwill. *Personnel Psychology, 70* (2), 399-428.

Ransbotham, S., & Kane, G. C. (2011). Membership turnover and collaboration success in online communities: Explaining rises and falls from grace in Wikipedia. *MIS Quarterly, 35* (3), 613-627.

Rosenkopf, L., & Almeida, P. (2003). Overcoming local search through alliances and mobility. *Management Science, 49* (6), 751-766.

Sandefur, R. L., & Laumann, E. O. (1998). A paradigm for social capital. *Rationality and Society, 10* (4), 481-501.

Saxenian, A. (1996). *Regional advantage: Culture and competition in Silicon Valley and Route 128*, with a new preface by the author (2nd ed.). Harvard University Press.

Seabright, M. A., Levinthal, D. A., & Fichman, M. (1992). Role of individual attachments in the dissolution of interorganizational relationships. *Academy of Management Journal, 35* (1), 122-160.

Shaw, J. D., Delery, J. E., Jenkins Jr, G. D., & Gupta, N. (1998). An organization-level analysis of voluntary and involuntary turnover. *Academy of Management Journal, 41* (5), 511-525.

Shaw, J. D., Duffy, M. K., Johnson, J. L., & Lockhart, D. E. (2005). Turnover, social capital losses, and performance. *Academy of Management Journal, 48* (4), 594-606.

Shaw, J. D., Gupta, N., & Delery, J. E. (2005). Alternative conceptualizations of the relationship between voluntary turnover and organizational performance. *Academy of Management Journal, 48* (1), 50-68.

Shipp, A. J., Furst-Holloway, S., Harris, T. B., & Rosen, B. (2014). Gone today but here tomorrow: Extending the unfolding model of turnover to consider boomerang employees. *Personnel Psychology, 67* (2), 421-462.

Siebert, W. S., & Zubanov, N. (2009). Searching for the optimal level of employee turnover: A study of a large UK retail organization. *Academy of Management Journal, 52* (2), 294-313.

Singh, J., & Agrawal, A. (2011). Recruiting for ideas: How firms exploit the prior inventions of new hires. *Management Science, 57* (1), 129-150.

Snyder, D. G., Stewart, V. R., & Shea, C. T. (2021). Hello again: Managing talent with boomerang employees. *Human Resource Management, 60* (2), 295-312.

Somaya, D., & Williamson, I. O. (2008). Rethinking the 'war for talent'. *MIT Sloan*

Management Review, 49 (4), 29-34.

Somaya, D., & Williamson, I. O. (2011). Embracing turnover: Moving beyond the "war for talent". In H. Scullion & D. Collings (Eds.), *Global talent management* (pp.90-102). Routledge.

Somaya, D., Williamson, I. O., & Lorinkova, N. (2008). Gone but not lost: The different performance impacts of employee mobility between cooperators versus competitors. *Academy of Management Journal, 51* (5), 936-953.

Song, J., Almeida, P., & Wu, G. (2003). Learning-by-hiring: When is mobility more likely to facilitate interfirm knowledge transfer? *Management Science, 49* (4), 351-365.

Staw, B. M. (1980). The consequences of turnover. *Journal of Occupational Behaviour, 1*, 253-273.

高尾義明 (2015).「過去に所属した組織に対する支援的行動：組織アイデンティフィケーションからのアプローチ」『組織科学』*48* (4), 71-83.

Tandon, V., Ertug, G., & Carnabuci, G. (2020). How do prior ties affect learning by hiring? *Journal of Management, 46* (2), 287-320.

筒井淳也 (2007).「ソーシャル・キャピタル理論の理論的位置づけ：効率性と公平性の観点から」『立命館産業社会論集』*42* (4), 123-135.

Tzabbar, D., & Kehoe, R. R. (2014). Can opportunity emerge from disarray? An examination of exploration and exploitation following star scientist turnover. *Journal of Management, 40* (2), 449-482.

山本寛 (2009).『人材定着のマネジメント：経営組織のリテンション研究』中央経済社.

Yanadori, Y., & Kato, T. (2007). Average employee tenure, voluntary turnover ratio, and labour productivity: Evidence from Japanese firms. *The International Journal of Human Resource Management, 18* (10), 1841-1857.

横田一貴「組織の外に広がる社会関係資本－成員の退出から組織が得るもの」へのコメント

西村 孝史

1. 横田論文の貢献

　本研究は，「組織の側は可能であればリテンションしたいと考えている有用な成員が，組織側の意図に反して退出してしまう際に，どのような（正の）効果が生じうるか」という問題を扱い，①イノベーションの領域におけるリバース・ナレッジ・フローに関する研究群，②組織レベルの紐帯に関する研究群，③同窓ネットワークに関する研究群の3つの領域に絞ってレビューを展開している．その意味で本研究は，イノベーション研究および人的資源管理（以下，HRM）・組織行動（以下，OB）研究の双方にまたがる研究であるが，同時にレビューを通じて組織を社会関係資本の束として捉えることで組織の境界線を捉え直すことを主張する野心的なレビューでもある．退職した者が前職の組織と業務委託契約を結びながら退職した組織の「パートナー」や「顧客」になることは実社会でも見られるし，過度にリテンションに拘らないマネジメントの必要性という指摘は実務的にも意味がある研究である．

2. 人的資源管理から見た本研究の発展可能性

　「良い論文（研究）とは何か」という問いは，一意に解答を得ることは難しい．しかし，評者の個人的な見解として，読んだ後に「こんな研究ができるかもしれない」「こんな問いが立てられそうだ」など，読み手の知的好奇心（研究探求心）を刺激する論文も良い研究の1つの要素であると考えている．その意味で横田論文は，HRM をメイン領域とする評者の知的好奇心を大いに刺激する論文である．以下，横田論文を読んで思い浮かんだアイデア例を列挙したい．

　本研究が提示する「新たな組織の捉え方」を扱うのであれば，元の組織との関係性（高尾，2015）だけでなく，(1) 一度退職した成員が再び離職した組織に再就職するいわゆる「出戻り社員」の社会関係資本が組織パフォーマ

ンスに与える影響，（2）主たる組織に所属しながらも一定時間を別の組織のために労働力を提供する兼副業がもたらす社会関係資本と成果，（3）埋め込み理論に基づいて当該組織に埋め込まれている程度（on the job/off the job embeddedness の割合）と社会関係資本の関係性および組織へのスピルオーバー効果，（4）知人の紹介を通じて入社するリファラル採用（入職経路の違い）が入社後の組織に与える影響，（5）人材アーキテクチャ（Lepak & Snell, 1999; Luo, et al, 2021）に立脚しながら，どんな外部人材のどんな社会関係資本が組織パフォーマンスを高めるかという研究，（6）高齢者の定年後再雇用の中でも，別の会社に再就職した者が，定年前に培った社会関係資本を利用して前職の組織および再就職先に与える影響など，様々な領域への発展可能性が考えられる．

3. 横田論文の課題

　横田論文は，新たな視点を提供するレビュー論文ではあるが，精緻化の余地が残されている．4点指摘しておきたい．第1に，関連する既存研究とどのように差別化するのかという点であり，特に以下2つの関連分野との違いを明確にする必要がある．1つは，社会ネットワーク論の weak tie やゲートキーパーなどの議論との差別化である．この点は本論文でも言及されているが，前職の組織と現組織との結節点という現象面の特異性を強調するだけでなく，その現象面から生じるキャピタルの違い（やり取りされる知識や情報の違い）を深掘りする必要がある．現時点では，Granovetter や Burt の紐帯理論のように辞めた成員が前職の組織の成員との結節点となることで前職の組織から見ると weak tie が形成され，異質な情報が還流するという見方ができる．同様に，ゲートキーパーの議論（Allen, 1984; 原田, 1999）から考えると，成員が前職の組織にもたらす情報は，前職の組織に所属する成員が「翻訳」可能なように辞めた成員によってコード化されるので，前職の組織の成員に伝わりやすいとも考えられる．

　また，もう1つは HRM で議論されてきた転籍との差別化である．転籍とは，企業との雇用関係を解消し，主として関連企業や系列企業と新たに雇用契約を結ぶことを指す．今野・佐藤（2020）によれば，企業が出向や転籍を実施する目的として8項目が挙げられているが，横田論文と関連するのは，

「転籍先との人的結び付きの強化」である．転籍により人的結びつきが強くなり，社会関係資本の束が転籍先組織まで及ぶと考えるのであれば，横田論文の主張は，転籍の効果を社会関係資本の立場からとらえ直したとも考えられる．

　第2の課題は，離職率の高低で議論することである．一般的には離職率が低い方がよいし，確かに離職率が低いことを是としてHRMやOBでは研究が進められている．しかし，実務に目を向けると離職率が低いことが「善」，高いことが「悪」という二元論は必ずしも成立しない．例えば，「人材輩出企業」と呼ばれる企業では，離職を良しとし，「卒業」と称する企業もある．反対に，離職率が低すぎても，人材の滞留が起きてローパフォーマーや問題社員が組織に寄りかかる（「働かないおじさん問題」）問題が発生する．また，離職の規定要因は，入社時のミスマッチ（採用プロセス）だけでなく，業務内容，組織社会化など数多くの要因があり，必ずしも人事管理だけで規定されない．もし対象組織が他企業の知識を取り込むためには，ある程度有用な成員の外部輩出（離職）が望ましいという帰結になるのであれば，社会関係資本と離職の関係を扱った研究と矛盾する．そう考えると，前職の組織の人的ネットワーク（伊丹，1996）の密度や辞めた成員の中心性などの変数が有用な成員の離職が前職の組織にもたらす正の効果に影響する可能性がある．

　第3に，退出（移動）する成員の人的資本の質への議論である．横田論文では，離職研究として人的資本の議論がなされている．しかし，企業特殊的能力（企業特殊熟練）（小池，2005）のように，当該組織のみで有用とされるようなスキルとポータビリティに関する議論も組み込む必要がある．なぜなら企業特殊的能力が高ければ，成員は組織に居続けるインセンティブを持つ（持たざるを得ない）であろうし，何かしらの理由で組織を離れたとしても，自らの企業特殊的能力を高く評価してくれるのは前職の組織であるから，組織も成員も離職後に互いに積極的に関わることが考えられるからである．反対に，いくら高いスキルを有していても，労働市場からの調達（採用）が容易であれば，代替可能性が高く，前職の組織が関わりをもつインセンティブは小さくなる．そう考えると逆説的ではあるが，企業特殊能力の高い成員がやむを得ない場合に離職した場合の方が，そうでない成員に比べて

前職への関わり（未練？）が強くなり，横田論文が主張するような前職の組織に正の効果を与える可能性がある．

　第4に，辞め方に関する研究との関連性である．前職の組織との関わりという点で言えば，「組織を退出した成員が元組織に対して良好な態度（good will）を維持すること」が重要となる．そのことは HRM から見ると，前職をなぜ辞めたのか，どのように辞めたのか，ということが決定的に重要であることを意味する．例えば，猛烈な不満をもって組織を辞めた場合，前職の組織と積極的に関わろうとはしないはずである．反対に，前職では強い不満はないけれども，この組織の経営資源では自分がやりたいことができないために組織を飛び出した場合や，家庭の事情等で会社を辞めざるを得ない場合などは，辞めた組織との関わりを保ち，機会があれば（例えば社会的交換理論に基づいて）前職の組織に貢献するような行動を起こすかもしれない．つまり，横田論文の言う辞めた成員の社会関係資本の発揮は，辞め方が調整要因として機能する可能性があり，状況要因をモデルに組み込むとより精緻化したモデルになろう．

【参考文献】（横田論文の文献リストに含まれているものは省いている）

Allen, T. J.（1984）. *Managing the flow of technology: Technology transfer and the dissemination of technological information within the R&D organization.* MIT Press.

原田勉（1999）.『知識転換の経営学：ナレッジ・インタラクションの構造』東洋経済新報社.

今野浩一郎・佐藤博樹（2020）.『人事管理入門 ［第3版］』日本経済新聞社.

伊丹敬之（1996）.「人本主義再考：二重がさねの副作用とマネジメントの機能不企」『ビジネスレビュー』*44*（2），13-27.

小池和男（2005）.『仕事の経済学 ［第三版］』東洋経済新報社.

Lepak, D. P., & Snell, S. A.（1999）. The human resource architecture: Toward a theory of human capital allocation and development. *Academy of Management Review, 24*（1），31-48.

Luo, B. N., Sun, T., Lin, C. H., Luo, D., Qin, G., & Pan, J.（2021）. The human resource architecture model: A twenty-year review and future research directions. *The International Journal of Human Resource Management, 32*（2），241-278.

Raffiee, J., & Coff, R.（2016）. Micro-foundations of firm-specific human capital: When do employees perceive their skills to be firm-specific?. *Academy of Management Journal, 59*（3），766-790.

4 ジェンダーと組織研究

フェミニスト組織理論によるフレーム化

中村 暁子・清宮 徹

4-1 はじめに

　近年組織では，性別，年齢，人種，障がい，言語，セクシュアリティなどの多様性が重視される（Calás & Smircich, 1992, 2006; Calás et al., 2014）．こうした組織の多様性のもと，組織のパフォーマンスを最大化させることが組織研究や実務の中での課題である．組織とジェンダーは一見何ら関わりのないように見えるが，組織で行われる日々の実践の中でジェンダーが補強され，そして性差による不平等が定着し，多様な人々が活躍しにくい状況を生み出す．この点に，ジェンダーに関する議論の必要性がある．そこで本稿では組織とジェンダーをテーマに既存の研究を概観し，今後の研究への示唆を行うことを目的とする．

　なぜこのような議論が今，本稿に求められているのか．例えば Wilson（1996）は，1970 年代中頃 [1] から組織分析においてジェンダーの概念を取り入れる必要性を主張している研究があったにもかかわらず，進展がないことを問題提起した．そしてこれらの議論を踏まえて，再度，ジェンダー不平等を我々が認識し，組織研究でジェンダーを分析概念として取り入れる必要性を主張した．Wilson（1996）の議論は，いかに組織研究の中でジェンダーが盲目的であるかについて，既存の研究における「男性」のパワーに着目して主張を紡ぐものだった．例えば，ジェンダーに関する様々な議論の中で，男

1　Richard Brown（1976）や Janet Wolff（1977）などが挙げられる．

性らしさや男性特有の権威主義的な文化を組織の中で「良いものだ」と結論づけることに疑問を呈している．すなわち，Acker（1992b）が主張するように，日々の実践の中で男性を前提とした組織のジェンダー化が補強され，性差による不平等が定着する．組織とジェンダーは全く無関係ではないのである．

こうした議論から既に30年もの歳月が経とうとしているが，日本ではいまだに女性蔑視発言や女性の活躍が限定的な分野があること，男性の育児休暇取得に難色を示す企業の存在などジェンダーにまつわる課題は山積している．また，性的指向性の多様化という具合にジェンダーを取り巻く環境は刻々と変化しているが，組織研究においてジェンダーへの取り組みはどのように行われてきたのだろうか．本稿はこの問いから出発した．

日本の組織研究におけるジェンダーへの取り組みの状況を確認すると，残念ながら，主要な研究テーマとして意識されておらず，極めて限定的と指摘せざるを得ない．例えば，日本の組織研究を牽引する『組織科学』に掲載された論文のなかで「ジェンダー」をキーワードに据えた論文の掲載は，1996年に「組織の中の女性」という特集が組まれた以降，見当たらない．このような状況の背景には，松永・日置（1996）や，この特集号の編集後記の中で指摘されるように，日本における組織のジェンダー研究は，キャリア形成の過程で生じる制度的な問題を取り上げる研究，例えば，組織内部の人事労務上の制度面に着目する研究に終始し，ジェンダーを組織の現象として捉える組織論固有の領域からの研究が行われていないためだと考えられる．組織内部の制度に着目した研究は，具体的にどのように組織のパフォーマンスと結びつくのかという点が曖昧なまま議論が展開されていることも，ジェンダーは組織論固有の分野としての意識を希薄化させ[2]，人事労務や人的資源管理と関係性の深い研究というイメージが根づいている一因となっているのではないだろうか．このような状況と，ジェンダーを取り巻く環境の目まぐるしい変化を背景とし，組織とジェンダーに関する多様な研究蓄積と発展が，日本社会に不可欠なものと言える．

そこで本論では，組織のジェンダー研究を包括的にレビューし，日本にお

2　ジェンダーの研究テーマが希薄化され，経営主義的テーマが重視されるプロセスは，クリティカル・マネジメントの視点から積極的に検討されるべきである．

ける今後の組織とジェンダー研究に向けた方向性を提示することを目指す。
本論で取り上げる既存の研究は、Web of Science のタイトル検索を用いて
マネジメント系の学術誌に掲載された論文を対象に、"gender" のキーワー
ドで検索を行った[3]。また、Acker による組織のジェンダー化の議論以降、
どのような研究が行われたのかという点に着目し、1995 年から 2020 年の間
に掲載された論文を対象とした。本稿ではこれらの先行研究をフェミニズム
の視座と関連づけながら、Calás et al. (2014) の組織内部のジェンダー研究
（gender in organization）とジェンダー生成組織の研究（gendering organi-
zation）のフレームワークを用いて、マネジメント研究でのジェンダーへの
取り組みの傾向を捉える。特に本稿では、組織内部のジェンダー研究は研究
トピックごとに、またジェンダー生成組織の研究はこの研究領域と関連が深
いディスコースの分析レベルによって、整理を行った[4]。最終的に日本の組
織研究に対して、組織とジェンダー研究の今後に向けた示唆を提示する。

4-2 ジェンダー，フェミニズム，組織

　欧米でジェンダーの概念が用いられるようになったのは 19 世紀後半から
であるが、日本においてジェンダーということばが使われるようになったの
は 1970 年代ごろからであり、頻繁に使われ出したのが 1980 年代、一般的に
注目されてきたのは 1990 年代に入ってからだと言われている（清宮，2019;
高橋，1998）。ジェンダーは生物学的な身体的特徴によって分類される性別
（sex）に対して、社会的、歴史的、文化的背景をもとにコミュニケーション
によって形成される性差（gender）として用いられることが一般的である。
　このように「ジェンダー」ということばが後天的な性、あるいは性差を示

3　ジェンダー研究は様々な研究領域で行われるものであるが、本稿では、*Academy of Manage-
　ment Journal, Human Relations, Management Science Quarterly, Organization Science, Orga-
　nization Studies, Management Communication Quarterly* のジャーナルに限定して論文の検索
　を行った。検索された論文はマネジメント系学術誌 6 誌に限定しても 385 件となったが、事前
　にキーワードやアブストラクトから、関連性が低いと考えられる論文を除外した。論の構成上
　または重要な文献として、検索結果外の論文も用いている。
4　本論文ではすべての論文を概観したが、論文に掲載するにあたって、日本というコンテクスト
　と組織研究における現状を考慮し、筆者たちが適切と思う論文を取り上げている。したがって、
　帰納法的な方法ですべての論文から概念抽出するのではなく、本論考の目的に従った抽出となっ
　ている。

すものとして広く用いられるようになるまでに，セックス / ジェンダーの二元論（sex/gender binary）の議論として，この2つの軸が常に対立的に取り扱われていた．この議論の中で，セックスは生まれながらに身体的な特徴として現れる天与の性，これに対しジェンダーは社会的に構築される性の差異として取り扱われる．例えば Oakley（2015）はセックスを，人間がもつ「自然」の一部であり恒常的なものと捉え，ジェンダーを生物学的に与えられた性別をもとに文化的に解釈したものであると説明した．他方で Burr（1998, p. 11）は，「社会的・心理的・文化的に形成された性別」とジェンダーを定義し，これをきっかけに後験的に獲得する性がジェンダーとして理解され，多くの研究分野で用いられ発展した．日本においても高橋（1998, p. 11）は「男性と女性そして男性らしさと女性らしさが類型化され，歴史的，社会的，文化的に形成された区別としての性」と定義づける．上野（1995, p. 1）は「広義の『ジェンダー』という概念は，性差の問題について，『生物学的宿命』から切り離して議論するための装置であるとされ，性差を自然の領域から，文化の領域へ進化させた」と説明する．近年，アイデンティティやセクシュアリティが注目される中では，セックスとジェンダーは区別できず，セックスもジェンダーと同様に社会的に構築されたものであるとの捉え方もある（例えば Butler, 1990 邦訳 2018）．こうした立場では，セックス・ジェンダー（sexgender）ということばを用いるほうが妥当であるとの主張もあるが（Richardson, 2020），本稿の議論においてジェンダーとは「歴史的コンテクストや文化的コンテクスト，社会的関係やコミュニケーションによって形成される区分」（清宮，2019, p. 330）として議論を行う．

4-2-1　学術研究におけるジェンダーへの着目

ジェンダー研究とフェミニズムは切り離すことができない．フェミニズムとは女性解放の思想と実践の総称である（Calás & Smircich, 2006）．フェミニズムが始まったきっかけは，19世期末から20世期初頭にかけて起きた第1波フェミニズムと呼ばれる女性解放運動にある．第1波フェミニズムの中では，男女同権を目指すための議論や運動が巻き起こった．その後1960年代から，第1波フェミニズムでの主張に加え，女性の権利の拡張や女性の保護の主張，「女性らしさ」やセクシュアリティを根本から問い直すことを目

的とした第2波フェミニズムが起きた．この担い手がアカデミックな場に参加し，これまでのあらゆる研究の中に女性が不在であることや，既存の研究がいかに男性中心主義的なものであったかを指摘したことによって女性学（women's study）やジェンダー論（gender study）という学問分野が誕生する（江原，1997; Richardson, 2020）．こうして，アカデミックの議論に女性の経験を持ち込み，既存の研究を問い直す手続きを通して，研究の中で見過ごされていた，あるいは見えていなかった新たな研究課題を掘り起こすことが可能となった（Calás & Smircich, 1992）．

フェミニズムに影響を受けたアカデミックな活動は，経営学や組織研究も例外ではなく，伝統的に行われてきた研究の中に女性がおらず，その研究成果が従業員全体に一般化されるものとして取り扱われていたことに疑問が投げかけられた（Calás & Smircich, 1992; Wilson, 1996）．これらの研究では男性性に結びつきやすい特徴や前提を用いて理論化が行われていたことを指摘し，男性的にジェンダー化された組織の理論や理論化がいかに女性の声を封じ込めてきたのかを改めて認識すべきだということを理由として，組織の理論化の実践に女性の声を反映させることの必要性が主張されたのである（Calás & Smircich, 1992, p. 235）．このようにしてフェミニスト組織研究と呼ばれる一分野が誕生した．

4-2-2 フェミニスト組織研究

海外の文献を参照すると，フェミニスト組織研究（feminist organization study）ということばをしばしば見かけるが，日本の組織研究ではあまり馴染みがないように感じる．Calás & Smircich（2006, p. 328）によるとフェミニスト組織研究は，ジェンダー関係とそれによる社会的不平等のシステムとの交わりが現代資本主義の根本的な組織原理であるという立場から，「何が変化を妨げるのか？」「誰が門を閉ざしているのか？」といった問いかけを行うものである．したがってこの立場から理論化を行うことは，既に私たちが知っていること（knowing）が既にジェンダー化されたものであるという立場のもとに問題提起し，その中に潜む問題を浮き彫りにすることを可能とするのである（Calás & Smircich, 1992）．

Calás & Smircich（1992, p. 235）は，組織研究でフェミニストの視点を取

り入れることの貢献として，①組織の理論化の物語がより多様になること，②女性に関連した，関心の高いトピックが組織の理論化に反映されること，③組織の理論化において何が真実で，何が良いことで，何が美しいのかを判断する根拠の再考を可能にすることの3点を挙げている．つまりフェミニストによるアカデミックな取り組みは，当然化された理論や現象，既存の支配的な価値観と考え方，社会の合意に反論することによって課題の発掘や，説明しきれなかった現象への新たな視点として用いることができる立場なのである．Calás & Smircich（2006, p. 328）のことばを借りると，普遍的な「知識」を求めるだけではなく，「不平等な状況を維持し，あるいは悪化させながら，多方向に進化する世界に対して批判的に関与し続ける」方法なのである．

　フェミニスト組織研究の立場から組織の理論化を行う貢献は大きい（Thomas & Davies, 2016）．既に述べたが，我々の世界の中で当たり前となった伝統的な認識論や制度的にジェンダー化された取り決め，意識せずに実践してきた取り決めを問い直すきっかけを与えるものだからだ．また，Thomas & Davies（2016）が指摘するように，組織論者がフェミニズムやフェミニストの理論を参照することによって分析を可能とする組織現象がある．実際の現象で説明するのであれば，日本のリーダー的立場の人物が女性蔑視とも取れる発言を容易にできる現実に問題提起を可能とする．また，男性の育児参加への障壁や，性的マイノリティーと呼ばれるLGBT[5]の人々と組織の関わりについて扱うことを可能とするのがジェンダー概念であり，フェミニスト組織研究の立場なのである．この点に，組織研究でジェンダー概念を用いることの重要性がある．

　Calás et al.（2014）によると，組織とジェンダーに関する議論は，組織内部のジェンダー研究（gender in organization）の議論と，ジェンダー生成組織の研究（gendering organization）に分類できる．前者の組織の内部のジェンダー研究は伝統的に行われてきた研究で，組織内の男女の不均衡な状況に着目する．ジェンダー生成組織の研究は社会構成主義的な理論的背景を持ち，ジェンダーに関するあらゆる常識を脱構築するアプローチであり，組

5　LGBTの他にも，LGBTQやLGBTQ＋を含めて多様な表現があるが，ここでは代表的な表記である LGBT を用いる．

表1　ジェンダーと組織の理論化

	組織内部のジェンダー	ジェンダー生成組織
起源と学問的方向性	1960年代後半から；米国の公民権運動と女性運動．タイトルVIIやEEO/AAポリシーなどの公民権法．社会心理学の理論的枠組み．組織の層別化に対するいくつかの社会学的アプローチ．米国のビジネススクールで人気のジェンダー研究．	1970年代後半から1980年代；West & Zimmerman（1987），Acker（1990, 1992a,b）の知見を一般的なルーツと考える．批判的社会学の枠組み．ヨーロッパ，オーストラリア，ニュージーランドで，組織と経営におけるジェンダー研究で活発に用いられる．
セックスとジェンダーの意味的違い	2つの絡み合って安定した「人間の特性」であり，女性（あるいは男性）として両語は同義語として使用される．人が個人である／持っているもの，または獲得したアイデンティティとして理解される．	人間が社会的関係の中で行うことであり，社会生活において継続的に達成される．セックス（性別）：女性または男性として人を分類するため，同意する生物学的基準に基づき，社会的カテゴリーとして形成される．ジェンダー（性差）：文化的に制度化されたシステムで，性別（また階級や人種）による歴史的な階層的区分に基づいた従属と支配の関係を通じて生産，再生産される．
組織	男性と女性の活動のための中立的な容器；バックグラウンド．組織的特徴としてのジェンダー層別化の出現に注目する人もいる．	組織のプロセスと実践を相互に結びつける「不平等な体制」であり，人種化，ジェンダー化，階級化された関係を生み出し維持する．
理論的枠組み	心理学および社会心理学の理論．組織で観察された性の違いの説明として認知プロセスもいなされる．一般的な心理学または社会学理論はジェンダー化された現象を説明するために適応する．	社会構成主義者のジェンダー理論化；ジェンダー化のプロセスの理論．エスノメソドロジーとポスト構造主義のアプローチは，当然のこととされている社会的カテゴリーがどのように自然化され，ジェンダー効果を伴って維持されるかを理解するのに貢献する．
フェミニズムとの関係	リベラル・フェミニストの理論化の残響で，規範的二元論と抽象的な個人主義を含む．組織内の女性の不利益を中立化または合理化する傾向．	ポスト構造主義者のフェミニストの理論化．物質的な関係，および／またはジェンダーの言語，ディスコース，および文化的意味に焦点を当てる．不平等と従属への意味に焦点を当てる．

出所：Calás et al.（2014）pp. 35-36 より著者作成

織内の個人がどのようにジェンダーを体現するのかに目を向ける．本論では表1が対比的に示すように，この2つの分類を用いて既存の研究を概観する．

4-2-3 フェミニズムにおける3つの視座

　先述したように，フェミニズムのムーブメントとジェンダー研究は関連しながら発展したが，表2のようにフェミニズムには3つの重要な視座がある．フェミニズムの起源とも言えるリベラル・フェミニズム，男性中心社会からの解放を重視するラディカル・フェミニズム，ポスト構造主義に影響を受けるポスト構造主義的・フェミニズムである（Mumby, 2013, p. 220）．

　リベラル・フェミニズムは18世紀後半から19世紀にかけて巻き起こった自由主義的な政治思想に影響を受ける，今日に至るフェミニズムやフェミニストの理論化の歴史的な出発点である（Calás & Smircich, 2006）．男性中心主義的な世界を女性に対しても開かれたものにするために，男女の機会の平等や公平が大きな目標として掲げられる．リベラル・フェミニズムにおける組織とは，合理的な社会秩序を維持するために設けられた性別に関係のない機関であり，ジェンダーによる不均衡な取り扱いは個人の人間形成や法的な介入などによって是正されるという立場を取る（Calás & Smircich, 2006）．また，リベラル・フェミニズムに立脚した学術研究では，定量的な手法が用いられる傾向がある（Mumby, 2013）．

　ラディカル・フェミニズムとは，リベラル・フェミニズムへの反省と不満から生まれ，1960年代後半の女性解放運動によって活発になった議論である．家父長制による社会秩序を問題視し，女性中心とした社会，女性が男性に従属しない新しい社会秩序の実現を目標に掲げた（Calás & Smircich, 2006）．リベラル・フェミニズムでは，女性たちが抱える諸問題は，あくまでもジェンダーに中立的なシステムの中で起きる「個人の問題」だと考えていたが，ラディカル・フェミニズムでは男性，あるいは男性的なものを規範と定義する家父長制に問題の根源を見出す．つまり組織はそのほとんどが家父長制の秩序の機関であり，公的領域では男女の分離や差別を維持するために作られていると捉える（Calás & Smircich, 2006）．そこで女性の従属を根本的な問題として捉え，セクシュアリティやパワー関係に注目する．女性の意識を改革するような意識改革グループ（consciousness-raising group）やケーススタディが用いられる．

　3つ目のポスト構造主義的・フェミニズムは，フランスのポスト構造主義

表2　3つのフェミニズムの視座

	フェミニズムの視座		
	リベラル・フェミニズム	ラディカル・フェミニズム	ポスト構造主義的・フェミニズム
組織についての見方	女性の社会進出について障壁を作るもの.	本質的に男性支配：オルタナティブな組織を目標にすべき，女性の視点に基づく.	ジェンダー様式は，パワーと意味のシステムを構築する.
ジェンダー概念の捉え方	男性と女性によって演じられる，社会的役割：変数としてのジェンダー	男性と女性の本質的特徴としてのジェンダー	ジェンダー化された結果について常に責任がある.
解放の目標	男性と女性の機会均等を作る.	フェミニストの原理に基づく世界の構築：男性中心社会からの解放.	男性－女性，双方の「ジェンダーの監獄」を生み出すパワーのシステムからの解放.

出所：Mumby（2013）p. 220, 清宮（2019）p. 332 より著者作成

的な考え方に依拠し，知識やアイデンティティ，主体性を重要視する．1980年代ごろから徐々にこの立場のフェミニストが増え，1990年代にはより明確に表現されるようになった（Calás & Smircich, 2006）．ポストモダン的な視点ではセックスやジェンダーを，権力や抵抗，人の身体の物質性を通じて主体を構成する言説的な実践と社会的なパフォーマンスとみなしている．最終的な目標は，当たり前となったジェンダー的な規範や，それを構成する言説と実践を脱構築することにある．この視点から見た組織は，社会の一般的なテクストにおける主要なシニフィアンとなる．すなわちジェンダーということば自体や，ジェンダーに関するあらゆる言説や言説的実践が，組織の条件や主体的立場を構成するものとみなされる．

　次節ではこの3つのフェミニズムの視座を念頭に置きながら，Calás et al.（2014）の組織内部のジェンダー研究とジェンダー生成の組織の研究というフレームワークを通して既存研究を概観する．

4-3　組織研究におけるジェンダー

4-3-1　組織内部のジェンダー研究（Gender in Organization）

　本節で取り扱う組織内部のジェンダー研究とは，リベラル・フェミニズムに立脚した研究に位置づけることができる．すなわち組織とは，「女性の社会進出について障壁を作っている」ものとしてみなし（Mumby, 2013, p. 220; 清宮, 2019, p. 332），本節で取り扱うようなリーダーシップやキャリアといった組織内で女性が活躍することを難しくさせる制度や，実践の障壁となるもの（barriers）や障害物（obstacles）を取り扱い，ジェンダーに対して当然化された男女の不均衡な差異の状況を論じる．これらの研究の最終的な目標はジェンダー平等な組織の実現であり，したがって論文内で用いられるジェンダーということばを，女性，あるいは女性の問題，伝統的に男女の間に生じる不均衡な状況を指し示すために用いる傾向がある．

　Calás et al.（2014）では社会的役割理論やステータス特性理論の視点からこの分野の研究を分類するが，本稿では，マネジメント系ジャーナルに掲載された組織内部のジェンダー研究を，リーダーシップ，キャリア，ダイバーシティの3つの主要なテーマに分けて検討する．

（1）　組織内部のジェンダー研究の前提と特徴

　組織内部のジェンダー研究は，人々の認知のメカニズムと関連が深い（Calás et al., 2014）．特にマネジメント研究では，ジェンダー・ロール（gender role）との関連性が強く，この概念が組織のジェンダー研究を支える1つの柱と考えられる．Eagly（2000）によるとジェンダー・ロールとは，社会的に規定された性別に基づいた期待のことである．期待には性別に基づいた役割を記述し，それに整合性のある行動を生み出す力がある（Eagly, 2000, p. 448）．ジェンダー・ロールの概念は，特定の社会的地位を占める人や特定の社会的カテゴリーのメンバーに適用される共通の期待を意味する社会的役割（social role）の概念に由来し，個人レベルにだけ作用するものではなく，社会レベルの広範囲にわたる構造とも関連する（Eagly, 2000, p. 448）．組織内部のジェンダー研究では，伝統的なジェンダー・ロールと女性

の社会進出との間にはそもそものギャップがあることを暗黙的に問題視し，そのギャップを起点とした種々の問題が組織内で生じることを論じ，時には制度面の変更を示唆する特徴がある．

(2) ジェンダーとリーダーシップ

　組織内部のジェンダー研究の中心的な議論に，リーダーシップに関する研究がある．伝統的にリーダーシップ研究では女性の「内在的な」特性や行動パターンなどに着目し，パフォーマンスとの因果関係を探求する研究が行われていた．しかし近年は，女性に比較的共通して見られる特性や行動パターンは社会的に構成されたジェンダー・ロールと結びつくものと捉えられ，リーダーやフォロワーの認知に着目した研究が行われている．

　ジェンダー・ロールは期待するリーダー像やリーダーシップスタイルにも影響を及ぼすことがある．例えば Eagly & Johnson（1990）ではメタ分析を実施し，女性リーダーは民主的で，参加型のスタイルを取り入れる傾向があるのに対し，男性リーダーはより独裁的であるか，命令的なスタイルを採用する傾向があると指摘した．また，Eagly（1997）においては，多くの人がリーダーに求められる資質としてエージェント的であることを挙げているが，これはいわゆる「男性的」な資質である．一方，共同体的資質で「女性的」だと印象づけられる資質はリーダーには不一致なものであると思われていることを指摘した．つまり，多くの人がリーダーに求めるのは男性的資質だと捉えており，女性（的なジェンダー・ロールを身につけている人）は，リーダーシップを発揮する際に，不都合を強いられる可能性がある．この点について，例えば Eagly et al.（1992）は，リーダーシップを発揮する立場にある女性は，男性に比べて評価が低くなる傾向があることを明らかにしている．特に，男性優位の環境において評価者が男性である場合にはなおさらその傾向が強くなるようだ．

　そこでマネジメント研究では，ジェンダーに基づいたリーダーシップのあらゆる違いを比較する研究が散見される．例えば，ジェンダーによるリーダーシップスタイルの違いを検討する研究（Yammarino et al., 1997）や，ジェンダーの異なるリーダーの権限委譲の度合いの違いに関する研究（Akinola et al., 2018），CEO ポジションの交代時および交代後の行動（Zhang & Qu, 2016）など，リーダーのジェンダーの違いと行動に着目した研究が行

われている.

　一方，女性が女性的なジェンダー・ロールを「裏切る」ことによってリーダーとしての評価が高まることも指摘されている．例えば Lanaj & Hollenbeck（2015）の研究では，女性が男性的だと捉えられているエージェント行動を行うと，男性よりもリーダーとして認められる可能性が高まることを明らかにした．この結果は，女性が男性的行動を身につけることによって，男性よりも有利になる可能性を示す一方で，リーダーになる女性が男性的な組織や社会に過剰に適応を強いられていることも示唆している．こうしたフォロワーとリーダーシップに関する研究は，伝統的なリーダーシップで議論されてきた特性に関する記述とは異なり，フォロワーの認知に関するリーダーシップ理論に分類される.

　このように，ジェンダーとリーダーシップに関する研究は，社会的に構成されたジェンダー・ロールや暗黙のリーダーシップ理論がリーダー自身の行動，リーダーに対するフォロワーの評価などに大いに影響を及ぼすことが指摘される．こうした影響がリーダー的ポジションを担う人材の偏りや昇進意欲，就任後の女性リーダーの内的コンフリクトの原因となる可能性がある.

　ここで取り上げた研究は，リーダーというポジションに対して男性的，女性的行動の良し悪しを議論することが目的ではなく，社会的に構成された男女差がリーダーシップに関連する現象に影響を及ぼすことを指摘することや，そこに内在する問題を提起することにある．日本において女性管理職比率を増加させるという実務的課題を達成する上でも，こうしたジェンダーによる影響を理解し，その根源となる社会的現実や構造を修正していくことは必要不可欠な取り組みの１つであると思われる.

（3）　ジェンダーとキャリア

　女性の社会進出とともに，女性のワーク・キャリアに関する議論が盛んに行われるようになった．ジェンダーとキャリアの研究は，職業選択や就職活動といったワーク・キャリアの初期の段階における研究と，キャリアの途中で直面する様々な障壁に関する研究に大別することができる．このようなジェンダーとキャリアの研究の背景には女性に求められるジェンダー・ロールと職業人としての役割の不一致が深く関連し，それによって生じるジェンダー不平等の現状や，ジェンダーによる分離が生じることを指摘する研究,

そして生じた分離を取り除くことに向けた議論が行われる特徴がある.

　キャリア初期の研究は，職業や職場での役割がジェンダーによってどのように変わるのかを説明する．例えば Leicht & Marx（1997）は，求人情報提供者のジェンダーと求職者のジェンダーの組み合わせによってもたらされる情報とその質がどのように違うのかを検討した．ジェンダーの組み合わせは情報の質に違いをもたらす．特に求職者が女性で情報提供者が男性の場合にもたらされる情報は，女性にとって活躍しにくい状況を再生産するような傾向が強いことが指摘された．また求職者が希望する職種やポジションはジェンダーによって異なるため（Barbulescu & Bidwell, 2013; Dreher & Cox, 2000; Tharenou, 2001），求職の傾向や情報の違いにより，男女で異なるキャリアの状況が生じている可能性が高い.

　このような職業選択の傾向はジェンダー・ロールと結びつきが強いと考えられている．ジェンダーやジェンダー・ロールに適した職業を好む傾向は幼少期から生じ，年齢とともに希望する職種が変化することが様々な研究で指摘されているからである（Miller & Hayward, 2006; Rommes et al., 2007）．また心理学の分野では，女性は職業選択時に通勤の利便性やワーク・ライフ・バランスを考慮する傾向が強いことが指摘され（Eccles, 1994; Konrad et al., 2010），組織がダイバーシティについてどれほど価値を見出しているのかといった自身のキャリアへ直接的な影響がありそうな事象も重要視することが明らかになった（Gilbert & Ones, 1998）．特に女性は私生活を前提にした職場での働きやすさも念頭に置き，キャリアの意思決定を行う傾向が強いことから，女性が男性よりも生活や家族を意識せざるを得ない状況にある様子がうかがえる．このように，キャリアにおける男女の好みの違いは明白である.

　女性がワーク・キャリアを歩む最中にも越えなければならない課題は尽きない．こうした課題には，①仕事の内容や評価に関する課題，②賃金格差，③仕事と家庭の両立，④ガラスの天井などが挙げられる．まず仕事の内容や評価に関する課題には，女性は挑戦的な仕事が与えられにくいなどの仕事の割り当てに関すること（Chan & Anteby, 2016; De Pater et al., 2010），女性は好意的な業績評価をなかなか受けることができない状況があること（Biernat & Kobrynowicz, 1997），内部告発を行った女性従業員は報復を経験しや

すいこと（Rehg et al., 2008）が指摘されたほか，ダブルスタンダードによって女性が職場内で不利な立場に立たされているなど（Botelho & Abraham, 2017），女性が活躍を制限される状況について議論される.

　次にジェンダー間に生じる賃金格差がある. 日本でも長きにわたり解決すべき課題として考えられている. これは女性従業員に対して正しく仕事の割り当てや評価が行われずに成果や能力に応じた報酬が支払われていない現状や（Castilla, 2008），フレックスタイムや休暇の取得を理由に賃金が低く抑えられていること（Misra et al., 2011），学歴や在職期間などで男性と類似する経歴をもたないと昇給が難しいこと（Anderson et al., 2019），実力主義の組織では女性よりも男性のほうが評価や報酬面で優遇される傾向があるなど（Castilla, 2015; Castilla & Benard, 2010），評価や環境的な要因，雇用条件など様々な不均衡な構造が指摘される. これに対し，賃金制度の形式化が不均衡に貢献するのかを問う議論もある（Abraham, 2017）.

　3つ目の仕事と家庭の両立には2つの基本的な概念がある. 1つはワーク・ファミリー・コンフリクトで，もう1つはワーク・ライフ・バランスである. どちらのコンセプトも伝統的な女性の役割が絶えず引き継がれている点に論の起点がある. 女性は伝統的な役割と仕事のどちらに対しても責任を感じ，その間で板挟みとなり葛藤を抱えることがワーク・ファミリー・コンフリクトであり，そのバランスを保ち，社会で活躍するための解決策として議論されるのがワーク・ライフ・バランスである. この分野の研究では，仕事と家庭のバランスや，その支援策と仕事への向き合い方およびパフォーマンスとの関連性が検討される（例えば Kossek et al., 2001; Rothbard et al., 2005）.

　ワーク・キャリアを積み重ねると指導的な役割が求められるようになるが，組織のマイノリティが指導的立場を得ることは容易ではない（Daily et al., 1999; Huffman et al., 2010）. ワーク・キャリアの形成においてマイノリティたちがどうしても通過できない，目に見えない限界を「ガラスの天井」と言い（Cotter et al., 2001），4つ目の課題として考えられる. Baumgartner & Schneider（2010）はガラスの天井を実際に突破した7名の女性へのインタビュー調査を行い，彼女たちが女性であるがゆえの独自の努力を行いガラスの天井を突破してきたことを明らかにした. しかしいざ突破しても男性的

な規範で行動していることや（Moorosi, 2010），「女性は優遇されている」と思われない行動を心がけていること（Heilman, 1980），ガラスの崖が現れるなど（Ryan et al., 2010），昇進後にも困難な状況が待ち受けていることを指摘した．

こうしたジェンダーによって組織内で活躍しにくい状況が生じることに対して，Streets & Major（2013）では，早期に介入を行うこと，そしてそれを戦略的に行うための実践の開発の必要性を主張しているほか，経験豊富な指導者からの教育を受けること（Ranganathan, 2018），取締役や管理職などの組織を代表するポジションに女性が登用されることにより，女性従業員のキャリアに対し重要な貢献があることが示されている（Cohen & Broschak, 2013; Maurer & Qureshi, 2019）．ワーク・キャリア研究での社会的関係性への着目は，女性自身がロール・モデルやメンターといった社会的関係性の存在によって就職活動を行う際や昇進／昇格のようなキャリアの転換期にマイノリティたちを支援するきっかけとして期待が集まる（McDonald & Westphal, 2013; Ragins et al., 2000; Thebaud, 2015）．

（4）　ジェンダーとダイバーシティ

日本においても，ダイバーシティやダイバーシティ・マネジメントの重要性が認知されるようになって久しい．ダイバーシティとは「個人が異なる可能性のある全ての特徴」と定義され（Groeneveld, 2017, p. 282），一般的に組織の成長に欠かせない要素であると認識される．日本では女性の社会進出や組織で活躍することについての文脈の中でダイバーシティということばが繰り返し用いられていた経緯があり，ダイバーシティを女性あるいはジェンダーの多様性と取り違えられることもあるが，ジェンダーに限らず国籍や人種，セクシュアリティ，価値観，考え方などの多岐に渡るカテゴリーの多様さを表す概念である．こうした多様性は，変化や成長に働きかけるものとして重要性が見出される一方で，対立をもたらし，意思決定を妨げるものとしての懸念もある（Triana et al., 2014）．

ダイバーシティに関する議論は活発に行われる．特に注目されるのは，マネジメント層のダイバーシティと組織のパフォーマンスやイノベーションとの関係性である（Appold et al., 1998; Cumming et al., 2015; Richard et al., 2004; Westphal & Milton, 2000; Zhu et al., 2014）．例えばAppold et al.（1998）

の研究では，トップマネジメントチームに女性が参加して組織の代表を務める割合を高めることで，財務的リターンが向上する可能性を示唆している．またCumming et al.（2015）は，取締役会の女性の参加を進めることは不正の発生頻度を抑制し，万が一不正が起きてもその重大性が軽減されることを明らかにした．Schubert & Tavassoli（2020）はミドルマネジメントチームのダイバーシティに着目し，イノベーションプロセスの結果に影響をもたらす要因となることを主張する．

　このような組織内の多様性と組織のパフォーマンスやイノベーションとの関連性に着目する議論が活発に行われる一方で，研究結果に一貫性のないことを指摘する声も多い（例えばChang et al., 2019; Ely & Thomas, 2001; Triana et al., 2014 など）．Triana et al.（2014）は，ジェンダー・ダイバーシティが戦略の変更を促したり，その反対に疎外したりする諸刃の剣であることを指摘している．またCardador（2017）は，管理的地位に女性を増やそうとするほどジェンダーの分離が助長されるなど，女性や組織にとって意図しない状況を生み出すことを問題視する．こうした議論の背景にはダイバーシティには，タスク多様性とデモグラフィックな多様性の2つのタイプの多様さがあり，ジェンダーを始めとするデモグラフィックな多様性よりも能力や経験などの多様さを意味するタスク多様性のほうが，組織のパフォーマンスに良い効果をもたらすためだと考えられる（Joshi & Roh, 2009）．

　近年はダイバーシティに関連した数値目標によるマネジメント方法だけではなく，インクルージョンと呼ばれる組織のメンバーの多様性を受け入れる環境が着目され，同時にアカデミックな取り組みの必要性が指摘されている（Nishii, 2013; Nishii & Ozbilgin, 2007）．インクルージョンやそれを実現するインクルーシブな環境とは，多様な文化的アイデンティティをスキルの源泉として見る目のことであり，集団的なコミットメントによって特徴づけられるものである（Nishii, 2013; Nishii & Ozbilgin, 2007）．ダイバーシティ・マネジメントとどのように異なるかをイメージしにくいが，組織の変革の度合いに及ぶ考え方やそれに基づいた行動の面で大きく異なる．例えば組織の中に指導的立場の女性が少ないという課題があるとすると，多様性を重視するダイバーシティ・マネジメントでは女性を管理職に積極的に起用する施策が解決策として用いられるが，インクルージョンの考え方に立脚すると，組織

のメンバーが多様性を潜在的に価値ある資源と捉えて行動するため，コミュニケーションのスタイルすら変わるのである（Ely & Thomas, 2001; Nishii, 2013）．このような認知は非常に重要な問題であり，例えば Phillips（2005）の研究では，伝統的に女性がリーダーとして活躍する機会のある組織では活躍のチャンスがルーティン化されているため，親会社が子会社を新たに設立するような場合においても，親会社のインクルーシブなルーティンが移転され，女性の活躍の場が継続して広がることが指摘されている．

　組織の多様性を潜在的な資源として，組織のメンバーが認識することにより，ダイバーシティによる利益を持続的に享受できると考えられ（Ely & Thomas, 2001），近年日本の実務でもインクルージョンの概念は定着し始め[6]，今後の組織の実践が注目される．

(5)　組織内部のジェンダー研究における理論的方向性

　ここまで組織内部のジェンダー研究を概観した．分類される研究は伝統的に行われてきたジェンダー研究の側面があり，マネジメント研究の中では大きくリーダーシップに関する研究，キャリアに関する研究，ダイバーシティに関する研究が行われてきた．研究の背景には，ジェンダー・ロールの議論があり，伝統的に女性や男性に結びつくイメージやステレオタイプによって意思決定や活躍の場が制限されることやジェンダーによる分離を問題視する．女性従業員たちがセクシュアル・ハラスメントの被害を受けることや（Folgero & Fjeldstad, 1995），内部告発を行った女性従業員は報復を経験しやすいことが指摘されるなど（Rehg et al., 2008），女性が組織の中で活躍しにくい状況は様々である．リベラル・フェミニズムが唱えた，なぜ女性は男性のような活躍が達成されないのか（Calás et al., 2014）という問いに応えるように，組織は男女に対して中立的な容器として存在しているように見せかけながらも女性の活躍を阻むものとして機能していることを様々な研究が指摘し，それに対する制度的な改善策が検討される．また近年ではダイバーシティに関する研究が大きく発展し，組織のメンバーの多様性に対する認識を変更する，インクルージョンの概念に注目が集まる．

　このように組織の中のジェンダー研究は，男性と女性の差異によって女性

6　例えば JAL グループの D & I ラボの取り組みがあるが（中村, 2022），その他にも多くの企業での実践例がある．

が組織の中で直面する問題に着目する傾向があり（Calás et al., 2014），ジェンダーとは，「女性」や「女性が直面する課題」を意味するところが大きい．ジェンダーを変数として用いなければ知り得なかった組織の現実を理解することができるという点に，組織内部のジェンダー研究は重要性のある研究と考えるが，特定の性別の直面する現実のみを取り扱う限定的なジェンダー概念の使用に課題が残る．なぜならこうした職場における不遇な状況はジェンダーに特有のものというわけではなく，人種などの特徴による分類で分けられた組織の構造においても生じる課題でもあり（James, 2000; Kleinbaum et al., 2013），この点にも議論の余地が残るためである．

4-3-2 ジェンダー生成組織の研究（Gendering Organization）

Acker は gendered organization（ジェンダー化された組織）を提起し，組織内の実践プロセスの中でジェンダーの不平等や分離が進むと説明する（Acker, 1992b, p. 252）．この視点は，前節で紹介されたような性差が自然なものであることを前提とした伝統的ジェンダー研究とは異なり，組織は中立的ではなくすでにジェンダー化されていることを重視する．本節では，Acker（1992b）が指摘するジェンダー化する過程を中心とした研究を紹介する．

このような，ジェンダーを生成することに着目した研究は，組織研究では1990年代までに成立し，これまで研究が進められてきた（Calás et al., 2014）．Calás et al. (2014) では，2つのテーマ[7]によって分類を行うが，本項では関連するフェミニズムの動きを確認し，Ashcraft（2004 邦訳 2012）のジェンダーの組織研究の3つのレベルに従ってマネジメント研究で行われた研究を検討する．

（1）第3波フェミニズム

組織におけるジェンダー研究は，フェミニズム理論の中でも，ポスト構造主義や社会構成主義的フェミニズムの視座をもとに，第4-2節で示したような研究とは異なるアプローチを示した（Benschop & Verloo, 2015）．それは，これまでのジェンダー研究が男女の性差を肉体的・生理学的な違いを本質的

---

7 Calás et al. (2014, p. 29) では，"doing/（un）doing gender" と "embodiement" をジェンダー生成組織の研究の重要な研究テーマであると述べ，これに従って先行研究を検討している．

な（自然な）前提とする点を反省し，Acker（1992b）が指摘するジェンダー
が社会的な産物であることに焦点を当てたアプローチである．このような
フェミニズムの発展は，第3波フェミニズムと呼ばれ（Allen, 2009; Alves-
son & Billing, 2009），第2波フェミニズムとの質的な違いを鮮明にした．つ
まり，リベラルフェミニズムを基にした伝統的なジェンダー研究を，中産階
級の白人女性の視座であると批判するのである（Ashcraft, 2004 邦訳 2012）．
社会的な環境変化は，ジェンダー問題をさらに難しいものにした．それは，
ネオリベラリズムの生活世界への浸透であり，グローバル化の進展は，フェ
ミニズムを白人女性の視点に基づく男女の機会均等の枠を超えて，有色人種
の女性問題や貧困の問題に関連づけて議論する方向性にシフトしたという変
化である．すなわちジェンダー問題は，男女差だけに限定した問題ではな
く，多様な社会問題と密接に関係している点を重視する．組織のジェンダー
研究は新たな段階に進んだと考えられる．Calás や Smircich たちは，男女
の雇用・労働の平等を中心とした従来までの研究から，ジェンダー化する組
織（gendering organization）の研究に大きな転換があることを指摘する
（Calás et al., 2014）.

（2） ジェンダー生成組織研究の前提と特徴

　この方向が共通して前提とするのは，"organization as gendered, not gen-
der neutral"（Acker, 1990, p. 145），つまり「中立的な組織ではなく，ジェ
ンダー化された組織」を想定すべきであり，組織がジェンダーに中立である
かのように研究することに問題提起する点である．組織が「ジェンダー化さ
れる」とは，次のように表現されている．

　　「組織がジェンダー化されるとは，長所と短所，搾取と支配，行為と情
　　動，意味とアイデンティティが，男女の区分によって／通してパターン
　　化することを意味する．ジェンダーは現行のプロセスへの付け足しでは
　　なく，ジェンダーに中立と見なされるものでもない．むしろ，これらの
　　プロセスに不可欠な部分であり，ジェンダーを考えることなしに適切に
　　理解することは不可能である．」（Acker, 1990, p. 146）

　Acker（1990）は，とくに社会構造が組織活動の中で再生産されるプロセ

スに注目し，ジェンダー不平等の構造は，社員が好むと好まざるとにかかわらず，組織活動の過程の中に埋め込まれ，ジェンダー化が再生産されると考える．別の言い方をすれば，組織化のプロセスには常にジェンダー化が付きまとうと考えられ，組織におけるジェンダー研究はジェンダーを生成・定式化する組織化のプロセスに注目することになった．

このような立場は，「ジェンダーする（doing gender）」，「ジェンダー化する（gendering）」，「ジェンダー化される（gendered）」，「ジェンダー生成（en-gender）」という表現によって，組織化がジェンダーを生成する視座を提起している．ここでは，これらのアプローチを「ジェンダー生成組織」の研究とする．特にこのようなアプローチは70−80年代に現れ，アメリカよりも，ヨーロッパやオセアニアを中心に議論されてきた（Calás et al., 2014）．ジェンダー化（gendering）は次のように定義できる．

　　「ジェンダー化（gendering）とは，実践，表象，イデオロギー，そして
　　パワーの分配がジェンダー不平等の生産と維持に貢献する，社会的・組
　　織的プロセスを構成することである．」（Calás et al., 2014, p. 28）

従来の「組織内部のジェンダー」研究と比較し，「ジェンダー生成組織」の研究はいくつかの特徴がある．その1つは，方法論的視座が異なっており，前者の研究は実証主義的方法に依拠するが，後者は社会構成主義的視座を重視していることである．したがって，性差は社会的に構成されると考え，個人が「持つ（has）」特性というジェンダー理解ではなく，ジェンダーを「実践（do）」する点に立脚しているため，ジェンダーに関する存在論が異なっている（Calás et al., 2014）．第2に，「組織内部のジェンダー」研究がリベラルフェミニズムに依拠するのに対し，「ジェンダー生成組織」の研究はポスト構造主義の視座が強く，表2が示すポスト構造主義的・フェミニズムの立場から批判的アプローチが強調される特徴がある．前者は経営主義的な立場に立つことが多く，女性社員や従業員全体の視点から研究されていない（Acker, 1992b）．これに対し，後者はネオリベラリズムやグローバル化を批判しながら，無自覚な経営主義に対して批判を行う．つまりジェンダー問題に無関心で，無自覚になる日常を問題化し，性差は自然の産物でな

いことを強調する．第3に，ジェンダーをパワー生産／再生産の生成プロセスとして考え，歴史的・文化的な文脈の中で制度化される視座を強調する．したがって，「ジェンダー生成組織」の研究は，組織がどのようにジェンダー化されるか，とくに組織化のプロセスにおけるパワー関係を考察する（Calás et al., 2014）．したがって第4として，ジェンダーを，他の組織現象から独立した／切り離された要因とは考えず，むしろジェンダーは組織の日常生活を構成する統合された特徴と見る．組織化とジェンダー化は同時進行であり，他の関係性とともにジェンダー化が社会的に構成される．

(3) ジェンダー生成組織の諸研究

「ジェンダー生成組織」の研究は，ジェンダー化のプロセスを見ることがカギとなる．しかしこの研究も多様なアプローチが可能であるため，ここではAshcraft（2004 邦訳2012）によるジェンダーの組織研究の3つのレベル（ミクロレベル，メゾレベル，マクロレベル）に沿って検討する．

1）ミクロレベルの研究

ミクロレベルの研究は，特定の文脈におけるジェンダー化に焦点を当て，個人のジェンダー化をアイデンティティや遂行性（performativity）などの概念を軸に研究する．つまり，特定の文脈における一人一人のジェンダー化を，質的な側面から考察する．研究法としては，その研究テーマの文脈で最適な個人から，半構造化インタビューでデータを収集する．

アイデンティティを中心にした研究として，Turner & Norwood（2013）は，働く母親という視点で，組織におけるジェンダー化を考察する．職場での女性の授乳を取り上げ，良き社員であり良き母親であることの葛藤を，アイデンティティの対立として研究する．つまり，職業上のアイデンティティと母親というアイデンティティが交錯し，職場においても良き母であることを，授乳という行為が具象化する．これを「制約される母性」と「制約のない母性」という観点から議論する．制約される母性とは，職業上のプロフェッショナルなアイデンティティが強まり，授乳は望まない．これに対し制約のない母性は，良き母親を職場でも具象化しようと授乳を望む．このようにアイデンティティの葛藤を通して，組織におけるジェンダー化の個人的側面をみていく．

類似した研究テーマとしては，産休のフォーマル，インフォーマルなストーリー・テリング（Ashcraft, 1999; Martin, 1990），効果的な「やりすごし」を促す会話上の駆け引き（Spradlin, 1998）などがある．

　アイデンティティを軸とした研究は多くあるが，女性のアイデンティティだけに限定するのではなく，複数のアイデンティティの葛藤を研究する場合もある．例えば Essers & Benschop（2007）は，オランダにおける人種的マイノリティー（トルコ人とモロッコ人）の企業家について，インタビューをもとに調査した．この研究はアイデンティティの多重性を前提とし，ジェンダーのアイデンティは人種のアイデンティティと企業家アイデンティティとの葛藤として，関係的交差性についてディスコース分析する．ポスト構造主義的フェミニズムの視座から，企業家の研究は伝統的に，白人男性をモデル化してきたことに対して批判を展開する．

　Ortlieb & Sieben（2019）は，日常の社交的な活動（バーベキューやパーティー）が，ジェンダー化を推し進めていることを指摘する．日本で言えば，飲み会のような仕事以外の活動においても，組織のジェンダー化が推し進められていると理解できる．この研究では，バトラー（Judith Butler）が提起するジェンダーの遂行性（gender performativity）を4つの領域（ジェンダーイメージ，ステータスの違い，身体およびセクシュアリティ）で考察した．不平等なジェンダー体制が頑強であることを再確認し，不平等への挑戦の機会として社交的な場は意義あるものの，困難な点を指摘する．また，女性が社交的な場や特定の活動から除外されてきたこと（exclusion）に焦点があったこれまでの研究に対し，この研究は女性社員が社交的な場に参加する中で（inclusion），むしろジェンダー不平等が推し進められる点を指摘する．これらの研究が示すように，諸個人の日々の実践は，ジェンダー化の実践であり，ミクロレベルでの研究では，組織のジェンダー化を個人の行為の視点から分析している．

2）メゾレベルの研究

　メゾレベルの研究は，おもに企業などの組織内の実践がジェンダー化を伴っている過程に焦点を置く．ミクロは諸個人の行為を考察の対象としたが，メゾレベルは組織成員の組織化の実践に焦点を置く．このアプローチで

は，フィールドワークやインタビューを交えたデータ収集によって，特定の事例を示す中で，ジェンダー化の問題が考察される．

　例えば，日本の「生活クラブ生協」に関する事例が，ジェンダーの側面から研究された．この研究は，アイデンティティ・ワークの理論的発展を目指すものであり，生活クラブ生協という特定の社会的使命を持った組織がアイデンティティ形成に与える影響を，制度化の視点から考察する．この事例研究は女性職員へのインタビューと組織の文書を分析し，「良妻賢母」という言説に焦点を当て，戦後日本の中で日本の中産階級の女性が自らを変化させ，実践するアイデンティティが描かれる．ジェンダーと社会運動が交差する側面を考察することが重要であり，生活クラブ生協において，組織の制度化がどのように影響し，女性の性的分業を乗り超えようとしたかが示唆された（Leung et al., 2014）．

　Buzzanell et al.（2015）の研究は，組織の人材育成，とくにメンタリング（mentoring）に焦点を当て，非白人系女性の語るナラティヴを分析する．大学のエンジニア職員を育成するシステムとしてメンタリングを導入し，大学のマスターナラティヴへの順応を企図した．しかしメンターから指導を受けている有色人種女性エンジニアの経験や文化が影響していることで，メンタリングに対し，あいまいさや疑りなどが現れた．ポスト構造主義的・フェミニズムの観点から，女性エンジニアというポジションが，人種との関係でより複雑になっているジェンダー化のコミュニケーションを考察したのである．

3）マクロレベルの研究

　マクロレベルの研究は，ミクロレベルにおける諸個人の遂行的行為や，メゾレベルにおける組織化とジェンダー化の問題とは異なり，社会的レベルでのジェンダー化に焦点を置く．したがって，Facebook など多様なソーシャル・メディアの役割が大きいのも特徴であり，ネット上のデータを分析することも多い．

　Buchanan et al.（2018）は，男女の不平等が，日々の組織化の実践過程だけでなく，メディアを通じたディスコースの実践によって形成されることを調査する．この研究ではクレジットカードによる借り入れと負債について，

アメリカの全国紙がどのようにカテゴリー化するかについて，6年間の新聞記事をディスコース分析する．メディアによるジェンダー・ステレオタイプが，金融危機後のクレジットカード利用について，知識や責任などの点で，男女で異なる意味づけを行っていることを示唆した．このようにマクロレベルのアプローチは，ジェンダーの社会的な構成過程を，メディアにおける言説において考察することを可能とする．

Biwa（2020）は，アフリカにおけるフェミニズムを探究する．アフリカのジェンダー問題を考えるうえで，従来のフェミニズムの概念は欧米的であり，アフリカの文脈に適切ではないと提起した．そこで，アフリカのナミビアの鉱山で働く女性の団体を調査する．鉱山で働くことはナミビアにおいても男性的労働現場である．そこで働く労働者数を示しながら，鉱山労働がいかに男性中心の労働環境であるかを示唆し，更にデータとして，団体の役員とのインタビューと団体のFacebookのメッセージなどをテクストとして内容分析を行った．結果として，女性は「働き者」，「活動家」，「交渉人」など，男女間の関係性は敵対的ではないという分析を示し，むしろ女性は協力的で共同構築する象徴とされた．つまり男女が敵対的で競争的であることを前提とする欧米的フェミニズムは，アフリカでは効果的ではないと提起し，協調を重視したアフリカ型フェミニズムを示唆した．このようなジェンダー研究の異文化的アプローチは，対立を好まない日本の文脈においても有効ではないだろうか．

（4）　ジェンダー生成組織における理論的方向性

ジェンダー生成組織の多くの研究がポスト構造主義や社会構成主義的フェミニズムに依拠する点で，いくつかの重要な概念が共通して議論されてきた．それらはアイデンティティと遂行性，そして関係的交差性（intersectionality）であり（Calás et al., 2014），ジェンダー生成組織の研究の中で今後も主要な概念となるであろう．

ジェンダー生成の側面を重視するとき，アイデンティティ形成はジェンダー化と組織化の主要な議論である．アイデンティティとジェンダーは，これまでも密接な概念であったが，ポスト構造主義的・フェミニズムでは，前述の研究事例が示すように，その関係はより一層強まっている．ただし注意すべき点は，ここで議論されるアイデンティティとジェンダーの関係は，言

説的な関係についてであり，ポスト構造主義的・フェミニズムが重視するディスコースの視座による議論である．アイデンティティ形成は，ナラティヴの動態を通して共同構築されるのであり，一個人のアイデンティティもグループの集団的アイデンティティ形成においても，言説的な実践を通して，常に社会的に共同構築される（清宮，2019）という視点である．したがって，多くのジェンダー生成組織の研究は，組織のジェンダー化をアイデンティティ形成の言説的視点から考察する．

また，ジェンダー化の生成的側面における理論化が重要であり，社会的に構成されるジェンダー化に注目する視座にとって，性差の現実がどのように構成されるかが理論化のカギとなる．フーコー（Michel Foucault）やバトラーたちの視座は，ディスコースの特徴である言説的な遂行性を重視する（清宮，2019）．したがって，ジェンダー生成組織の研究の多くが，ジェンダーの現実を構成する質的データをもとにディスコース分析を行う．言説とその実践過程はアイデンティティ形成と遂行性に表裏一体化しているため，ディスコースを軸としたアイデンティティ（およびアイデンティティ・ワーク）と遂行性は，ミクロレベルからマクロレベルまでをつなぐ理論的な柱となっている．

さらに多くの研究が，アイデンティティの多重性に着目し，ジェンダー以外のアイデンティティ（例えば人種，職業，セクシュアリティなどのアイデンティティ）について，それらの葛藤のプロセスを注視する．この議論は，intersection または intersectionality という概念で活発に議論され，ジェンダー以外の組織におけるパワーと従属性を複合的に考察しようとしている（Allen, 2009; Benschop & Verloo, 2015; Calás et al., 2014）．この方向性は，ジェンダー不平等の克服というリベラル派フェミニズムの目的の限界を乗り超えようとするものであり，ジェンダーという軸において男女の二項対立的アプローチの限界を示唆する（Allen, 2009）．とくに第3波フェミニズムの視座は，「関係的交差性（intersectionality）」を重視したアプローチをとり，第2波フェミニズムとの違いとして鮮明化する．例えば，第2波フェミニズムは，「抑圧の被害者」としてジェンダー問題を見るため，男女の二項対立的枠組みから発展しないと指摘する（Alvesson & Billing, 2009）．これに対し，ポスト構造主義を中心とした第3波フェミニズムは，ジェンダー研究を

男女の性差の問題に限らず，多くのマイノリティー・グループのアイデンティやパワーの問題とともに議論する（Essers & Benschop, 2007）．関係的交差性の分析は，組織における社会的諸関係が常に多重であることを前提とし，それらの関係性に基づくアイデンティティ形成が常に葛藤しているため，その動態的過程をジェンダー問題の核心として考察するのである．ジェンダー問題は他の隣接する問題との接続性を議論することで，パワーの問題が一層明確化される．さらに，社会関係の接続性は，ジェンダーを他人ごとではなく自分のこととして引き付け，ジェンダー問題は女性に固有の研究課題ではなく，すべての研究者が射程に入れるべき課題であることを示唆する．

4-4　組織とジェンダー研究の今後の展望

　本稿ではマネジメント研究の領域で行われた既存のジェンダー研究を包括的にレビューした．これまでの組織とジェンダーの議論は組織内部のジェンダー研究と，ジェンダー生成組織の研究に大別されるが（Calás et al., 2014），この分類とともに既存の研究をフェミニズムの視点によって比べてみると，目標や方法論，組織の捉え方の点において組織内部のジェンダー研究はリベラル・フェミニズム，ジェンダー生成組織の研究はポスト構造主義や社会構成主義的フェミニズムの影響を受ける様子が見られる．

　世界のジェンダー研究は1970年代以降，フェミニズムの運動と連動しながら続いてきたと言われ，欧米の組織研究においては先述した2つの方向性からの研究が活発に行われてきた．これらの研究は相互補完的に存在しているもので，どちらか片方の視点からの研究が望ましいというものではない．たとえるのであれば自動車の両輪のように，両方の方法論的立場や目標，組織の捉え方からの研究の上に組織とジェンダーの研究が成り立つのであり，いずれの立場からの研究にも重要な貢献がある．特にジェンダー問題を後回しにしている日本の組織研究では，双方の立場からの研究の蓄積が求められる．本稿を通してジェンダーが組織研究において積極的に取り組むべきテーマであることを再認識する．

　特に今後は，男性や女性といった性の二項対立的なジェンダーや女性の問

題だけがジェンダー研究の対象とされるのではなく，様々なジェンダーを前提とすることが望まれる．例えばジェンダーと別のアイデンティティを同時に捉える関係的交差性の視座が不可欠である（Calás et al., 2014）．これらの研究の背景には，欧米で巻き起こったフェミニズムがあくまでも中産階級の白人のためのものであったという反省がある．このようなフェミニズムの隠れた意図に気がついた黒人女性を中心として生じたブラック・フェミニズムに象徴されるように，人種や民族，階級といった別のカテゴリーやアイデンティティとジェンダーが交差した時にどのような障壁が生じるのか，あるいは，このような場合にジェンダーはいかにして意味を持つのかといったポストコロニアル・フェミニズム（postcolonial feminism）の視点が組織研究に用いられることが期待される．

　セクシュアリティやアイデンティティを含めたジェンダーの多様さを前提とすることも必要だ．今日のジェンダー概念は，セクシュアリティやアイデンティティによって男／女では表現しきれないほど多様で複雑なものとなったが（Kelleher, 2009），このような多様性を取り上げる研究は限られている．今回のレビュー論文の執筆に際し，先行研究の検索を行ったが，経営学系ジャーナルにおいてLGBTを取り扱う研究はわずかにとどまる．近年のセクシュアルマイノリティたちのムーブメントや，特定の性別を示す表現をあえて使わないノン・バイナリー（non-binary）の動きが進む中，現代のジェンダーを取り巻く社会的な変化を組織のジェンダー研究は捉え切れていない．こうした動向を踏まえ，ジェンダーが暗黙裡に女性を指し示すのではなく，「多様な性」や「関係性の交差」，「アイデンティティの多重性」を捉える研究に発展し，組織とジェンダーに関する様々な理論化が望まれる．

　現在までに行われてきた研究の多くが，ジェンダー化した組織を問題視し，女性が男性に対して不均衡である状況を前提とする．しかし，実際の組織では男性が育児休暇を取得しにくい状況があるなど，男性が女性に対して不均衡な取り扱いを余儀なくされる場合も多分にある．近年では男性らしさ（masculinity）に着目する動きもあるが，こうした男性的なジェンダーのテーマや課題を取り扱う研究は限定的であり，今後の議論が求められる視点である．

　本稿はマネジメント研究の主要なジャーナルに掲載された論文をレビュー

することに注力したが，ジェンダー研究は多様な領域にまたがり議論が行われるものである．したがって研究領域を区切らずに幅広い議論を参照するべきであり，例えば，アンコンシャス・バイアスや隠れたカリキュラムといった，他の分野で注目が集まる概念にも注視していくべきであろう．また，今回引用することが叶わなかった論文も多数存在する．今後は詳細なテーマに絞り，より深く既存の研究を把握すべきである．またマネジメント研究には，*Gender, Work & Organization* のような職場のジェンダー研究に特化した論文を掲載するジャーナルがあり，この論文の研究動向を把握する必要がある．

　組織とジェンダーの議論には，取り組む余地が多く残されている．このような課題に取り組むことは組織研究にとって非常に重要で，学術分野としての組織論に大きく貢献するものだと考える．

【参考文献】

Abraham, M. (2017). Pay fromalization revisited: Considering the effects of manager gender and discretion on closing the gender wage gap. *Academy of Management Journal, 60* (1), 29-54.

Acker, J. (1990). Hierarchies, jobs, bodies: A theory of gendered organizations. *Gender & Society, 4* (2), 139-158. (ホーン川嶋瑤子訳「ハイアラーキー，ジョブ，身体：ジェンダー化された組織理論」『日米女性ジャーナル』*18*, pp. 86-103, 1995).

Acker, J. (1992a). From sex roles to gendered institutions. *Contemporary sociology, 21* (5), 565-569.

Acker, J. (1992b). Gendering organizational theory. In A. J. Mills, & P. Tancred (Eds.), *Gendering organizational analysis* (pp. 248-260). SAGE Publications.

Akinola, M., Martin, A. E., & Phillips, K. W. (2018). To delegate or not to delegate: gender differences in affective associations and behavioral responses to delegation. *Academy of Management Journal, 61* (4), 1467-1491.

Allen, A. (2009). Gender and power. In S. R. Clegg & M. Haugaard (Eds.), *The Sage handbook of power* (pp. 293-309). SAGE Publishing.

Alvesson, M., & Billing, Y. D. (2009). *Understanding gender and organizations* (2nd ed.). SAGE Publishing.

Anderson, D., Bjarnadottir, M. V., Derso, C. L., & Ross, D. G. (2019). On a firm's optimal response to pressure for gender pay equity. *Organization Science, 30* (1), 214-231.

Appold, S. J., Siengthai, S., & Kasarda, J. D. (1998). The employment of women managers and professionals in an emerging economy: Gender inequality as an organizational practice. *Administrative Science Quarterly, 43* (3), 538-565.

Ashcraft, K. L. (1999). Managing maternity leave: A qualitative analysis of temporary executive succession. *Administrative Science Quarterly, 44*(2), 240-280.

Ashcraft, K. L.(2004). Gender, discourse and organization, framing a shifting relationship. In D. Grant, C. Hardy, C. Oswick, & L. Putnam(Ed.), *The SAGE handbook of organizational discourse*(pp. 275-298). SAGE Publications(「第 12 章 ジェンダー, ディスコース, そして組織:転換する関係性のフレーミング」高橋正泰・清宮徹監訳, 組織ディスコース翻訳プロジェクトチーム訳『ハンドブック 組織ディスコース研究』pp. 435-471, 同文舘出版, 2012).

Barbulescu, R., & Bidwell, M.(2013). Do women choose different jobs from men? Mechanisms of application segregation in the market for managerial workers. *Organization Science, 24*(3), 737-756.

Baumgartner, M. S., & Schneider, D. E.(2010). Perceptions of women in management: A thematic analysis of razing the glass ceiling. *Journal of Career Development, 37*(2), 559-576.

Benschop, Y., & Verloo, M.(2015). Feminist organization theories. In R. Mir, H. Willmott, & M. Greenwood(Eds.), *The Routledge companion to philosophy in organization studies*(pp. 100-112). Routledge.

Bielby, D. D., & Bielby, W. T.(1988). She works hard for the money: Household responsibilities and the allocation of work effort. *American Journal of Sociology, 93*(5), 1031-1059.

Biernat, M., & Kobrynowicz, D.(1997). Gender- and race-based standards of competence: Lower minimum standards but higher ability standards for devalued groups. *Journal of Personality and Social Psychology, 72*(3), 544-557.

Biwa, V.(2020). African feminisms and co-constructing a collaborative future with men: Namibian women in mining's discourses. *Management Communication Quarterly, 35*(1), 43-68.

Botelho, T. L., & Abraham, M.(2017). Pursuing quality: How search costs and uncertainty magnify gender-based double standards in a multistage evaluation process. *Administrative Science Quarterly, 62*(4), 698-730.

Brown, R.(1976). Women as employees: Some comments on research in industrial sociology. In D. L. Barker & S. Allen(Eds.), *Dependence and exploitation in work and marriage.*(pp. 21-46). Prentice Hall Press.

Buchanan, S., Ruebottom, T., & Riaz, S.(2018). Categorizing competence: Consumer debt and the reproduction of gender-based status differences. *Organization Studies, 39*(9), 1179-1202.

Burr, V.(1998). Key issues and perspectives. In V. Burr(Ed.), *Gender and social psychology*(pp. 1-23). Routage.

Butler, J. P.(1990). *Gender trouble: Feminism and the subversion of identity.* Routledge(竹村和子訳『ジェンダー・トラブル:フェミニズムとアイデンティティの撹乱』青土社, 2018).

Buzzanell, P. M., Long, Z., Anderson, L. B., Kokini, K., & Batra, J. C.(2015). Mentoring in academe: A feminist poststructural lens on stories of women engineering faculty of color. *Management Communication Quarterly, 29*(3), 440-457.

Calás, M. B., & Smircich, L.(1992). Re-working gender into organizational theorizing: directions from feminist perspectives. In M. Reed & M. D. Hughes(Eds.), *Rethinking organization: New directions in organization theory and analysis*(pp. 227-253).

SAGE Publishing.

Calás, M. B., & Smircich, L. (2006). From the 'woman's point of view' ten years later: towards a feminist organization studies. In S. R. Clegg, C. Hardy, T. B. Lawrence, & W. R. Nord (Eds.), *The Sage handbook of organization studies*. (pp. 234–306). SAGE Publishing.

Calás, M. B., Smircich, L., & Holvino, E. (2014). Theorizing gender-and-organization: Changing times··· changing theories? In S. Kumra, R. Simpson, & R. J. Burke (Eds.), *The Oxford handbook of gender in organizations* (pp. 17–52). SAGE Publishing.

Cardador, M. T. (2017). Promoted up but also out? The unintended consequences of increasing women's representation in managerial roles in engineering. *Organization Science, 28* (4), 597–617.

Castilla, E. J. (2008). Gender, race, and meritocracy in organizational careers. *American Journal of Sociology, 113* (6), 1479–1526.

Castilla, E. J. (2015). Accounting for the gap: A firm study manipulating organizational accountability and transparency in pay decisions. *Organization Science, 26* (2), 311–333.

Castilla, E. J., & Benard, S. (2010). The paradox of meritocracy in organizations. *Administrative Science Quarterly, 55* (4), 543–576.

Chan, C. K., & Anteby, M. (2016). Task segregation as a mechanism for within-job inequality: Women and men of the transportation security administration. *Administrative Science Quarterly, 61* (2), 184–216.

Chang, E. H., Milkman, K. L., Chugh, D., & Akinola, M. (2019). Diversity thresholds: How social norms, visibility, and scrutiny relate to grup composition. *Academy of Management Journal, 62* (1), 144–171.

Cohen, L. E., & Broschak, J. P. (2013). Whose jobs are these? The impact of the proportion of female managers on the number of new management jobs filled by women versus men. *Administrative Science Quarterly, 58* (4), 509–541.

Cotter, D. A., Hermsen, J. M., Ovadia, S., & Vanneman, R. (2001). The glass ceiling effect. *Social Forces, 80* (2), 655–681.

Cumming, D., Leung, T. Y., & Rui, O. (2015). Gender diversity and securities fraud. *Academy of Management Journal, 58* (5), 1572–1593.

Daily, C. M., Certo, S. T., & Dalton, D. R. (1999). A decade of corporate women: Some progress in the boardroom, none in the executive suite. *Strategic Management Journal, 20* (1), 93–99.

De Pater, I. E., Van Vianen, A. E. M., & Bechtoldt, M. N. (2010). Gender differences in job challenge: A matter of task allocation. *Gender Work and Organization, 17* (4), 433–453.

Dreher, G. F., & Cox, T. H. (2000). Labor market mobility and cash compensation: The moderating effects of race and gender. *Academy of Management Journal, 43* (5), 890–900.

Eagly, A. H. (1997). Sex differences in social behavior: Comparing social role theory and evolutionary psychology. *American Psychologist, 52* (12), 1380–1383.

Eagly, A. H. (2000). Gender roles. In A. E. Kazdin (Ed.), *Encyclopedia of psychology* (Vol. 3, pp. 448–453). American Psychological Association.

Eagly, A. H., & Johnson, B. T. (1990). Gender and leadership style: a meta-analysis.

Psychological Bulletin, 108 (2), 233-256.

Eagly, A. H., Makhijani, M. G., & Klonsky, B. G. (1992). Gender and the evaluation of leaders: A metaanalysis. *Psychological Bulletin, 111* (1), 3-22.

Eccles, J. S. (1994). Understanding womens educational and occupational choices: Applying the Eccles et al. model of achievement-related choices. *Psychology of Women Quarterly, 18* (4), 585-609.

江原由美子 (1997).「視座としてのフェミニズム」江原由美子・金井淑子（編）『フェミニズム』(pp. 1-14). 新曜社.

Ely, R. J., & Thomas, D. A. (2001). Cultural diversity at work: The effects of diversity perspectives on work group processes and outcomes. *Administrative Science Quarterly, 46* (2), 229-273.

Essers, C., & Benschop, Y. (2007). Enterprising identities: Female entrepreneurs of Moroccan or Turkish origin in the Netherlands. *Organization Studies, 28* (1), 49-69.

Folgero, I. S., & Fjeldstad, I. H. (1995). On duty — off guard: Cultural norms and sexual harassment in service organizations. *Organization Studies, 16* (2), 299-313.

Gilbert, J. A., & Ones, D. S. (1998). Role of informal integration in career advancement: Investigations in plural and multicultural organizations and implications for diversity valuation. *Sex Roles, 39* (9-10), 685-704.

Groeneveld, S. (2017). Explaining diversity management outcome: What can be learned from quantitative survey research. In R. Bendl, I. Bleijenbergh, E. Henttonen, & A. J. Mills (Eds.), *The Oxfordhandbook of diversity in organizations* (paperback ed., pp. 282-297). Oxford University Press.

Heilman, M. E. (1980). The impact of situational factors on personnel decisions concerning women: Varying the sex composition of the applicant pool. *Organizational Behavior and Human Performance, 26* (3), 386-395.

Huffman, M. L., Cohen, P. N., & Pearlman, J. (2010). Engendering change: Organizational dynamics and workplace gender desegregation, 1975-2005. *Administrative Science Quarterly, 55* (2), 255-277.

Illich, I. (1982). *Gender.* Marion Boyers（玉野井芳郎訳『ジェンダー：女と男の世界』岩波書店，1984）.

James, E. H. (2000). Race-related differences in promotions and support: Underlying effects of human and social capital. *Organization Science, 11* (5), 493-508.

Joshi, A., & Roh, H. (2009). The role of context in work team diversity research: A meta-analytic review. *Academy of Management Journal, 52* (3), 599-627.

Junker, N. M., & van Dick, R. (2014). Implicit theories in organizational settings: A systematic review and research agenda of implicit leadership and followership theories. *Leadership Quarterly, 25* (6), 1154-1173.

Kelleher, C. (2009). Minority stress and health: Implications for lesbian, gay, bisexual, transgender, and questioning (LGBTQ) young people. *Counselling Psychology Quarterly, 22* (4), 373-379.

清宮徹 (2019).『組織のディスコースとコミュニケーション：組織と経営の新しいアジェンダを求めて』同文舘出版.

Kleinbaum, A. M., Stuart, T. E., & Tushman, M. L. (2013). Discretion within constraint: Homophily and structure in a formal organization. *Organization Science, 24* (5), 1316-1336.

Konrad, A. M., Cannings, K., & Goldberg, C. B. (2010). Asymmetrical demography effects on psychological climate for gender diversity: Differential effects of leader gender and work unit gender composition among Swedish doctors. *Human Relations, 63* (11), 1661-1685.

Kossek, E. E., Colquitt, J. A., & Noe, R. A. (2001). Caregiving decisions, well-being, and performance: The effects of place and provider as a function of dependent type and work-family climates. *Academy of Management Journal, 44* (1), 29-44.

Lanaj, K., & Hollenbeck, J. R. (2015). Leadership over-emergence in self-managing theams: The role of gender and countervailing biases. *Academy of Management Journal, 58* (5), 1476-1494.

Leicht, K. T., & Marx, J. (1997). The consequences of informal job finding for men and women. *Academy of Management Journal, 40* (4), 967-987.

Leung, A., Zietsma, C., & Peredo, A. M. (2014). Emergent identity work and institutional change: The 'quiet' revolution of Japanese middle-class housewives. *Organization Studies, 35* (3), 423-450.

Martin, J. (1990). Deconstructing organizational taboos: The suppression of gender conflict in organizations. *Organization Science, 1* (4), 339-359.

松永真理・日置弘一郎 (1996).「『組織の中の女性』を求めて (特集 "組織の中の女性")」『組織科学』*30* (2), 4-13.

Maurer, C. C., & Qureshi, I. (2019). Not just good for her: A temporal analysis of the dynamic relationship between representation of women and collective employee turnover. *Organization Studies, 42* (1), 85-107.

McDonald, M. L., & Westphal, J. D. (2013). Access denied: Low mentoring of women and minority first-time directors and its negative effects on appointments to additional boards. *Academy of Management Journal, 56* (4), 1169-1198.

Miller, L., & Hayward, R. (2006). New jobs, old occupational stereotypes: Gender and jobs in the new economy. *Journal of Education and Work, 19* (1), 67-93.

Misra, J., Budig, M., & Boeckmann, I. (2011). Work-family policies and the effects of children on women's employment hours and wages. *Community Work & Family, 14* (2), 139-157.

Moorosi, P. (2010). South African female principals' career paths: Understanding the gender gap in secondary school management. *Educational Management Administration & Leadership, 38* (5), 547-562.

Mumby, D. K. (2013). *Organizational communication: A critical approach.* SAGE Publishing.

中村暁子 (2022).「第15章 ダイバーシティ・マネジメント」高浦康有・藤野真也 (編)『理論とケースで学ぶ 企業倫理入門』(pp. 197-208) 白桃書房.

Nishii, L. H. (2013). The benefits of climate for inclusion for gender-diverse groups. *Academy of Management Journal, 56* (6), 1754-1774.

Nishii, L. H., & Ozbilgin, M. F. (2007). Global diversity management: Towards a conceptual framework. *International Journal of Human Resource Management, 18* (11), 1883-1894.

Oakley, A. (2015). *Sex, gender and society.* Routledge.

Ortlieb, R., & Sieben, B. (2019). Balls, barbecues and boxing: Contesting gender regimes at organizational social events. *Organization Studies, 40* (1), 115-134.

Phillips, D. J. (2005). Organizational genealogies and the persistence of gender inequality: The case of Silicon Valley law firms. *Administrative Science Quarterly, 50* (3), 440-472.

Ragins, B. R., Cotton, J. L., & Miller, J. S. (2000). Marginal mentoring: The effects of type of mentor, quality of relationship, and program design on work and career attitudes. *Academy of Management Journal, 43* (6), 1177-1194.

Ranganathan, A. (2018). Train them to retain them: Work readiness and the retention of first-time women workers in India. *Administrative Science Quarterly, 63* (4), 879-909.

Rehg, M. T., Miceli, M. P. , Near, J. P. , & Van Scotter, J. R. (2008). Antecedents and outcomes of retaliation against whistleblowers: Gender differences and power relationships. *Organization Science, 19* (2), 221-240.

Richard, O. C., Barnett, T., Dwyer, S., & Chadwick, K. (2004). Cultural diversity in management, firm performance, and the moderating role of entrepreneurial orientation dimensions. *Academy of Management Journal, 47* (2), 255-266.

Richardson, D. (2020). Conceptualising gender. In D. Richardson & V. Robinson (Eds.), *Introducing gender and women's studies* (5th ed., pp. 8-23). Red Globe Press.

Rommes, E., Overbeek, G., Scholte, R., Engels, R., & De Kemp, R. (2007). 'I'm not interested in computers': Gender-based occupational choices of adolescents. *Information, Community and Society, 10* (3), 299-319.

Rothbard, N. P., Phillips, K. W., & Dumas, T. L. (2005). Managing multiple roles: Work-family policies and individuals' desires for segmentation. *Organization Science, 16* (3), 243-258.

Ryan, M. K., Haslam, S. A., & Kulich, C. (2010). Politics and the glass cliff: Evidence that women are preferentially selected to contest hard-to-win seats. *Psychology of Women Quarterly, 34* (1), 56-64.

Schubert, T., & Tavassoli, S. (2020). Product innovation and educational diversity in top and middle management teams. *Academy of Management Journal, 63* (1), 272-294.

Spradlin, A. L. (1998). The price of "passing": A lesbian perspective on authenticity in organizations. *Management Communication Quarterly, 11* (4), 598-605.

Streets, V. N., & Major, D. A. (2013). Gender and careers: Obstaclesand opportunities. In S. Kumra, R. Simpson, & R. J. Burker (Eds.), *The Oxford handbook of gender in organization*. Oxford University Press.

高橋正泰 (1998).「ジェンダーへのプロローグ」高橋正泰・山口善昭・牛丸元 (著)『組織とジェンダー』(pp. 3-10). 同文舘出版 .

Tharenou, P. (2001). Going up? Do traits and informal social processes predict advancing in management? *Academy of Management Journal, 44* (5), 1005-1017.

Thebaud, S. (2015). Business as plan B: Institutional foundations of gender inequality in entrepreneurship across 24 industrialized countries. *Administrative Science Quarterly, 60* (4), 671-711.

Thomas, R., & Davies, A. (2016). What have the feminists done for us? Feminist theory and organizational resistance. *Organization, 12* (5), 711-740.

Triana, M. D., Miller, T. L., & Trzebiatowski, T. M. (2014). The double-edged nature of board gender diversity: Diversity, firm performance, and the power of women directors as predictors of strategic change. *Organization Science, 25* (2), 609-632.

Turner, P. K., & Norwood, K. (2013). Unbounded motherhood: Embodying a good working mother identity. *Management Communication Quarterly, 27* (3), 396-424.

上野千鶴子 (1995).「差異の政治学」『岩波講座 現代社会学 11 ジェンダーの社会学』(pp. 1-26). 岩波書店.

West, C., & Zimmerman, D. H. (1987). Doing gender. *Gender & Society, 1* (2), 125-151.

Westphal, J. D., & Milton, L. P. (2000). How experience and network ties affect the influence of demographic minorities on corporate boards. *Administrative Science Quarterly, 45* (2), 366-398.

Wilson, F. (1996). Research note: Organizational theory: Blind and deaf to gender? *Organization Studies, 17* (5), 825-842.

Wolff, J. (1977). Chapter 2 Women in organizatios. In S. Clegg & D. Dunkerley (Eds.), *Critical issues in organizations.* (pp. 7-20). Routledge.

Yammarino, F. J., Dubinsky, A. J., Comer, L. B., & Jolson, M. A. (1997). Women and transformational and contingent reward leadership: A multiple-levels-of-analysis perspective. *Academy of Management Journal, 40* (1), 205-222.

Zhang, Y., & Qu, H. (2016). The impact of CEO succession with gender change on firm performance and successor early departure: Evidence from China's publicly listed companies in 1997-2010. *Academy of Management Journal, 59* (5), 1845-1868.

Zhu, D. H., Shen, W., & Hillman, A. J. (2014). Recategorization into the in-group: The appointment of demographically different new directors and their subsequent positions on corporate boards. *Administrative Science Quarterly, 59* (2), 240-270.

5 組織における権力者の心理 [1]

社会的勢力感をめぐる知見の整理と組織研究への示唆

佐々木 秀綱

5-1 はじめに：問いの設定と本稿の構成

　権力（power）は組織に遍在している．その様態や程度は様々であるものの，公式の職権にもとづくものであれ，政治的謀略の成果であれ，属人的な能力に由来するものであれ，組織が権力なしに秩序だった活動を維持することは難しい．その意味で，組織は権力を必要としている．しかし同時に，権力はしばしば濫用され，組織を衰退へ導くものでもある．組織においては権力の完全な抑圧も開放も困難であり，また望ましくもない．すべての組織はその両極の狭間で権力制御の方途を見出そうとしている（Crozier, 1964）．

　こうした課題に向き合う組織に対して，従来の組織研究はパワー・ゲームの構造や力学を解明することで貢献を果たしてきた．すなわち，組織内のどの主体がどのような影響力を持ち，どのようにそれを行使するのか，力の源泉はどこにあるのか，権力の座への到達・維持・転落はいかにして起こるのかといった問いについて，主に経済学や社会学を理論的基盤に置き，巨視的な視点から答えてきたのである（Fleming & Spicer, 2014）．

　それらの取り組みが組織現象を理解するうえで有益な知見を多数もたらしたことは疑いない．他方で，より微視的な視点から権力がその所有者に与える影響を解明する取り組みは少なかった（Tost, 2015）．すなわち，組織に自らの意向をより強く反映できる力を持った者が，いかに考え，感じ，行動

1　本稿は筆者の公刊論文（佐々木，2017）を基礎に，大幅な加筆と修正を加えたものである．

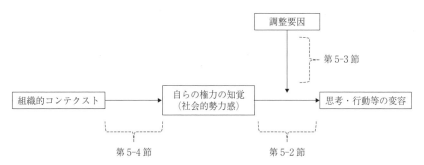

図1 本稿の構成

するのかについて，これまでの組織研究では関心を向けられていなかったのである．

　この点に関して知見を蓄積してきたのは社会心理学分野における権力研究である．当該領域は，「権力は人を変える」という通念を確証するように，権力を手にした者が他の者と異なる傾向を帯びることを明らかにしてきた．こうした知見は伝統的な組織研究の成果と接合されることで組織における権力のダイナミクスをより包括的に捉えることを可能にするだろう．つまり，組織において権力者が自らの持てる力をいかに認識し，その結果どのように振る舞うのかを明らかにすることで，パワー・ゲームのその後の議論にも射程を拡げられるのである．

　そこで本稿では，主に社会心理学や組織行動論の既存研究を参照しながら，組織における権力者の心理について検討したい．具体的には次の3つの問いが本稿を構成する主題である．すなわち，(1) 権力の知覚は個人の思考や行動にどのような影響を及ぼすか，また (2) 権力者は必ずや堕落するのか，さらに (3) 個人はどのような組織的文脈において自らの権力を知覚するか，という問いである．以下の各節はこれらの問いに対応したものになっている（図1）．

　まず第5-2節では，社会心理学における権力研究の鍵概念を導入したうえで，権力がその所有者に及ぼす影響について既存の知見を整理する．この節で取り上げられる研究成果の多くは，権力を持つ者に対して我々が抱く負のイメージを確証するものであるだろう．続く第5-3節においては，権力が思考や行動に及ぼす効果を調整する要因に注目する．近年の研究は，権力の心

理的影響は一意に定まるものではなく，場合によっては真逆の帰結にさえ至ることを明らかにしている．さらに第5-4節では，組織において個人が権力を知覚する条件について試論を提示したい．ここでは，ある人が組織のなかで持つ客観的な権力の大きさは本人が主観的に認識する権力の大きさとは必ずしも一致しないという前提に立ち，それが社会心理学的知見を組織研究へと接合する起点となることを論じる．最後に第5-5節では，各節の内容を踏まえたうえで実践的な含意と将来の研究展望を示し，本稿を結ぶ．

5-2 権力の心理的影響

権力が個人の思考や行動に及ぼす影響については，先述の通り社会心理学分野を中心に探究が進められてきた．その嚆矢と呼べる研究は David Kipnis による *The Powerholders* までおよそ半世紀近く遡ることになるだろう（Kipnis, 1976）．しかし，領域としての隆盛がみられたのは過去十数年のことであり，現在もなお新たな知見の蓄積が続いている．この節ではそうした 2000 年代半ば以降の研究成果を主として取りあげながら，権力の心理的影響について概説する．

5-2-1 権力者の心理：社会的勢力感とは何か

社会心理学分野の権力研究者らは，権力を手にした者に生じる心理的影響について検討するために，「社会的勢力感（sense of social power；以下，勢力感）」という概念を導入した．ここで権力とは「個人が資源の供給や留保および罰の執行を通じて他者の状態を左右する相対的な能力」（Keltner et al., 2003, p. 265）と定義され，勢力感とは自らがそうした力を有していると感じる心的状態を指す[2]．例えば，ある人が周囲の人々を意のままに従わせられるように感じている時，勢力感は高い状態にある．これとは逆に，自分の行動が他者によって支配されているように感じる者は勢力感が低い状態にあると言える．

---

2 「権力」と「勢力」はともに "power" の訳語である．ただし本稿では，他の主体に対し実際に行使し得る影響力を指す言葉として「権力」を用い，そうした権力を知覚する主観的な度合いに対して「勢力（感）」という言葉を用いる．

勢力感には特性要因としての側面と状況要因としての側面がある（Anderson et al., 2011）. すなわち, 状況に依存しない中核的な勢力感の水準は人それぞれに異なる一方, 環境からの刺激によりベースとなる水準から逸脱することもある. 例えば, 元来は比較的高い水準の勢力感を持つ者であっても, 上司から一挙手一投足を支配されるような組織に身を置けば, 自身の主張が他者に聞き入れてもらえることへの自信は失われる. 逆に周囲の人々が常に自らの意向を受け容れるような状況に置かれれば, 社会的に無力な存在としての自己概念は後背に退くだろう.

　勢力感に関する研究の多くは, 主に特性的な側面よりも状況的な側面に関心を向けてきた. そのため, 勢力感を人為的に操作することで生じた差異を測定する実験研究が数多く実施されている. 以下では, そうした研究から得られた知見を中心に取り上げる.

5-2-2　勢力感の影響：自己本位で短絡的な権力者

　2000 年代半ば以降, 勢力感が人の認知・感情・行動に変化を生じさせることを示す経験的証拠が急速に蓄積されてきた（Anderson & Brion, 2014; Galinsky et al., 2015; Sturm & Antonakis, 2015）. 本稿ではそれらを網羅的に取り上げるというよりも, 特に組織の成員にとって重要な意味を持つ 2 つの観点から整理したい. すなわち, (1) 社会的文脈における自己本位性, および (2) 認知的情報処理における短絡性である.

(1)　社会的文脈における自己本位性

　権力を持つ人々に特徴的な性質として我々が想起するものに, 社会的文脈における自己本位性が挙げられるだろう. すなわち, 自らを重要な存在として特別視するがゆえに, 他者より多くの利益を得ることを正当化したり, 自身の意向を重んじるよう周囲に求めたりする一方で, 自分以外の人間に対する関心や配慮は欠いているというものである. 既存研究では, このように自己を重んじ他者を軽んじる権力者像を確証するような結果が報告されている. とりわけ, 以下の 3 つの傾向が代表的である.

　第 1 に, 権力は利他的行動を減少させ, 利己的に振る舞うことを促進する. 例えば Bendahan et al. (2015) の実験では, 力を持つ者が集団全体の利益を犠牲にしてでも自己利益を最大化しようとする傾向が示されている. 当

該実験の参加者は，集団内での利益の配分を決定する課題に取り組んだ．この課題は，リーダー役の取り分が大きくなるとそれ以上にフォロワー役の取り分が減少するよう設計されている．つまり，リーダー個人が利己的に振る舞うほど集団全体の利益が減少するというものである．部下の数や意思決定の裁量の大きさを操作することで勢力感の高いリーダーと低いリーダーに分けたところ，前者では集団全体の利益を犠牲にして自己利益を追求するような意思決定を行う傾向が強いことが示された．すなわち，規模の大きな集団で大きな裁量を持つリーダーは利己的な選択を行いやすかったのである．権力が利己性を強化することを示すこのような結果は，他にも複数の研究において確認されている（e.g. Decelles et al., 2012; Kipnis, 1972; Kopelman, 2009; Uziel & Hefets, 2014）．権力が利己性と結びつくことの背景には，他者と一線を画す立場にある存在としての自己概念や，後述するような他者への共感性の低下があるとされる．

　第2に，権力は自分以外の人間に対して無頓着になる傾向を強める．たとえば van Kleef らの研究では，勢力感が高まることで他者に対する感情共有（emotion sharing）が低下することが指摘されている．具体的には，勢力感の高い状態の個人は，辛く苦しい感情を抱いた過去の出来事を語る他者に対して，共感や同情といった反応を示しにくくなる傾向がみられた（van Kleef et al., 2008）．また，自己と他者との心理的な距離が遠くなるために，自分以外の人々を非人間化（dehumanization）して扱うようになることも知られている（Gwinn et al., 2013; Lammers & Stapel, 2011）．つまり，他者を（自身と同じ）人間特有の本質を備えた存在とみなすよりも，動物や機械と近しい存在であるかのような捉え方をするのである（Haslam, 2006）．

　勢力感の高まりはさらに視点取得（perspective-taking）能力も低下させる．視点取得とは，他者の認知や感情を我がこととして想像すること，いわば相手の立場に立って考えてみることを指す．勢力感と視点取得能力の関係については，Galinsky et al.（2006）の実験がよく知られている．この実験の参加者は，勢力感を高める実験群と，比較対象となる統制群に割り当てられた．それぞれの条件にしたがって操作を受けたのち，参加者にはペンを用いて自分自身の額にアルファベットの「E」を書くよう指示がなされた．その結果，統制群では88%の参加者が正しく記述できたのに対して，勢力感

図2　勢力感と視点取得

出所：Galinsky et al（2006）をもとに作図

を高められた実験群では 67 ％しか正答できず，残りの参加者は「E」の文字を左右逆に書いていた（図 2）．すなわち，他者の目から見て正しい「E」という文字になるかを考慮せず，脳裏に浮かんだ心的表象をありのまま額に書き出していたのである．この結果は，権力を持つことで人が自己中心的に思考する傾向を強めることを象徴的に示している．

　第 3 に，権力は道徳的偽善（moral hypocrisy）の傾向を強める．道徳的偽善とは，いわば道徳・倫理にかかわる言行の不一致である．一般に，人は倫理にもとる行動をとった他者を非難する一方で，自らがそうした行動をとる場合には自己正当化する（Shaver, 1985）．これは多くの人にみられる普遍的な傾向であるものの，既存研究は勢力感の上昇がこうした傾向をより強めることを指摘している．例えば Lammers et al.（2010）では，勢力感と道徳的偽善との関係に焦点を当てた複数の実験結果が報告されている．一連の実験からは，勢力感を高められた個人は不正行為に対する道徳判断（ある行為がどの程度非難されるべきかの判断）において，他人に対してはより厳格な，自身に対してはより寛容な道徳基準を適用することが示されている．権力を持つことで自らが社会的に重要な存在であるように感じ，それが本来であれば躊躇するような行為をも正当化させるのである．こうした現象は，自己を特別視することから社会的な規範の影響を受けにくくなり，逸脱的行動をとりやすくなることとも関係していると考えられる（Galinsky et al., 2008; Mourali & Yang, 2013）．

(2)　認知的情報処理における短絡性

　既存研究が明らかにしてきた権力のもう1つの負の側面は，人間の認知的情報処理に関係している．ここでいう認知的情報処理とは，利用可能な情報に基づいて状況を分析・診断し，必要に応じて判断および意思決定を行う心的な働き全般を指す．権力が人間の認知過程をいかに変えるかという点についても多くの知見が積み重ねられており，これらは次のように概括できる．すなわち，勢力感の上昇は情報処理における短絡性を高めるのである．

　権力が人間の短絡的な思考を促すことを示した先駆的な取り組みとしてはFiske らの研究を挙げることができる．Fiske & Dépret（1996）の実験では，Fiske（1993）の理論的枠組みに基づき，勢力感の高まりが対人認知におけるステレオタイプへの依存を強めることを明らかにした．Fiske らによれば，この現象には傾注（attention）の配分メカニズムが関わっている．勢力感の高い状態にある個人は，傾注を少数の特定の情報（対象の属する社会的カテゴリーとそれに紐づけられた特徴）に選択的に振り分けており，その限られた情報を材料に他者への印象形成を行うため，ステレオタイプがより強く反映されるのである（Goodwin et al., 2000; Guinote, 2007）．

　ステレオタイプ以外にも，勢力感は様々なヒューリスティクスへの依存を強め，その結果として認知バイアスに陥りやすくなることが明らかにされている．例えばFischer et al.（2011）では，特定のジェスチャーや姿勢をとることで勢力感が高められた実験参加者は確証的な情報探索の傾向を強めるという結果が示されている．勢力感が高まることで人は確証バイアスを強化し，自らの抱いていた既存の信念を堅持しやすくなる傾向を帯びるのである．他にも，勢力感は利用可能性ヒューリスティクス（特に想起容易性に関して）や感情ヒューリスティクスへの依存を強めることなどが報告されている（Pham & Avent, 2009; Weick & Guinote, 2008）．

　これらの研究のいずれにも共通しているのは，アクセスしやすい一部の情報を過度に重視し，意識的な検証・熟慮の過程を経ずに結論を下そうとする傾向である．言葉を換えれば，勢力感が上昇することで「システム2（system 2)」の抑制的な機能が阻害され，「システム1（system 1)」に依拠した結論を下しやすくなるのである[3]．こうした現象の背景には，権力を持つことによって生じる自信過剰の問題がある．すなわち，勢力感が高まることで

人は有能かつ重要な存在としての自己概念と整合するようなポジティブ情報に傾注を向けやすくなる一方，それと反するネガティブ情報については軽視するようになる（Keltner et al., 2003）．このことが外的環境に対する楽観性や自己肯定感，コントロール幻想などを生み，それらが複合的に作用することで自らの判断に対する自信を過度に高める（Fast et al., 2009）．このようにして生じた自信過剰は，追加的な情報探索・分析を行う認知的過程を省略させ，少数の情報を手掛かりに結論を急ぐ傾向を強めてしまうのである（Guinote, 2007）．さらには，好ましい結果が得られることに傾注の範囲が限定され，不確実性を伴う判断・意思決定においてはリスク愛好的になることなども既存研究で示されている（Anderson & Galinsky, 2006; Lewellyn & Muller-Kahle, 2012）．

　上記のような傾向はマネジャーの判断や意思決定を歪めるものであり，組織にとっても望ましいものとは言えないだろう．そうした歪みを矯正するには，部下や専門家などからの進言が有効な手立てであるように思われる．しかし既存研究は，勢力感が上昇した者は周囲からの助言や説得といった働きかけを受け容れにくくなることも示している．例えば Tost et al.（2012）は，勢力感が高められた状態の個人は他者からの助言を（相手の専門性の度合いにかかわらず）軽視するようになることを一連の実験の中で示している．同様に Galinsky et al.（2008）や Mourali & Young（2013）においても，勢力感の高い個人は他者の説得に対して態度変容を起こしにくい傾向を示している．興味深いことに，自身の態度が比較的明確である時には他者からの助言を軽んずる程度であるのに対し，自身の態度を決めあぐねている時には助言とは反対の態度・信念を強化するようになっていた．こうした結果は，勢力感の上昇と心理的リアクタンス（psychological reactance）との関係を示唆するものである．すなわち，他者からの助言や説得を自らの自由意思に対する挑戦と捉え，それに敢えて逆らうことで侵害された自由を取り戻そうとす

3　人間の思考様式は，与えられた情報を識閾下で自動的・高速に処理して印象や感情を形成する「システム１」と，論理的計算や集中など意識的かつ逐次的な認知活動を司る「システム２」の２つから成る．簡潔に表すならば，前者はいわゆる直感のシステムであり，後者は理性のシステムである．通常，人はシステム１による自動的な情報処理に依存しているが，必要に応じて意識的にシステム２を動員し，直感を理性で修正するという対応を行っている（Evans, 2008; Kahneman, 2011）．

るのである（Brehm, 1966）.

5-2-3　勢力感の心理的メカニズム：AI 理論

　ここまで取り上げた研究からは，勢力感の変動が確かに人の認知・感情・行動に影響を及ぼすことが示されている．その根底にある心理的プロセスについては現在までにいくつかの理論的説明が提示されているが，なかでも最も多くの実証研究で仮説導出上の基盤として援用されているのは Keltner らの「接近・抑制理論（approach-inhibition theory of power；以下，AI 理論）」である．これは Gray（1982）の強化感受性理論（RST：reinforcement sensitivity theory）をもとに，勢力感の高低によって人間の思考を制御する様式が遷移することを主張するものである．

　一般に人間の思考や行動を制御するメカニズムは二種類に分かれる．1 つは行動接近システム（BAS：behavioral approach system）であり，もう 1 つは行動抑制システム（BIS：behavioral inhibition system）である．このうち BAS は報酬，すなわち好ましいものの獲得機会や好ましくないものからの解放などを知らせる刺激を受けて活性化する．BAS が活性化すると，報酬の獲得を促進するような接近志向的な思考・行動が導かれる．これに対して BIS は罰，すなわち好ましくないものの現出や好ましいものの喪失などを知らせる刺激を受けて活性化する．BIS が活性化すると，罰の回避のためにより警戒的な情報処理や行動の抑制が行われる．Keltner らによれば，勢力感の変動は報酬や罰の存在を知らせるシグナルとして機能するという．つまり，勢力感の上昇は多様な資源の利用可能性や他者からの望まぬ干渉の回避を意味する報酬信号として BAS を喚起するのに対し，勢力感の低下は資源の欠乏や他者からの支配という脅威を意味する罰信号として BIS を喚起するのである．

　BAS および BIS は人間の多様な反応を説明し得る心理メカニズムであり，これに依拠した Keltner らの議論は多くの実証研究における理論的基盤とされてきた．ただし，後に Gray は RST に大きな修正を施し「修正版強化感受性理論（r-RST）」を提唱しているが（Gray & McNaughton, 2000; McNaughton & Corr, 2004），AI 理論はこの修正以前の RST に依拠した理論であり，それゆえに権力にかかわる重要な心理状態を捉え損ねているとい

う指摘がある（Anicich & Hirsh, 2017）．この点については後続の第5-4節で改めて検討を行う．

5-2-4　小括：勢力感の負の影響

　この節では，勢力感という概念を導入することで権力の心理的影響を検証してきた諸研究に注目し，勢力感を高めた個人が（1）他者との関係においては独善的で自己本位に振る舞うようになり，（2）判断や意思決定においては単純で拙速な結論を下しやすくなることを論じてきた．これらの傾向は，少なくとも組織という文脈においては望ましいものではない．タスク志向性および対人関係志向性とリーダーシップとの関係などを持ち出すまでもなく，集団や組織のマネジメントを担う者に社会情緒的な配慮や理性的・論理的な熟慮が求められることは疑いないからである．

　しかし改めて留意しなければならないのは，組織はその成員に大小さまざまな権力を実感させる（勢力感を高めさせる）機会にあふれているということである．ここで生じる疑問は，組織のマネジャーたちはみな上記のような負の影響から逃れ得ないのか，というものである．この問いについて，次節では勢力感の調整要因に注目した近年の研究動向を概観したい．

5-3　勢力感の調整要因

　勢力感の影響に関する諸研究は，概して，権力者の負の姿を確証するような結果を提示してきた．確かに，人々を率いる立場にいながら独善的で他者を顧みない振る舞いをする者の実例は枚挙に暇がないだろう．しかし同時に，その対極を成すような実例を挙げることもまた容易である．すなわち，自らに課せられた責任を果たすべく，持てる力を深い思惟にもとづいて行使し，公的目標の実現に献身する指導者である．こうした存在は「権力は必ずや堕落する」と結論づけることを留保させるものである．

　既存研究においても，勢力感の影響について矛盾する結果がしばしば報告されている．例えば前述した Fiske & Dépret（1996）などによれば，勢力感の上昇はステレオタイプへの依存を強化するものとされていた．しかし後年になって，それがむしろ対象の個別化（individuation），すなわちステレ

オタイプに依存しないような印象形成を促す場合があることが示されている
(Overbeck & Park, 2001, 2006). また，勢力感の上昇が利己的行動を導くと
主張する研究が存在する一方で，他の研究では逆に利他性を高める場合があ
ることが指摘されている（Galinsky et al., 2003）. これらはいずれも，勢力
感の帰結が何らかの要因によって調整されている可能性を示唆している.

5-3-1　勢力感の調整要因としての「権力観」

　勢力感の調整要因を探求した近年の研究では，個人が権力をどのようなも
のとして捉えているかに応じて勢力感の影響が異なることが示されている.
ここでいう権力の捉え方とは，換言すれば，権力という観念が他のどのよう
な観念との連合（association）を活性化させているかを指す. 例えば，権力
は個人の富や名声，地位を獲得・保持する手段として認識されていることも
あれば，社会的な責任や義務という制約を伴うものと関連づけられることも
あるだろう. このような点での違いが，勢力感の高まった状態の個人の振る
舞いを左右するのである.

　そこで第5-3節では，ある人にとって権力観念が他のどのような観念と強
く連合しているか，すなわち個人の「権力観（portrait of power）」に応じ
て勢力感の帰結が異なることを示した諸研究を取り上げたい. 権力観もま
た，文化圏や個人差などによる比較的安定したものであると同時に，個人が
置かれたその時々の文脈に応じて状況特異的に規定されるものでもある. そ
こで以下では，安定的な権力観と状況的な権力観が持つ調整効果を示唆する
知見に注目する.

5-3-2　安定的な権力観

（1）　文化差としての権力観

　一般に，異なる文化圏では異なる社会通念や価値観が保持される. 個人の
独立性や自律性を重んじる程度から，時間志向性，不確実性回避の度合い，
性役割の強さなどに至るまで，様々な次元で国や地域ごとの差異がみられ
る. 権力に関するもので言えば，上下関係が社会的に受容されている程度を
表す権力の格差（power distance）の議論などがよく知られている（Hofst-
ede et al., 1990）.

Torelli & Shavitt（2010）の研究は，人々が抱く権力観もまた文化圏によって異なる傾向がみられることを明らかにしている．Torelli らは，権力に対する捉え方を私的権力（personalized power）観と公的権力（socialized power）観の2つに類型化している．私的権力観における権力とは，外的環境を意のままにコントロールしたり，望まない干渉を遮断・抑圧したりする能力であり，主としてそれは私的な目標を達成するために用いられるものとして捉えられる．これに対し公的権力観における権力とは，個人を超えた公共の利益に資するための手段であり，それゆえに義務や責任を伴うものである．この2つの権力観について，複数の国・地域からの出身者を対象に行った調査および実験からは，例えば水平的集団主義傾向の高いヒスパニック系の間で公的権力観が優勢であることなど，各国・各地域によって異なる権力観が抱かれていることが明らかにされている．ただし重要なのは，いずれの文化圏においてもどちらか一方の権力観のみが完全に支配的とはなるわけではないという点である．ここでの発見事実は，むしろ，権力を私益の追求機会とする見方が優勢な文化圏であっても，公益への貢献という責務を伴うものとしての権力観がある程度は人々の間で社会通念として共有されているということにある．このことは，多くの国や地域において，権力が私的側面のみならず公的側面を持つ多元的な観念として認識されていることを示している．

　Torelli らの研究ではさらに，異なる権力観を持つ集団の間では実際の行動傾向（例えば交渉課題における搾取的行動など）が異なることも報告されている．Torelli らはこうした知見を展開し，勢力感が認知的情報処理に与える影響も文化による調整を受けることを示す実験を行った（Torelli & Shavitt, 2011）．この実験からは，私的権力観の優勢な文化圏に属する個人が勢力感を高める操作を受けると認知的情報処理における単純化が促進されステレオタイプに依拠した判断が行われやすくなり，逆に公的権力観の優勢な文化圏の個人が勢力感を高められた場合は個別化を行うようになる傾向が示された．こうした結果が示唆しているのは，権力というものの捉え方が異なれば，自身が権力を持っていることを認識した者に生じる影響も異なるということである．

（2）　個人差としての権力観

　上記の Torelli らの研究は，権力観が文化によって規定されることを明らかにするものであった．しかし当然ながら，権力をどのように捉えるかは同じ文化圏内でも人によって差異がある．近年の研究では，こうした個人差としての権力観によっても，権力を持つことの心理的影響が異なることが明らかにされている．たとえば Wang & Sun（2016）では，上述の私的権力観と公的権力観という分類枠組みに沿って，次のような調査・実験を行っている．まず，私的権力観および公的権力観を測定する尺度項目を独自に作成したうえで，これらの尺度における得点と，自身や他者が行う不正行為への態度や不正行為を行った相手を自らコストを支払ってでも罰する（利他的懲罰）意図などとの関係を調べた．その結果，私的権力観の優勢な個人は不正行為に寛容になり，また不正行為を犯した他者に対して利他的懲罰を行おうとする意図は低くなっていたのに対して，公的権力観の優勢な個人はそれと逆の傾向が確認された．権力観に応じて社会的な態度・行動が異なるという点は上述の Torelli らの議論と整合的と言える．

　権力観の個人差という点に間接的に関連する研究としては Decelles（2012）が挙げられる．当該研究は，勢力感と利己的行動との関係はモラル・アイデンティティ（moral identity；以下，MI）によって調整されることを示している．MI とは，（他者への配慮・思いやりといった）道徳規範を遵守することを，自らのアイデンティティにおいてどの程度重視しているかについての個人差を指す．MI が高い個人にとっては，道徳規範から逸脱する行動をとることは自らのアイデンティティを揺るがすことを意味し，強いためらいを感じる．他方，MI が低い個人にとっては，そうした行動をとることへのためらいが弱いとされる（Aquino et al., 2007）．この研究での実験参加者は，勢力感を操作されたうえで独裁者ゲームや公共財のジレンマ課題を遂行した．その結果，低 MI の参加者が勢力感を高められると後続の課題において利己的な行動を取るようになる一方，MI が高い参加者においてはむしろ利他的行動が促される傾向があることが示された．

　こうした結果は，上述の権力観の差異とも関連すると考えられる．MI が低く，自らの利益を他者の利益に優先させる個人の場合，権力はそうした自己利益の追求を支援し正当化するものとして認識されるだろう．この個人に

おいては，私的権力観が優勢であると考えられる．これとは逆に，MIが高く，他者の利害を顧みないことを倫理にもとると捉える個人は，自らが影響力ある立場にいるときには公的な意識をより一層強めるだろう．すなわち，MIの高い個人においては公的権力観が優勢であると言える．このように考えるならば，MIの低い人間に権力を持たせることが利己的な行動を生み，MIの高い人間にそれと逆の傾向がみられたことは，先述の議論とも整合的である．

5-3-3 状況的な権力観

　前項で取り上げた研究は，権力観を比較的安定した特性と想定し，それが勢力感の影響を調整することを指摘していた．しかし近年の実験研究からは，一時的に権力観を操作することによっても，文化差や個人差としての権力観と同様の現象が生じることが明らかにされつつある（DeWit et al., 2017; Hu et al., 2016; Wang & Sun, 2016）．

　例えば先述のWang & Sun（2016）では，状況的な権力観によって勢力感の効果が調整されることを，実験を通じて検証している．この実験では，勢力感を操作する一般的な方法である想起課題（recall task）を修正し，異なる内容を想起・記述させる2つの条件に実験参加者を割り当てた．具体的には，一方の参加者たちは自らの目的のために他者を使役した経験を想起・記述し，もう一方の参加者たちは他者の利益になる行動をとるために影響力を行使した経験を想起・記述した．この操作においては，前者が私的権力，後者が公的権力に対応している．続いて，それぞれの条件の参加者は公共財ゲームを行った．その結果，私的権力観の顕著性（salience）を高められた参加者は利己的な資源配分をするようになり，公的権力観の顕著性を高められた参加者は利他的な資源配分をするようになったのである．

　これと同様の研究結果はHu et al.（2016）においても示されている．ここでの権力観は，記述的権力観（descriptive power）と規範的権力観（prescriptive power）の2つに類型化されている．記述的権力観は権力者が陥りがちな思考・行動特性についての記述的な信念であり，第5-2節で提示したような権力者像に近い．すなわち，私益の追求のために様々な手段を意のままに行使する権力者である．これに対し規範的権力観は，権力を持つ者が

とるべき思考・行動特性，すなわち権力者としての当為の側面にスポットを
あてるものである．これらは，それぞれ私的権力観および公的権力観に対応
するものである．この研究においても，個人は潜在的に双方の権力観を同時
にみとめており，どちらの顕著性が高まっているかによって勢力感の効果が
調整されると想定されていた．実験では，Wang らと同様に，想起課題に
よって参加者の記述的権力観と規範的権力観を操作した．その結果，記述的
権力観を喚起された参加者は非道徳的行動意図が強まったのに対して，規範
的権力観を喚起された参加者は対照的な傾向を示していた．この研究におい
ても，個人が抱く権力観，すなわち権力を私的な利益のための手段として捉
えているか，公的な利益のための手段として捉えているかの違いによって，
勢力感の影響が異なることが明らかにされた．

　これらの研究が示した重要な点は，勢力感の調整要因である権力観に介入
する余地があるということである．つまり，たとえ私的な権力観が優勢であ
る個人であっても，権力に付随する責任や義務といった側面に注目させるこ
とができれば，公的権力観の顕著性は高まる．このことは，勢力感の負の影
響を抑制するうえで鍵を握る発見事実と言えるだろう．

5-3-4　小括：権力者としての責任感の喚起

　本節では，人々が 2 つの対極的な権力観を同時に有していること，またそ
れぞれの権力観の比重は必ずしも固定的ではないこと，さらにどちらの権力
観が優勢であるかに応じて勢力感の影響が調整されることを論じてきた．特
に公的権力観が優勢な個人は，勢力感が高まることで利他的行動が促される
など，前節で提示されたものとは対照的な影響が生じることがある．これら
の知見が示しているのは，権力は必ずしも堕落するとは言えず，むしろ権力
を持つことで望ましい変化に至る場合があり得るということである．

　ただし，実践上より重要な課題は，組織においていかに公的権力観を根付
かせるかということだろう．この問いに対する具体的な解答を用意すること
は難しいものの，Scholl らによる近年の研究はその手立てを考えるための手
掛かりとなる．Scholl らの研究では，他者に傾注を向けた場合や（Scholl et
al., 2017），組織同一化の程度が高い場合（Scholl et al., 2018）に，個人は権
力に付随する責任を強く意識した反応を示すことが明らかにされている．こ

れは本節で議論してきた公的権力観の優勢な状態と近しい．そこから類推すれば，人は自らの行動によって影響を受ける人々の存在に目を向け，そうした人々を自らと分かちがたい存在と認識するような場合に，権力者としての当為に従う行動をとる（Tost, 2015）．逆に言えば，心中で自己と他者の間に一線が引かれたとき，勢力感の上昇は自己本位な振る舞いを助長し得るのである．勢力感の負の影響を緩和し，また望ましい方へと転換させるには，権力を持つ者が組織やその構成員との心理的な紐帯を維持することが必要と考えられる．

5-4 組織における権力と勢力感

　ここまで本稿では，勢力感が個人の自己本位性や短絡性を高めること，またそうした影響が当人の権力観などによって調整され得ることを論じてきた．これらは，いわば勢力感を原因側に置いた議論と言えるだろう．これに対して，第5-4節では勢力感を結果側に置き換える．すなわち，そもそも勢力感は組織のなかのどのような主体において高まりやすい（あるいは低下しやすい）のかという問いに焦点を移し，個人の勢力感を左右する組織的コンテクストについて議論したい．より具体的には，組織における実際の権力と，主観的な勢力感との関係についてである．

　勢力感という概念は近年では組織行動論を中心とする組織研究にもしばしば援用されている．それらの研究はいずれも暗黙裡に次のような前提を置いていた．すなわち，ある人が実際に保持し行使し得る権力の大きさと，その権力についての主観的な認識にもとづく勢力感の水準とは，概ね比例する関係にあるということである．本稿では，この前提を批判的に検討することで，組織において勢力感を高めやすい主体についての試論を提示する．結論を先取りして言えば，組織において勢力感を高めるのは大きな権力を持つ者ではなく，（些細であっても）一方的な権力を持つ者である．

5-4-1 権力の「大きさ」と勢力感の関係

　前述した通り，勢力感の定義において権力とは他者への影響力という観点から捉えられていた．これは，政治学などを含む社会科学全般における伝統

的な権力の定義とも符合する．すなわち権力とは，ある社会的ユニットが他のユニットの振る舞いを決定づける力として捉えられるのである（e.g. Blau, 1986; Dahl, 1957; Hickson et al., 1971）．この権力の大きさは，（1）対象の振る舞いを変容させる確実性を指す「重さ（weight）」，（2）変容させられる対象自体の数を指す「領域（domain）」，（3）変容させられる行動の幅を示す「範囲（scope）」といった3つの側面から規定される（Kaplan, 1964）．つまり，多くの人々の広範な行動に確実に影響を及ぼせるほど，その権力は「大きい」と言える．

　勢力感が上記の意味での権力の大きさに比例すると仮定すれば，組織成員の勢力感を規定する主要な要因としてまずは公式の組織階層が挙げられるだろう．組織においては，上長が部下を管理するための権限や裁量が指揮命令系統に沿って委譲される．ゆえに，階層の頂点に立つトップ・マネジャーの勢力感が最も高まり，ミドル・マネジャーからフロントラインにかけてその権能が限定的になるにつれ勢力感も低下する．ごく単純に考えるならば，組織階層と勢力感はこのような関係になる．

　もちろん，現実には組織階層から逸脱した非公式な権力関係も存在する．例えばFrenchとRavenによる権力の基盤（bases of power）の議論では，組織におけるポジションに紐づいた権力（正当パワー・報酬パワー・罰パワー）以外にも，属人的な源泉（参照パワー・専門パワー・情報パワー）から権力が生まれ得ると指摘されている（French & Raven, 1959; Raven, 1965）．またHicksonらの戦略的コンティンジェンシー理論（SCT：strategic contingency theory）は，組織が外的環境に適応し生存していく上で欠かせない主体に組織権力が集中すると論じ，（1）不確実性削減，（2）代替困難性，（3）ワークフローにおける中心性といった3つの要素が権力の源泉となることを指摘している（Hickson et al., 1971）．さらに，組織において一方の主体（個人や部署）が他方の主体にとって必要な資源を掌握し，非対称な資源依存関係にある場合は，前者が後者に対し支配的な立場を得る（Pfeffer, 1981, 1994; Pfeffer & Salancik, 2003）．これらの議論は，上長よりも部下の意向が優先されたり，形式的には対等であるはずの個人や部署の間で発言力に大きな差がみられたりする状況を説明する．組織階層の場合と同様に考えれば，こうした権力を持つ成員もまた勢力感を高めると推察される．

組織から直接与えられた職権であれ，ネットワーク上の位置や役割，属人的資質に由来する影響力であれ，自らの意向に沿うよう他者を従わせる力という点では共通している．こうした意味での権力を得る（失う）ことが直ちに勢力感を高める（低める）ことにつながるならば，勢力感にかかわる知見は組織研究へと自動的に接合できるだろう．組織において何らかの権力を有する成員を同定することは，勢力感が高まっている成員を同定することとほぼ等しいとみなせるからである．

5-4-2　権力と服従の並存：AIA 理論

　しかしながら，勢力感が単純に権力の大きさと比例するという命題が妥当であるかは疑わしい．試みに，企業組織の経営者を考えてみたい．組織の指揮命令系統の頂点に立つ経営者は（企業統治上の法的・社会的制約は課されるにせよ）当該組織において対内的には最も大きな権能を持つ存在である．しかし同時に，経営者は外部の様々な利害関係者に対して従属的な立場に置かれることも多い．たとえば金融機関や株主，監督官庁，主要取引先などの意向が経営者のそれよりも優先されることは決して珍しいことではない．このように権力者であると同時に服従者でもある状況に置かれた場合，個人の勢力感は高まるだろうか．別の問い方をすれば，勢力感を規定する権力の大きさとは厳密には何を指すのだろうか．

　この問いに対して示唆を与えるのが，第 5-2 節で言及した AI 理論を発展させた「接近・抑制・回避理論（approach-inhibition-avoidance theory of power：以下，AIA 理論）」である（Anicich & Hirsh, 2017）．AI 理論では，権力獲得（高勢力感）という報酬刺激が接近傾向を，また被支配（低勢力感）という罰刺激が抑制傾向を高めるとされた．これに対し，AIA 理論の提唱者である Anicich と Hirsh は，AI 理論では「板挟みの（in the middle）」心理状態を捉えられないことを指摘した．すなわち，他者への権力を持つと同時に，他者からの権力に晒されてもいるという状況で生じる心理状態である．

　このような状況において，人は権力者としての役割と服従者としての役割が入れ替わる「コード・スイッチング（code-switching）」を経験する．コード・スイッチングが頻繁に生じると，個人のアイデンティティは不安定で曖

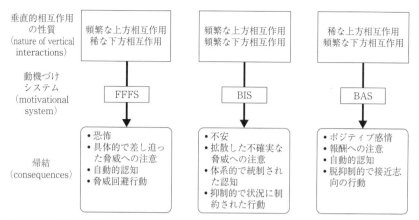

垂直的相互作用
の性質
（nature of vertical
interactions）

| 頻繁な上方相互作用
稀な下方相互作用 | 頻繁な上方相互作用
頻繁な下方相互作用 | 稀な上方相互作用
頻繁な下方相互作用 |

動機づけ
システム
（motivational
system）

| FFFS | BIS | BAS |

帰結
（consequences）

| • 恐怖
• 具体的で差し迫った脅威への注意
• 自動的認知
• 脅威回避行動 | • 不安
• 拡散した不確実な脅威への注意
• 体系的で統制された認知
• 抑制的で状況に制約された行動 | • ポジティブ感情
• 報酬への注意
• 自動的認知
• 脱制御的で接近志向の行動 |

図3　AIA 理論の概要

出所：Anicich & Hirsh（2017）

昧な状態に陥る．AIA 理論では，このアンビバレントな状態こそが罰シグ
ナルとして抑制傾向を高めると主張されている（図3）．つまり，AI 理論に
おいて服従者に生じるとされていた傾向は，実は権力者でもあり服従者でも
あるような立場の人間にこそ生じるのである．これに対して，一方的に支配
され勢力感が低下している者は，BIS とは異なる FFFS（fight-flight-freeze
system）と呼ばれるシステムが活性化し，闘争や逃避，硬直といった瞬間
的反応が無意識に導かれる．他方，服従者として振る舞う頻度が少なく，権
力を一方的に行使し続けられる立場にある者の場合には，勢力感上昇の機序
が作用すると想定されている．

　AIA 理論からは権力と勢力感の関係を再考する手がかりが得られる．勢
力感研究において権力とはある主体が他の主体を支配する能力として捉えら
れていることは先述した通りである．ここで重要かつ見過ごされがちなの
は，他の主体へ支配を及ぼせることは自らが支配の対象とならないことを意
味しないという点である．もし他者へ権力を行使するのと同等程度に他者に
服従させられる機会があるのならば，AIA 理論で示されたように，人はむ
しろ警戒的で抑制的な反応を示すと考えられる．

　以上を踏まえれば，勢力感を左右するのは権力の大きさというよりも，権
力と服従，あるいは支配と被支配の知覚された比率であると言える．たとえ

一方の主体に大きな権力を有していたとしても，それと同等以上に頻繁に接する他方の主体に従属的であるならば，勢力感が高まり BAS が活性化する見込みは低い．これに対して，権力を行使する頻度が行使される頻度を大きく上回るような状況では，個人の勢力感は高まっていく．この時，必ずしも強大な権力を伴う必要はない．ごく些細でも一方的に行使できるような権力を持つような時にこそ，人は自らの力を強く意識するようになると考えられるのである．

5-4-3　組織におけるポジションと勢力感の関係

　では，真に勢力感を高めやすいのは組織においてどのような位置にある者だろうか．AIA 理論を提唱した Anicich & Hirsh（2017）では，勢力感を最も高めやすいのはやはりトップ・マネジャーであり，逆に組織のフロントラインに位置する成員の勢力感は最も低くなると想定されていた．Anicich らが展開した理論はあくまで組織の上層と下層の仲立ちをするミドル層の心理を捉えるためのものであり，組織階層の頂点において勢力感が最も高まりやすいとする点では従前の研究と同様であった．

　確かに，仮に組織が外部環境と何ら資源のやり取りを行っていないならば，その長は対内的に権力を行使することが日常の大半を占めるだろう．しかしながら，経営者は組織内で采配を振るうのみならず，組織の代表者として外部環境とも頻繁に相互作用を行う（Mintzberg, 1973）．オープン・システムとしての組織は利害関係者に多かれ少なかれ資源を依存する関係にあり，経営者はそうした相手からの支配に日常的に晒される．このことを踏まえれば，むしろ彼（女）らもまた頻繁なコード・スイッチングにより板挟みの心理状態に陥りやすい立場にあると考えられる．

　組織のトップ・マネジメント層に関して言えば，たとえば日本企業における顧問や相談役といった職位にある者のほうが経営トップよりも勢力感を高めやすい状況にあると推察される．とくに一線を退いた旧経営陣がこうした職位に就くような場合，現役の経営トップがその意向を無視することは容易ではない．彼（女）らは，公式の意思決定権限を持たずとも，指導や助言といった形で間接的に経営意思決定へと関与し得る[4]．その一方で，組織を代表する立場として矢面に立たされるような機会は（現役の経営陣に比べれ

ば）相対的に少ない．外部からの支配に晒されず，対内的な権力行使の機会
が多いという点から，上記のような位置にある者は公式の経営トップよりも
勢力感を高めやすいと考えられる．

　ミドル・マネジメント以下の層において勢力感を高めやすい状況について
は，より多様なケースがあり得るだろう．しかし，他主体からの支配に晒さ
れないことが勢力感の上昇に寄与することはトップ・マネジメント層の場合
と同様である．よって，①組織外の利害関係者や組織内の他部署との調整を
必要としない自己完結的な活動に従事し，②上長からの直接的な指揮・命令
が発出される機会の少ない部署において，勢力感を高めるリーダーが生まれ
やすいと考えられる．試みに大学組織を例にとれば，体育会等の公認された
課外活動団体のなかに上記のようなケースが少なからず認められるだろう．
とくに，大学の対外的なレピュテーションを高めることに貢献し，かつ資源
を調達する独自の源泉（卒業生や親族からの寄付等）を持つような団体は，
大学当局への依存度が低下する．結果として，当該団体の長は，対内的な権
力を行使する機会が日常の多くを占め，それゆえに勢力感を高めやすくなる
と推察される[5]．

5-4-4　小括：勢力感を規定する組織的要因の探索

　前項で提示した状況はやや戯画的に記述されたものであり，より確かな言
明を行うには今後の理論的・実証的研究の蓄積を待たなければならないだろ
う．しかしここで強調したいのは，権力者としての心理が芽生えやすいのは
一方的に行使できる権力を有する者であり，それは必ずしも大きな権力とは
限らないという点である．このことは，自らの権力を恃み野放図に振る舞う
者が，組織の階層や職位を問わず至る所に現れ得ることを示唆している．従
来は等閑視されていたこの論点は，社会心理学における知見を組織研究に統
合するうえで重要な意味を持つと考えられる．勢力感による思考・行動の変

4　経済産業省が「コーポレート・ガバナンス・システムに関する実務指針（CGS ガイドライン）」
　を改定するにあたり実施した調査では，顧問や相談役による現役の経営陣への過剰な介入が企
　業においても懸念されていることが示されている（経済産業省, 2018）．
5　こうした推論を直接的に支持するような経験的な証拠は管見の限りでは確認できていない．しか
　し，例えば高校・大学スポーツの指導者による暴力的な言動などのハラスメント事案は，勢力感
　を高めた個人が脱抑制（disinhibition）状態に陥ることを論じた既存研究（Hirsh et al., 2011）
　の主張とも整合的であるように思われる．

容が組織現象にいかなる影響を及ぼすか明らかにするためには，そもそもどのような状況に置かれた組織成員に勢力感の変化が生じるのかを明らかにしなければならない．多様な組織的要因と成員の勢力感との関係を究明していくことが今後の研究における課題の1つである．

5-5 おわりに：実践的含意と将来への研究展望

　本稿の冒頭に提示した問いに対し，それぞれに対応する3つの節で検討を加えてきた．ここで改めてその内容を概括しておきたい．第1に，人は自らが権力を持ち，他の主体に影響を及ぼすことができると感じたとき，その思考や行動において従前とは異なる傾向が現れる．大まかに言えば，他者を顧みず自己本位に振る舞うようになり，また深い思惟を働かせず短絡的な決断を下しやすくなるのである．第2に，権力を持つ者はそうした負の影響から逃れ得ないわけではない．権力に伴う責任や義務，当為へと意識を向けることが，上記のような傾向を抑制あるいは転換させることにつながる．第3に，権力者としての心理は巨大な権力の所有者だけではなく，些細な日常の権力を振るう者のもとにも芽生える．持てる権力の大きさよりも，いかに一方的に権力を振るえる立場にあるかが，そうした心理を生じさせるうえで決定的な役割を果たすのである．

　ここまでの議論から，組織の経営管理に携わる実務家および権力現象に関心を持つ研究者の双方に向けてインプリケーションを引き出すことができる．本節でこれを提示することを以て，本稿の結びとしたい．

5-5-1 実践的含意

　第5-2節で取り上げた諸研究からは，勢力感を高めた者が（少なくとも組織にとっては）望ましくない傾向を帯びることが指摘された．ここでまず留意しなければならないのは，第5-4節で検討したように，勢力感を高めやすいのは組織内外に公然たる影響力を持つ者たちに限らないという点である．むしろ，組織の周縁にこそ専制の火種が存在すると言えるだろう．他の部署との相互依存性が低く，また上層部からの直接的な監視に晒されないような部署においては，閉鎖的な対人関係のなかで支配－被支配の序列が固定化し

やすい．そうした空間で生じる問題は外部から認識することが困難であり，しばしば水面下で深刻さを増していく．勢力感が高まることが直ちにネガティブな帰結を組織にもたらすわけではないにせよ，辺境において支配的に振る舞う者が生じていないかを注視することは，組織管理上の重要な課題である．

　また，第5-3節で論じたように，自らの権力を恃む者の野放図な振る舞いを抑制するには公的権力観を組織全体へと根づかせることが必要である．もちろん，内面化された文化的規範あるいは個人的信念としての権力観へと介入することは容易ではない．しかし，人は自らの振る舞いによって他者がどのような影響を被るのか認識したとき，権力を振るう責任を感じ，当為に従うことを受け容れる．ゆえに，組織において何らかの判断や意思決定を下す立場の者には，その影響が及ぶ範囲や帰結を都度具体的に提示することが，彼（女）らの責任感（sense of responsibility）を喚起することにつながる（Tost, 2015）．この効果は，さらに，権力者とその影響下にある者が内集団として互いを同一視しているときに有効となる．したがって，権力を持つ上長を疎んじ，遠ざけるような部下たちの振る舞いは，かえってその横暴さを助長し得るという点にも留意しなければならない．

5-5-2　将来への研究展望

　勢力感をめぐる研究には，将来に向けて残された課題がいくつかある．まず，勢力感の主効果については，AI理論やAIA理論の詳細な検証が急務である．とりわけ，上記の二理論を分かつ勢力感の低下や拮抗のケースについての知見は重要なものと位置づけられる．権力が支配する者とされる者との上下関係によって成り立つ現象であることを考えれば，従来は研究上の関心が勢力感の上昇するケースに過度に偏っていたと言えるだろう．勢力感の変動を総合的に捉えた理論の精緻化に向けて，経験的知見を蓄積していくことが求められている．

　加えて，勢力感の調整要因に関する知見の蓄積も未だ十分とは言い難く，そうした要因の探究が進展することも期待される．権力の座に就いた者の振る舞いは，しばしばその人の器量や資質という言葉を用いて属人的な要素へ帰属されがちである．しかし本稿で取り上げた研究は，人々が抱く権力観が

多元的かつ流動的なものであること，ゆえにいかなる人も置かれた環境次第では圧制の独裁者にも善政の指導者にもなり得ることを支持している．こうした「状況の力（power of situation）」の存在を前提に権力の心理的影響を検討することは，権力者の振る舞いを（その人固有の要素へと素朴に紐づけるよりも）精緻に解明していくことにつながるだろう．特に，勢力感の効果を調整する組織的要因を明らかにすることは実践的にも大きな価値をもたらすと考えられる．

　最後に，組織における権力者の心理を明らかにするうえでは，どのような組織的要因が成員の勢力感を規定しているのかを明らかにする必要がある．社会心理学や組織行動論の分野では，勢力感の変動（特に上昇）がもたらす結果についてこれまでに多くの研究成果を蓄積してきた一方，そこで明らかにされた思考・行動上の傾向が組織のどのような局面で発現するかは直接的な検討対象とはしていなかった．他方で従来の組織研究においては，組織の権力構造について有力な説明を与えてきた反面，権力の座についた者の振る舞いについて関心を向けてこなかった．両者は極めて密接な距離にありながら，なおも研究上は分断された状態にある（Tost, 2015）．組織成員の勢力感を規定する先行要因の探索を進めることは，社会心理学の知見を組織研究へと有機的に統合することに寄与するだろう．

【参考文献】

Anderson, C., & Brion, S. (2014). Perspectives on power in organizations. *Annual Review of Organizational Psychology and Organizational Behavior, 1*, 67-97.

Anderson, C., & Galinsky, A. D. (2006). Power, optimism, and risk-taking. *European Journal of Social Psychology, 36*, 511-536.

Anderson, C., John, O. P., & Keltner, D. (2011). The personal sense of power. *Journal of Personality, 80* (2), 313-44.

Anicich, E. M., & Hirsh, J. B. (2017). The psychology of middle power: Vertical code-switching, role conflict, and behavioral inhibition. *Academy of Management Review, 42* (4), 659-682.

Aquino, K., Reed, A., Thau, S., & Freeman, D. (2007). A grotesque and dark beauty: How moral identity and mechanisms of moral disengagement influence cognitive and emotional reactions to war. *Journal of Experimental Social Psychology, 43* (3), 385-392.

Bendahan, S., Zehnder, C., Pralong, F. P., & Antonakis, J. (2015). Leader corruption depends on power and testosterone. *Leadership Quarterly, 26*, 101-122.

Blau. P. M. (1986). *Exchange and power in social life* (2nd ed.). Routledge.

Brehm, J. W. (1966). *A theory of psychological reactance.* Academic Press.

Crozier, M. (1964). *The bureaucratic phenomenon.* University of Chicago Press.

Dahl, R. A. (1957). The concept of power. *Behavioral Science, 2,* 201-215.

Decelles, K. A., DeRue, S. D., Margolis, J. D., & Ceranic, T. L. (2012). Does power corrupt or enable? When and why power facilitates self-interested behavior. *Journal of Applied Psychology, 97* (3), 681-689.

DeWit, F. R., Scheepers, D., Ellemers, N., Sassenberg, K., & Scholl, A. (2017). Whether powerholders construe their power as responsibility or opportunity influences their tendency to take advice from others. *Journal of Organizational Behavior, 38,* 923-949.

Evans, J. S. (2008). Dual-processing accounts of reasoning, judgment, and social cognition. *Annual Review of Psychology, 59,* 255-278.

Fast, N. J., Gruenfeld, D. H., Sivanathan, N., & Galinsky, A. D. (2009). Illusory control: A generative force behind power's far-reaching effects. *Psychological Science, 20* (4), 502-508.

Fischer, J., Fischer, P., Englich, B., Aydin, N., & Dieter, F. (2011). Empower my decisions: The effects of power gestures on confirmatory information processing. *Journal of Experimental Social Psychology, 47,* 1146-1154.

Fiske, S. T. (1993). Controlling other people: The impact of power on streotyping. *American Psychologist, 48,* 621-628.

Fiske, S. T., & Dépret, E. (1996). Control, interdependence and power: Understanding social cognition in its social context. *European Review of Social Psychology, 7* (1), 31-61.

Fleming, A., & Spicer, A. (2014). Power in management and organization science. *The Academy of Management Annals, 8* (1), 237-298.

French, J. R., & Raven, B. (1959). The bases of social power. In D. Cartwright, *Studies in social power.* The University of Michigan Press.

Galinsky, A. D., Gruenfeld, D. H., & Magee, J. C. (2003). From power to action. *Journal of Personality and Social Psychology, 85* (3), 453-466.

Galinsky, A. D., Magee, J. C., Gruenfeld, D. H., & Whitson, J. A. (2008). Power reduces the press of the situation: Implications for creativity, conformity, and dissonance. *Journal of Personality and Social Psychology, 95* (6), 1450-1466.

Galinsky, A. D., Magee, J. C., Inesi, E. M., & Gruenfeld, D. H. (2006). Power and perspectives not taken. *Psychological Science, 17* (12), 1068-1074.

Galinsky, A. D., Rucker, D. D., & Magee, J. C. (2015). Power: Past findings, present considerations, and future directions. In M. Mikulincer, P. R. Shaver, J. A. Simpson, & J. F. Dovidio, *APA handbook of personality and social psychology, Vol. 3: Interpersonal relations* (pp. 421-460). American Psychological Association.

Goodwin, S. A., Gubin, A., Fiske, S. T., & Yzerbyt, V. Y. (2000). Power can bias impression processes: Stereotyping subordinates by default and by design. *Group Processes & Intergroup Relations, 3* (3), 227-256.

Gray, J. A. (1982). *The neuropsychology of anxiety.* Oxford University Press.

Gray, J. A., & McNaughton, N. (2000). *The neuropsychology of anxiety* (2nd ed.). Oxford University Press.

Guinote, A. (2007). Behavior variability and the situated focus theory of power. *European Review of Social Psychology, 18*, 256-295.

Gwinn, J. D., Judd, C. M., & Park, B. (2013). Less power = less human? Effects of power differentials on dehumanization. *Journal of Experimental Social Psychology, 49* (3), 464-470.

Haslam, N. (2006). Dehumanization: An integrative review. *Personality and Social Psychology Review, 10* (3), 252-264.

Hickson, D. J., Hinings, C. R., Lee, C. A., Schneck, R. E., & Pennings, J. M. (1971). A strategic contingencies' theory of intraorganizational power. *Administrative Science Quarterly, 16* (2), 216-229.

Hirsh, J. B., Galinsky, A. D., & Zhong, C. (2011). Drunk, powerful, and in the dark: How general processes of disinhibition produce both prosocial and antisocial behavior. *Perspectives on Psychological Science, 6* (5), 415-427.

Hofstede, G., Neuijen, B., Ohayv, D. D., & Sanders, G. (1990). Measuring organizational cultures: A qualitative and quantitative study across 20 cases. *Administrative Science Quarterly, 35* (2), 286-316.

Hu, M., Rucker, D. D., & Galinsky, A. D. (2016). From the immoral to the incorruptible: How prescriptive expectations turn the powerful into paragons of virtue. *Personality and Social Psychology Bulletin, 42* (6), 826-837.

Kahneman, D. (2011). *Thinking, fast and slow.* Farrar, Straus, and Giroux (村井章子訳『ファスト＆スロー：あなたの意思はどのように決まるか？［上・下］』早川書房, 2012).

Kaplan, A. (1964). Power in perspective. In R. L. Kahn & E. Boulding, *Power and conflict in organizations.* Basic Books.

経済産業省 (2018).「コーポレート・ガバナンス・システムに関する実務指針」.

Keltner, D., Gruenfeld, D. H., & Anderson, C. (2003). Power, approach, and inhibition. *Psychological Review, 110* (2), 265-284.

Kipnis, D. (1972). Does power corrupts? *Journal of Personality and Social Psychology, 24* (1), 33-41.

Kipnis, D. (1976). *The powerholders.* The University of Chicago Press.

Kopelman, S. (2009). The effect of culture and power on cooperation in common dilemmas: Implications for global resource management. *Organizational Behavior and Human Desicion Processes, 108*, 153-163.

Lammers, J. & Stapel, D. A. (2011) Power increases dehumanization. *Group Processes & Intergroup Relations, 14* (1), 113-126.

Lammers, J., Stapel, D. A., & Galinsky, A. D. (2010). Power increases hypocrisy: Moralizing in reasoning, immorality in behavior. *Psychological Science, 21* (5), 737-744.

Lewellyn, K. B., & Muller-Kahle, M. I. (2012). CEO power and risk taking: Evidence from the subprime lending industry. *Corporate Governance: An International Review, 20* (3), 289-307.

McNaughton, N., & Corr, P. J. (2004). A two-dimensional neuropsychology of defense: Fear/anxiety and defensive distance. *Neuroscience & Biobehavioral Reviews, 28* (3), 285-305.

Mintzberg, H. (1973). *The nature of managerial work.* Harper Collins Publishers.

Mourali, M., & Yang, Z. (2013). The dual role of power in resisting social influence.

Journal of Consumer Research, 40, 539-554.

Overbeck, J. R., & Park, B. (2001). When power does not corrupt: Superior individuation processes among powerful perceivers. *Journal of Personality and Social Psychology, 81* (4), 549-565.

Overbeck, J. R., & Park , B. (2006). Powerful perceivers, powerless objects: Flexibility of powerholders' social attention. *Organizational Behavior and Human Decision Processes, 99*, 227-243.

Pfeffer, J. (1981). *Power in organizations.* Pittman.

Pfeffer, J. (1994). *Competitive advantage through people* . Harvard Business School Press.

Pfeffer, J., & Salancik, G. R. (2003). *The external control of organizations: A resource dependence perspective* (classic edition). Stanford University Press.

Pham, M. T., & Avnet, T. (2009). Contingent reliance on the affect heuristic as a function of regulatory focus. *Organizational Behavior and Human Decision Processes, 108* (2), 267-278.

Raven, B. H. (1965). Social influence and power. In I. D. Steiner & M. Fishbein, *Current studies in social psychology* (pp.371-382). Holt, Rinehart & Winston.

佐々木秀綱 (2017).「権力と責任の心理学：社会的勢力感に関する知見の組織論的意義について」『一橋商学論叢』*12* (1), 28-39.

Scholl, A., Sassenberg, K., Ellemers, N., Scheepers, D., & de Wit, F. (2018). Highly identified powerholders feel responsible: The interplay between social identification & social power within groups. *British Journal of Social Psychology, 57*, 112-129.

Scholl, A., Sassenberg, K., Scheepers, D., Ellmers, N., & de Wit, F. (2017). A matter of focus: Power-holders feel more responsible after adopting a cognitive other-focus, rather than a self-focus. *British Journal of Social Psychology, 56*, 89-102.

Shaver, K. G. (1985). *The attribution of blame: Causality, responsibility, and blameworthiness.* Springer-Verlag.

Sturm, R. E., & Antonakis, J. (2015). Interpersonal power: A review, critique, and research agenda. *Journal of Management, 41* (1), 136-163.

Torelli, C. J., & Shavitt, S. (2010). Culture and concepts of power. *Journal of Personality and Social Psychology, 99* (4), 703-723.

Torelli, C. J., & Shavitt, S. (2011). The impact of power on information processing depends on cultural orientation. *Journal of Experimental Social Psychology, 47* (5), 959-967.

Tost, L. P. (2015). When, why, and how do powerholders "feel the power"? Examining the links between structural and psychological power and reviving the connection between power and responsibility. *Research in Organizational Behavior, 35*, 29-56.

Tost, L. P., Gino, F., & Larrick, R. P. (2012). Power, competitiveness, and advice taking: Why the powerful don't listen. *Organizational Behavior and Human Decision Processes, 117* (1), 53-65.

Uziel, L., & Hefets, U. (2014). The selfish side of self-control. *European Journal of Personality, 28*, 449-458.

van Kleef, G. A., Oveis, C., van der Löwe, I., LuoKogan, A., Goetz, J., & Keltner, D. (2008). Power, distress, and compassion: Turning a blind eye to the suffering of others. *Psychological Science, 19*, 1315-1322.

Wang, F., & Sun, X. (2016). Absolute power leads to absolute corruption? Impact of power on corruption depending on the concepts of power one holds. *European Journal of Social Psychology, 46*, 77–89.

Weick, M., & Guinote, A. (2008). When subjective experiences matter: Power increases reliance on the ease of retrieval. *Journal of Personality and Social Psychology, 94* (6), 956–970.

組織論における権力研究の可能性

山倉 健嗣

1. はじめに

　権力は社会科学の基本的な概念であるが，権力は腐敗する，権力亡者，権力欲という言葉があるようにダーティワードでもある．しかし権力は社会の秩序および変動を明らかにするためには重要な概念の1つといえるであろう．組織の秩序や変動を解明する組織論にとっても，権力は重要な概念であることはいうまでもない．本稿では組織論における権力研究の現状について展望したうえで，佐々木論文の位置づけおよび意義を明らかにし，佐々木論文についての評価を試みる．

2. 組織論における権力研究の現在

　組織論において権力はどのように取り扱われてきたか．組織論における権力研究はウエーバーの研究から開始され，1963年のクロジェの研究をへて，70年代はコンティンジェンシー理論や資源依存理論と結びつき本格的研究が行われ，80年代初頭にフェファー，ミンツバーグによる権力に関する体系的著作が刊行され，権力研究は組織論において市民権を獲得した．フェファーは権力とは何か，権力の行使される状況，権力を行使する技術，権力が変化しにくい理由，権力の変革について論じている．ミンツバーグは組織内外の権力の源泉，権力の所在，権力の観点からの組織の形態および組織の発展，組織の権力のコントロールを明らかにしている．またクレッグは批判的な視点から権力の分析を行っている．

　2010年代に組織における権力に関する3つのレビュー論文が刊行された．ガリンスキー等（Galinsky et al., 2015）は勢力感に注目し，「操作要因－勢力感－帰結」という枠組みにより既存の研究を整理している．アンダーソン等（Anderson & Brion, 2014）は組織における権力の獲得・維持・喪失に関する研究を，権力の先行要因と権力との関係，両者を介在するモデレーターについてまとめている．また組織における権力の概念について，ルークス，

フーコーの研究を踏まえ，組織において発現する場面と関連付けてレビューしたのがフレミングとスパイサー（Fleming & Spicer, 2014）である．『組織科学』第45巻第3号（2012年）の特集「組織をめぐるパワー」において，3つの論文が掲載されている．編者は，今後の展開方向として権力の主観的側面・行動レベルやミクロレベルの必要性を指摘している．

　組織において何が権力であり，権力がどのように作動するのかについての研究は蓄積されてきた．フェファーは権力を持つ者の行動とマネジメントを，ミンツバーグは権力の牽制の観点から社会の再編を論じている．また権力をどうとらえるのかについては，ルークスの権力の3次元モデル（第1次元的権力論：争点をめぐって決定が行われたときに行使，第2次元的権力観：決定をめぐる争点が表面化しないようにする，第3次元的権力観：社会的な勢力や制度上の操作を通じて潜在的な争点を政治から排除する）は組織論に多大な影響を与えている．

3. 佐々木論文の位置づけと貢献

　佐々木は組織における権力の所在，構造ではなく，権力を保有する者（powerholder），特に権力を持つ者の心理に注目して，組織における権力研究を展望している．権力者の社会心理学研究といえる．そして，権力を実感する，知覚する状態である勢力感（sense of power）に焦点を当て，権力を実感する条件にフォーカスしている．「人の思考や行動を決めるのは権力を実際に持っているかどうかではなく，自分が権力があるということを実感しているかどうかである」という前提に基づいて議論を展開している．意識に権力が刷り込まれると声まで変わるのであり，権力が人を変えるという面に着目する．権力は価値あるものであるとともに不安定であるものとしている．

　佐々木は組織における権力を持つ者と権力に従う者との関係，組織における個人間関係を主たる研究対象としてレビューを行っている．その意味で，関係としての権力，2者間の見える権力，権力の直接的行使に注目している．制度的構造の中の権力（systemic power）は主たる課題とはしていない．権力とは何か，組織における権力はどう機能しているのかに関する理論的・実証的研究を行っており，権力はどうあるべきかという規範的研究ではな

い.

　研究対象は組織におけるトップのみに限定されず，ミドル，ロワーも含まれることになる．組織における権力の偏在性を前提としている．組織における上司が部下に指示をする下方的関係だけでなく，部下が上司に働きかける上方的関係も含むことになる．組織における権力（power in organizations）であり，組織の権力（power of organization）や組織間権力（interorganizational power）に関する研究は取り上げられていない.

　しかも争点化した場面での権力（争点化しない権力ではなく），対立のある状況における権力を想定している．権力は主体の意図的な行為，他者に対し自らの意思を貫く力であり，組織において，だれの利害が通るのか，権力が作動するメカニズムを問うことになる.

　佐々木は「先行要因−勢力感（権力の知覚）−効果」という枠組みに基づき，レビューを行っている．勢力感に焦点を当て，勢力感に影響を与える要因，勢力感の効果について今までの研究を総括している．近年の文献レビューでは多く見られるレビューの仕方であり，ガリンスキーの論文に近いレビューといえる．組織を前提とした権力，勢力感に焦点を当てたレビューである点も重要である.

　佐々木は3つの問いを提示する．第1の問いは権力を持った者はどのように行動・思考するのか，権力を知覚することが個人の行動および意思決定にいかなる影響をもたらすのかである.

　第2の問いは権力は腐敗するのかどうかである．どのような条件で権力は負の結果をもたらすのかである．権力の知覚と結果に介在する調整要因はなにかを問うことである.

　第3の問いは権力を持つこと，知覚することに影響を与える要因であり，権力の知覚に影響を与える組織コンテクストは何かを問うている.

　第1の問いについては権力を実感することが自己中心的行動および短絡的思考をもたらすことについての実証的研究をとりあげている．勢力感と行動・思考をつなげる心的プロセスを説明する論理として接近・抑制理論，接近・抑制・回避理論を提示している.

　第2の問いでは勢力感と行動・思考の調整要因として，権力観が利己的行動を重視するのか，利他的・集団的行動を重視するのかなどを取り上げてい

る.

　第3の問いについては組織的コンテクストと勢力感の関係を検討している. 今までの研究で前提としてきた, 権力を持つことは権力を実感することである（権力が大きいことは勢力感が高いこと）ということを問い直す. 勢力感を規定するのは組織の階層ではなく, 権力を保有する者と権力に服従する者との一方的な関係がある場合であり, 権力者が自由度・裁量を持つ場合である. 些細な権力を日常的に行使できる者が権力観を持ちやすいとする. 第3の問いを通じて, 権力に関する社会学・政治学と心理学の接合, 権力のマクロ研究とミクロ研究の接合を図る点という挑戦的な試みを行っている.

4. 佐々木論文の批判的考察

　佐々木の問いについて批判的検討をする. まず独自の見解を展開している第3の問いについて考察する. 権力を持つことと権力を知覚することの関係・関連について, 考えることにする. 権力を持つ者が権力を感じる程度（勢力感の高低）に直接に関連しているという, 従来の見解に対し, 佐々木は権力をもつことが必ずしも勢力感を高めることに結び付くとは言えないとする. たしかに階層上のポジションのみによっては勢力感の高低が決まるわけではない. 勢力感に影響を与える要因として, 主体が置かれている位置に注目することも重要であり, ネットワーク論の成果を活用し, 中心性, 構造的空隙, 弱い紐帯にフォーカスを与えることが必要である. 権力の保有（構造的権力）と勢力感（心理的権力）との関係に介在する正当性, 相互依存性, 信頼を考慮しなければならない. こうした文脈に置くことにより, 組織において勢力感を高めるのは些細なことであっても, 一方的な権力を持つ者であるという主張もより説得的になる. 確かにトップが必ずしも勢力感が高いとはいえず, トップの置かれている組織内外状況の分析こそ必要である. 権力関係においては2者関係のみに注目するだけではとらえられない.

　権力を知覚することの効果については, 権力を保有する者は自己中心的行動をとり短絡的意思決定をとりがちであるとしている. 権力の乱用を避けるためには調整要因に注目する必要がある. 権力の知覚と効果を調整する要因として, 権力者の抱える権力観だけではなく, 性別, 組織の評価体制・監視体制, 第三者の目などに注目することが重要である. また権力の座についた

者のふるまい・言動・バイアスとともに，権力を行使する技術にも配慮しなければならない．権力の知覚と効果を説明する理論として，接近－抑制理論，接近・抑制・回避理論だけでなく，権力を持つ者は他者との孤絶を持ちやすいとする社会的ディスタンス理論なども検討する必要がある．また佐々木が主として取り上げている，権力のネガティブな側面とともに，権力のポジティブな側面（キャリア・給与，ジョブコントロールなど）も考慮しなければならない．

　組織における権力問題として，何が重要か，何を重要な問題とするのかを問い，あらゆる階層レベルでも通用する理論の構築が必要である．外からの自由度がありながら，対内的な影響力を有する条件について考察することである．権力を持つ者の立場からの研究だけでなく，権力をもっていない，従わざるを得ない者からの研究も必要である．

　組織における権力の生成・維持・変革，権力と組織変革とのつながり，権力の牽制をより明らかにするためには，従来の構造的研究と佐々木が焦点を当てた勢力感，権力者の心理との接合を図ることが重要な課題となる．今回の論文を踏まえ，佐々木の従来からの実験的研究を結び付ける研究成果，佐々木の権力論の構築を期待したい．

【参考文献】（佐々木論文に書誌情報のあるものを除く）

Anderson, C., & Brion, S. (2014). Perspectives on power in organizations. *Annual Review of Organizational Psychology and Organizational Behaviour, 1,* 67-97.

Clegg, S., Courpasson, D., & Phllips, N. (2006). *Power and organizations.* Sage.

Lukes, S. (2021). *Power: A radical view* (3rd ed.). Palgrave.

Mintzberg, H. (1983). *Power in and around organizations.* Prentice-Hall.

Mintzberg, H. (2015). *Rebalancing society.* Berrett-Koehler Publishers（池村千秋訳『私たちはどこまで資本主義に従うのか』ダイヤモンド社，2015）．

Pfeffer, J. (2010). *Power: Why some people have it -and others don't*（村井章子訳『「権力」を握る人の法則』日本経済新聞出版，2014）．

山倉健嗣（2007）．『新しい戦略マネジメント：戦略・組織・組織間関係』同文舘出版．

6 逸脱と革新

イノベーション過程における逸脱行動の存立と行方

高田 直樹

6-1 はじめに

　イノベーションの過程は，個人が機会や不満を認識し，何らかの着想に至ることで始まる．ただし，着想の瞬間を事前に予測することはできない．だからこそ，組織は従業員に一定の自由度を与えることでアイデアの探索や追究の機会を増やし，イノベーションへ結びつけようとしてきた（Gambardella et al., 2020; Garud et al., 2011）．

　ところが，革新的なアイデアは技術や市場に関して不確実性が高く，組織内のパワー構造を揺るがす恐れもあるため，管理者によって選好されにくい（Dougherty & Hardy, 1996）．この傾向は大企業に顕著であり，そこには予期せぬイノベーションがボトムアップ的に生じる余地はほぼ残されていないと考えられてきた（Kannan-Narasimhan, 2014）．

　それでは，こうした状況下でいかにしてイノベーションは生じるのだろうか．製品チャンピオンやイノベーションの正当化（以下，「正当化」）の研究は，イノベーションの取り組みを守る従業員や管理者に焦点を当てて，資源配分の正当性や，そのための支持者を獲得することの重要性を見出してきた（Day, 1994; 武石ほか，2012）．正当化を通じて潜在的な資源提供者からの支持を取り付けることは，公式の資源配分を得ることを目的としているという意味で「正道」と言える．

　これに対して本稿が注目するのは「邪道」，すなわち組織や管理者から隠れたり，その指示に背いたりすることを通じて行われる非公式の活動であ

る. 密造（bootlegging）や創造的逸脱（creative deviance）と表されるこの種の活動は，公式の資源配分によらない，組織の規則や規範への違反を伴う活動とされる[1]. このテーマは，従来は「闇研究」や「アングラ研究」というラベルのもと逸話として語られるに留まっていたものの，近年は主要誌でも関連研究が散見される程度には研究が進んできた. そこで本稿は，議論の足跡を追いながら研究の概況を紹介し，その意義や限界を指摘することによって，本テーマへの門戸を広げることをねらいとする.

6-2　イノベーション過程における逸脱行動：密造と創造的逸脱

発明やイノベーションを題材とする文献では，必ずしも組織や管理者の意向に沿わない活動の存在や役割についての指摘が散見される. 本節では，そうした記述を前史として整理するとともに，密造と創造的逸脱という2つの概念を紹介する. あわせて，これらを「イノベーション過程における逸脱行動」と整理した上で，それがイノベーション過程において果たす役割について，イノベーションの正当化との関係に基づきながら議論する.

6-2-1　前史：設計された自由としての「許可された密造」

アイデアに対する公式の資源配分を以てプロジェクトが開始されるという流れを一般的なイノベーションの管理過程と想定し，そうした資源配分を伴わないプロジェクトの存在や重要性を指摘する研究は古くから存在する. Schon（1963）は，米海軍施設における空対空ミサイルの開発において，アイデアの価値を上層部に示せるようになるまでの期間，担当局からの公式の資金提供に基づかずに開発が水面下で遂行されたとしている. 類似の発想として，Knight（1967）は，評価や監視を避けるために活動の実態を隠すことによって，未成熟なアイデアを企業内で保護することが可能だと主張した. Aram（1973）は，イノベーションの取り組みを短期的な収益圧力から隔離する上で，「研究開発部門の地下世界（R&D underground）」の役割を

1　組織の規則や規範への違反に関しては，職場における逸脱（workplace deviance）の研究蓄積がある. この領域のレビューについては Griffin & Lopez（2005）を参照されたし. 紙幅の都合により，本稿では職場における逸脱研究を部分的に参照する程度に留めている.

強調している. これらはいずれも, 非公式的なイノベーション活動の重要性を示唆するものである.

非公式的な活動の支持を, イノベーションの管理方針として積極的に評価する研究も存在する. 例えば, Burgelman & Sayles (1986) は, 探索的研究の段階では沢山の非公式的研究が管理者に容認されているという発見事実から, そうした容認が企業に探索機会を提供すると主張している. 非公式的活動の容認は, アイデアの提案に際して従業員が直面するジレンマ——アイデアの価値を立証できなければ資源が配分されない一方で, 立証のための資源を保持していないというジレンマ——を低減する機能を持つ. 換言すると, 非公式的活動の容認は, 従業員がアイデアを精緻化するまでのバッファとして機能することによって, 組織における多様なアイデアの追究を可能にする手段として想定されてきたのである[2].

非公式的活動の容認は, 従業員が自由な探索に取り組めるように, 組織が事前に自由度を設計することと見なせる. こうした施策は「許可された密造 (permitted bootlegging)」と呼称され, 企業の探索機会を確保するものとして考えられてきた (Augsdorfer, 2008).

6-2-2 密造 (bootlegging)

一方で, 組織によって事前に設計された自由度の範疇を超えて, 組織内の規則や手続きから逸脱した活動の存在も報告されていた. 例えば, Whittington (2001) は, ワールド・ワイド・ウェブの開発において, 開発者が資源を詐取しながら秘密裏に開発を続行した事例を紹介している. その他にも, 東芝のラップトップ・コンピュータ (Abetti, 1997) やヒューレット・パッカードの大型静電ディスプレイ (Nemeth, 1997) の事例をはじめ, 複数の研究がそうした非正当な活動の存在を指摘していた. こうした現象に対して, 既存研究は大きく2つの構成概念を提唱してきた.

その1つめが, Augsdorfer (1996) が提唱した「密造 (bootlegging)」で

---

2 同様のロジックを展開する研究も複数存在する. 例えば, 加護野ほか (1983) は, 容認された非公式的活動を「アンダー・ザ・テーブル」と呼称しながら, 同様の議論を展開している. 金井 (1984) は「ヤミ研究」という用語を用いて, それが「柔軟な方向探索, (他者には現時点では理解されにくいが自分にとっては) 有望と思われるテーマへの執拗な長期的とりくみ, のいずれの面にも適している」(p. 278) と整理している.

ある[3]. 彼は「動機づけられた個人が秘密裏にイノベーション過程を組織化して行う研究」(p. 19) を密造と定義した. また彼は密造の特徴として, 部署のアクション・プランにない活動であり, 管理者による公式の許可を伴わないため, 公式の資源も配分されないことを挙げた. ただし, 密造は企業の利益のために行われる活動であり, 利己的な活動とは異なる.

Augsdorfer (1996) は, 在欧企業 57 社 150 人以上への聞き取りによって密造の実態を調査し, 対象企業の約 8 割で密造の実態があったことや, 密造者の割合は平均 10 ％であったとしている. また, 密造は高頻度で行われるものの, それに投じられる資源量は少なく, その目的は主として文献調査といった準備的な活動や, 既存製品の改良であったと報告している. 後年の論文で, この事実は経路依存性と関連づけられている (Augsdorfer, 2005).

加えて, 文献レビューや調査を通じて, 彼は密造にいくつかのサブカテゴリが存在することを発見している. 具体的に彼は, (1) 真の密造, (2) 共謀的密造, (3) 徹底的密造という分類を提示した. 真の密造とは, 上司に知られることなく (時には同僚と) 遂行される活動である. 共謀的密造とは, 管理者によって非公式的に認められている活動である. ただしこれは, 単に非公式の活動を容認することではなく, 自らの裁量を超えているにもかかわらず従業員の密造を受容することによって, 管理者も密造に与するような状況を指す. 徹底的密造とは, 管理者による中止命令があるにもかかわらず行われる密造である.

6-2-3 創造的逸脱 (creative deviance)

　非正当なイノベーション活動に関するもう 1 つの概念は, Mainemelis (2010) による「創造的逸脱 (creative deviance)」である. 彼は創造的逸脱を「管理者の指示に背き, 新しいアイデアを正当でない形で追究すること」(p. 560) と定義し, 逸脱行動研究と創造性研究を架橋するものとしてそれを位置づけた. その上で, 創造的逸脱がなぜ生じ, 組織による管理がそれに

3　密造という用語は, 禁酒法下における「密造酒づくり」が原義である. Augsdorfer (1996) によれば, イノベーションや研究開発に関する文献でも密造という用語はしばしば用いられてきた (e.g. Burgelman & Sayles, 1986; Kanter, 1983) ものの, その詳細は探求されてこなかった. この意味において, Augsdorfer (1996) は, 曖昧に用いられてきた用語を, 密造という明確な概念として定義しなおしたものとして位置づけられる.

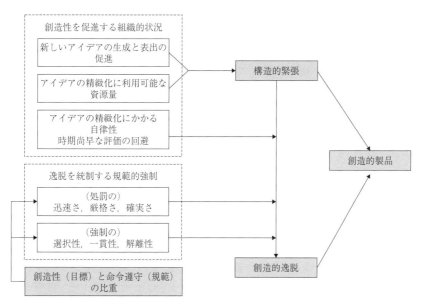

図1　創造的逸脱のフレームワーク

出所：Mainemiles（2010）p. 563

どのような影響を与え，創造的逸脱が組織にどのような成果をもたらすの
か，という諸要素から成るフレームワークを提示した（図1）.

　Mainemelis（2010）は，緊張理論（Merton, 1968）における構造的緊張を
創造的逸脱の先行要因としている．新しいアイデアの生成や表出を促進する
ための諸施策が実行されるにもかかわらず，生成されたアイデア全てに資源
を配分できない状況が構造的緊張であり，その度合いとともに，創造的逸脱
の発生頻度は高くなる．組織が新しいアイデアを強く望むにもかかわらず，
その精緻化のために資源を配分できないとき，従業員は創造的逸脱に与する
というのである．ただし，構造的緊張と創造的逸脱の関係は，従業員と管理
者の要因によって調整される．例えば，管理者が創造的逸脱に対して迅速
で，厳格で，確実な制裁を与えるほど，両者の関係は弱くなる．

　個別の創造的逸脱は，画期的な発明に帰着することもあれば，資源の無駄
遣いに終わることもあるとされている．しかし，仮に個別の取り組みが失敗
に終わったとしても，創造的逸脱は，組織のアイデア量を増加させることを

通じて，組織レベルの成果を高める．アイデアの質は量に依存するという構図にならえば，アイデアのストックが増大するのに応じて，革新的なアイデアの出現可能性も高まる（cf. Diehl & Stroebe, 1987）からである．以上の論理に基づいて，Mainemelis（2010）は創造的逸脱が「創造的製品を生み出す二次的で非正当的なチャネル」（p. 572）として機能すると結論づけている．

6-2-4　密造と創造的逸脱：イノベーション過程における逸脱行動

　密造と創造的逸脱は別個の概念として提唱されてきたものの，両者が設定している問題状況はほぼ同一である．それは，組織は従業員によるアイデアの生成を促進するために一定程度の自由を与えるものの，いざアイデアを精緻化しようとすると，アイデアの重要性や実現可能性を示して公式の資源配分を受けねばならず，しかも従業員にはそれを行うための資源がないという手詰まり状態である．そこで従業員は，事前に組織的に設計された自由度の範疇を超えて，自らが有望視するアイデアに取り組める状況を作ろうとする．

　成果に関する含意も共通している．Augsdorfer（1996）は，密造がコスト効率の良い試行錯誤の機会として機能すると主張している．公式の資源配分を行わずとも，密造の成果から有望なアイデアを選ぶことで，不確実性の高いプロジェクトに予算を付けずに済むというのである（Augsdorfer, 2005）．多少の無駄を許容してでも，密造の成果から有望なものを選べば良いという発想は，Mainemelis（2010）がアイデア量を増やす手段として創造的逸脱を捉えているのと同様である．

　概念の定義について見ても，創造的逸脱は，Augsdorfer（1996）が密造の下位分類として提唱した「徹底的密造」と同等のものと見なせる．しかし，Mainemelis（2010）は創造的逸脱の議論において密造研究を参照していない．その理由として，彼の主たる関心が，創造性の文脈に建設的逸脱という概念を応用することで，創造性と逸脱行動という2つの理論的潮流を架橋することにあったことが考えられる[4]．その結果，類似の概念が整理され

---

[4]　建設的逸脱とは，職場における逸脱の研究で用いられる概念であり，組織や同僚に利益をもたらすために行われる逸脱行動を意味する（Warren, 2003; Vadera et al., 2013）．

ぬまま並立する状態に陥っていた時期もある.

　特に混乱を招いていたと思われるのが,（1）両概念が想定する現象の射程
と,（2）密造を逸脱行動として見なすか否かという2点である. 前者につい
ては, 現時点で次のように整理されている. どちらも従業員が非公式かつ非
正当な形でアイデアに取り組むことを指すものの, 創造的逸脱は, 明確に管
理者によって却下されたアイデアに従業員が取り組むケースのみを対象とし
た概念である. これに対して密造は相対的に広く定義されており, 明確に却
下された場合も含みつつ, まだ管理者に承認されていないアイデアに取り組
む場合も射程に含めている. この意味で, 創造的逸脱は密造の一類型として
見なせる, というのが近年の研究における整理である（e.g. Lin et al., 2016;
Shukla & Kark, 2020）.

　後者について, Mainemelis（2010）は創造的逸脱を逸脱行動の一種と見
なしていた. 管理者の指示に従うことは組織における主要な規範であるか
ら, 組織への貢献を目的としていたとしても, 管理者の指示に背くことは逸
脱行動として見なせるというわけである. 一方で, 密造についてはそうした
議論が存在しなかったために, 密造と創造的逸脱の境界が曖昧になっていた
と考えられる. この点について, 近年の密造研究は, 密造もまた組織の規範
や規則への違反という要素を含むとしている（e.g. Eicher, 2020; Sakhdari &
Bidakhavidi, 2016）. 例えば, Eicher（2020）は, 資源の詐取や不適切な流
用を伴うものであるという意味で密造も逸脱行動と見なせるとして, 組織の
規範や規則への違反という点を, 密造とそれ以外を分かつ基準として採用す
ることを提案している.

　以上のように, 密造と創造的逸脱は, 想定している現象の射程に差異はあ
れど, いずれも組織の規則や規範に対する違反行動, すなわち逸脱行動と見
なすことができる. そこで以下では, 議論を単純化するために, 両者を統合
して「イノベーション過程における逸脱行動」（単純化して「逸脱行動」と
記載する場合がある）と呼称する.

6-2-5　逸脱行動と正当化

　承認されないアイデアを追究する手段として, これまでの研究は正当化の
重要性を明らかにしてきた（Day, 1994; 武石ほか, 2012）. これに対して逸

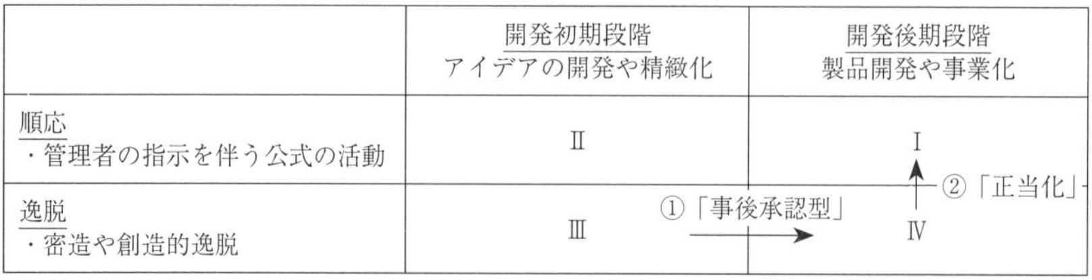

	開発初期段階 アイデアの開発や精緻化	開発後期段階 製品開発や事業化
順応 ・管理者の指示を伴う公式の活動	II	I
逸脱 ・密造や創造的逸脱	III	IV

①「事後承認型」　→

②「正当化」　↑

図2　イノベーションにおける逸脱行動の模式的整理

脱行動は，正当化を補完する手段として見なせるかもしれない．以下では，順応－逸脱と開発段階（初期，後期）の二軸によって，正当化と逸脱行動の関係を整理したい（図2）.

　イノベーション過程における逸脱行動は，アイデアの生成や精緻化という段階で生じる現象とされてきた．その主眼は，非正当的な手段に打って出ることでアイデアの価値を示しやすくすることにある（Criscuolo et al., 2014）．公式の管理構造から身を隠して未成熟なアイデアを精緻化させたり，その実現可能性をあらかじめ検証したりすることは，公式の資源配分を獲得する可能性を高めうる．事後承認型とも呼べるこうした活動は図2の矢印①として表現できる．

　一方で，正当化に関する議論は，相対的に大規模な資源動員が必要となる製品開発や事業化段階に注目しており，周知や説得をはじめとする多様な活動によって資源動員の正当性を獲得することの重要性を強調する．そうした活動自体が逸脱的だと評されることもあるが（e.g. Shane, 1994），正当化という活動は，事前に正当性を獲得することによって，公式の資源配分の獲得可能性を高めるという色合いが強いものと思われる．必ずしも逸脱状況から開始される訳ではないと考えられるものの，正当化は矢印②として表せよう．

　以上のように，イノベーション過程における逸脱行動と正当化は，いずれも公式の資源配分の獲得可能性を高める方法であり，両者の間には補完性を見出せる．逸脱行動に与することによってアイデアの精緻化が進んだとしても，多様な主体の関与や資源配分を得るために正当化は必要となる（Eicher, 2020）．逆に，逸脱行動を通じてアイデアの精緻化が進むことで，正当化の成功可能性が高まるという相互関係を想定できるのである．

6-3 これまでの発見事実：測定・先行要因・成果

　ここからは，近年の実証研究をもとに，イノベーション過程における逸脱行動の測定，先行要因，および成果について既存の知見を概観する．その上で，研究蓄積の障害となっている研究実践上の困難について議論する．

6-3-1 測定

　密造や創造的逸脱に関する研究の大半は質問票調査に依拠している．このうち主要査読誌に掲載された研究は，表1に示した質問項目によって逸脱行動を測定してきた．

　立脚している概念が違うためか，各研究で強調点は異なる．Criscuolo et al.（2014）は非公式的な活動に取り組む度合いに注目している一方，Globocnik & Salomo（2015）は無視や違反という側面を強調している．Lin et al.（2016）が測定しているのは，上司に棄却されたアイデアに従業員が固執

表1　密造と創造的逸脱の質問項目

密造（bootlegging）
　Criscuolo, Salter, & Ter Wal（2014）, *Organization Science.*
　　1. 公式の計画をゆっくりと進め，潜在的な事業機会を探掘する柔軟性を有している
　　2. 割り振られたプロジェクト以外の仕事に取り組むことはできない（逆転）
　　3. 新しい領域の学習につながるようなペット・プロジェクトを複数行っている
　　4. 将来の公式プロジェクトに向けて，非公式プロジェクトに従事する時間を積極的に取る
　　※7点尺度．
　Globocnik & Salomo（2015）, *Jounal of Product Innovation Management.*
　　1. ここ1年で，組織による公式の承認がない状態で手掛け始めたイノベーションの数
　　2. ここ1年で，アイデアを追究するために公式のチャネルを無視した回数
　　3. アイデアの開発活動に自らの資源を持ち出した回数
　　※ Hornsby et al.（1999）に基づく．

創造的逸脱（creative deviance）
　Lin, Mainemelis, & Kark（2016）, *The Leadership Quarterly.*
　　1. 上司の承認が得られなかったにもかかわらず，新しいアイデアの改良を続けた
　　2. 仕事の間，却下されたアイデアを改良することについてよく考えている
　　3. 開発を止めるよう上司に頼まれたが，そのアイデアに未だに取り組んでいる
　　4. 上司に承認されたアイデアに取り組むかたわら，却下されたアイデアの改良に力を注いだ
　　5. 上司によって却下されたアイデアの開発に就業時間の一部を用いた
　　6. 今に至るまで，却下されたアイデアのいくつかを諦めきれていない
　　7. 却下されたいくつかのアイデアを就業時間内に改良した
　　8. アイデアを上司に止められたものの，そのアイデアの改良版に取り組んでいる
　　9. 就業時間の一部を用いて，却下されたアイデアに取り組み続けている
　　※7点尺度．オリジナル版は，Lin & Chen（2012）および Lin, Wong, & Fu（2012）による．

する程度である．このような違いが生じる理由として，密造や創造的逸脱という概念の違いだけでなく，研究方法による影響を指摘できる．

　Criscuolo et al.（2014）と Lin et al.（2016）は，特定の企業をサンプルに取り上げて，対象企業で逸脱行動に該当する従業員行動を質的に調査し，その上で質問票を設計している．密造や創造的逸脱という概念は萌芽的であり，その定義だけを示しても回答者によって想起する現象が大きく異なるというのが理由である．一方で，Globocnik & Salomo（2015）はランダムサンプリングによって選定した在墺企業200社を対象として質問票調査を実施している．そこでは，回答者による解釈の差異が少ないという想定のもと，数や回数といった観測変数として逸脱行動が測定されている．

6-3-2　先行要因

　先行要因として検討されてきたものは，組織的条件と個人属性の2つに大別できる．現時点では多様な影響について検討が進んでいるわけではなく，Mainemelis（2010）が提唱してきた基本命題を実証的に検証する段階にある．

（1）　組織的条件

　組織的条件としては従業員の自律性が注目されてきた．Mainemelis（2010）は，従業員の自律性が高くなるほど創造的逸脱の頻度が高まると主張したが，これは一見すると不思議な論理である．自律性の高い従業員は，逸脱行動に与さずとも試行錯誤を積み重ねることができるためである．

　この点について，Globocnik & Salomo（2015）は，従業員に与えられた戦略上の自律性が逸脱行動を助長するという関係を報告するとともに，両者の関係が自己効力感によって部分媒介されることを報告している[5]．これは，高程度の自由を与えられると従業員の自己効力感が高まる結果として，いざアイデアを却下された際に，逸脱行動に踏み切るリスクを取りやすくなるという心理的なメカニズムが背後に存在することを意味する．

　個別配慮（idiosyncratic deals）に注目した Liu & Zhou（2021）も同様のメカニズムを報告している．個別配慮という形で従業員に高い自律性と十分

5　戦略上の自律性とは，Bailyn（1985）によって提唱された自律性の一類型であり，解決すべき問題やアジェンダを決定する自由を意味する．

な資源を与えると，アイデアの探索が促されると同時に従業員の特権意識が
惹起され，結果として逸脱行動も増えるというのが主要な発見事項である.
より具体的には，特権意識が芽生えながらもアイデアが棄却された従業員
は，脅かされた自尊心を取り戻すために逸脱行動で挽回しようとするのであ
る.

(2) 個人属性

逸脱行動に与しやすい個人の属性としては，向社会的動機（Shukla &
Kark, 2020）やリスク性向（Globocnik, 2019; Tenzer & Yang, 2019）の効果
が明らかにされてきた. これらの要因は，ある種の動機や志向性を有する人
間ほど，組織の規範や規則を犯してでも向社会的な行動に与しやすいという
人間像を仮定している. つまり，自分ならば組織に貢献できるという信念が
強い者ほど，責任以上の仕事を遂行するために越権行為をしがちであるとい
う論理を，イノベーションの文脈に当てはめたものとして解釈できる
（Shukla & Kark, 2020）.

組織における個人の地位という点では，Salter et al.（2015）が，組織内
の発明者ネットワークにおける個人の地位と，当該個人が逸脱行動に与する
可能性との間に逆U字の関係があることを明らかにしている[6]. 具体的に
は，当該ネットワークの中で中間的な地位にある者ほど逸脱行動を行いにく
く，逆に地位が高い者や低い者ほど逸脱行動に与しやすいというのが発見事
実である. この背後には，逸脱行動の発覚に伴う名誉毀損のダメージが少な
い者ほど逸脱行動に与しやすいという想定がある.

6-3-3 成果

イノベーション過程における逸脱行動の成果には，組織レベルの成果と
個々の逸脱者レベルの成果が考えられる. 前者について Mainemelis（2010）
は，従業員による逸脱行動が組織の成果を高めると想定している. 個別の逸
脱行動によって産出されるアイデアの質にかかわらず，利用可能なアイデ

---

6 Salter et al.（2015）は，調査対象企業の社内リポジトリに採録されている発明リストを情報源
として使用している. 具体的には，リポジトリ中の各発明が企業の公式プロジェクトの成果な
のかを，社内の特許エンジニアが付けるフラグをもとに識別している. なお，論文中では不支
援の発明（unsponsored invention）という用語が用いられている.

ア・プールが増大することで，組織がより有望なアイデアを選択できる可能
性は高まるという理屈である．しかし，逸脱行動と組織レベルの成果との関
係は実証的に検証されていない．加えて，個々の逸脱者レベルの成果にかか
わらず組織の成果が高まるという想定にも疑問が残る．いくら逸脱行動に
よってアイデア・プールが増大しようとも，そこに追加されるアイデアが低
質なものばかりだった場合，それによって組織レベルの成果が高まるとは考
えにくいからである．

　このような理由で，逸脱行動が組織レベルの成果に及ぼす影響を考えるに
は，個々の逸脱者レベルの成果に関する知見を踏まえる必要があると考えら
れる．しかし，この点に関する実証研究も，Criscuolo et al.（2014）を除い
て存在しないのが現状である．彼女らは，ある企業に在籍する 238 人の研究
者へ質問票調査を行い，逸脱行動に与する個人ほど成果が高いこと，および
この関係は組織的条件に調整されることを明らかにした．具体的には，所属
ユニットの成果が高かったり，同僚も逸脱行動に与していたりすると，逸脱
行動によって成果が高まりやすいことを報告している．ただし，彼女らが成
果指標として用いたのは，イノベーションへの貢献度合いに関する人事評価
スコアである．開発成果をある程度は反映していると考えられるものの，こ
のスコアは間接的な指標である．したがって，逸脱行動による成果の件数や
インパクトについて示唆を得ることは難しい．

6-3-4　方法上の困難

　本節で示してきたように，イノベーション過程における逸脱行動の研究は
端緒についたばかりで，先行要因や成果に関する議論は十分に行われていな
いのが現状である．このように研究の蓄積が進んでいない理由として，概念
の登場から日が浅いこと以上に，逸脱行動やその成果を識別するのが難しい
という問題を指摘できる．

　これまでの研究の多くが質問票調査という手法を採用してきたのは，調査
対象の外部から逸脱行動を観測するのが困難だからである．企業の中で秘密
裏に保たれている以上，研究者が外部からその存在を認知するのは難しく，
逸脱行動に関して公表される情報もないためアベイラブル・データに依拠す
ることもできない．だからこそ，既存研究は質的調査と質問票調査を組み合

わせるという方法に依ってきた．この場合でも，逸脱行動が露見するリスクの懸念から，調査に協力を得られないことが多い（Criscuolo et al., 2014; Lin et al., 2016）．

　有望な調査対象に巡り会えたとしても，逸脱行動の具体的な成果を議論することは難しい．イノベーション過程における逸脱行動は，アイデアの生成や精緻化という段階に顕著な現象だからである．この段階での成果を網羅的に収集・整理している企業は稀だろうし，その成果が逸脱行動を通じて産出されたのかを識別することも困難である．この問題を解決するには，逸脱者の活動や成果を追跡できるような長期的な調査が必要なものと思われる．

6-4　イノベーション過程における逸脱行動の射程：限界と研究方向性

　古くからその存在が示唆されてきたにもかかわらず，イノベーション過程における逸脱行動に関する研究知見は十分に蓄積されてきたとは呼べない状況にあり，それが実際の経営実務において如何なる役割を果たすのかも不透明である．以下では，克服されるべき限界を提示するとともに，本テーマを発展させていくための論点を示したい．

6-4-1　過度の単純化：誰が逸脱するのか

　既往の研究は，従業員個人を逸脱行動の主体と見なしてきた．Mainemelis（2010）は，上司の中止指示を無視してアイデアに取り組む個人（上司－従業員のダイアド関係）を想定している．Criscuolo et al.（2014）やGlobocnik & Salomo（2015）の分析単位も個々の従業員である．しかしながら，逸脱行動の主体を従業員個人に限定すると，チームや集団で逸脱行動が行われたり，管理者が逸脱者として振る舞ったりする可能性は捨象されてしまう．逸脱行動の形態によってプロセスや成果が変化する可能性を考えると，逸脱行動の主体を個々の従業員に限定することは，現象の理解に歯止めをかけてしまうように思われる．

　測定上の錯誤が生じる恐れもある．トップから開発中止命令が出された製品について，上司が秘密裏に開発続行を指示するケースを考えてみよう．この場合，上司はトップの指示に違反しているものの，プロジェクトメンバー

は上司の指示に違反していない．上司－従業員のレベルでみるとプロジェクトメンバーの行動は順応的なのに，経営層－従業員のレベルでは逸脱行動だと判定されることになる[7]．こうした混乱を避けるには，何に違反することが逸脱行動と見なされるのかをより厳密に定義した上で，管理者との相互作用まで捉えた尺度を構築することが必要だと考えられる．

6-4-2　組織成果への影響

　イノベーション過程における逸脱行動は，コスト効率の良い探索機会として機能すると考えられてきた．この主張に基づくと，組織における逸脱行動の位置づけは図3のように整理できる．組織レベルの成果は，管理者による承認を伴う活動（順応的活動）と，逸脱行動の成果を合算したものとして見なせるという構図である．

　この構図は，イノベーション過程における逸脱行動と順応的活動が独立していることを前提としている．つまり，逸脱行動は公式のプロジェクトに影響を及ぼさない，単なる追加的な努力投入として仮定されているのである．しかしながら，時間や資源を流用することによって逸脱的な活動が展開されることを考えれば，この仮定は明らかに妥当ではない．逸脱行動が組織レベルの成果に及ぼす影響を捉えるには，少なくとも，順応的活動と逸脱行動の相互作用，および逸脱者へのペナルティという2点を考慮する必要がある．

(1)　順応的活動と逸脱行動の相互作用（図3矢印①）

　潜在的な逸脱者も従業員の一人である以上，逸脱行動と順応的活動（特に公式のプロジェクト）の間に相互作用がないとは考えにくい．イノベーション過程の出発点が個人の着想に基づくものであったとしても，研究開発はチームや小集団というプロジェクト単位で実行される場合が多い（Shrivastava & Souder, 1987）．この状況における逸脱者は，逸脱者が割り振られている公式のプロジェクトにロスを生じさせる存在である．逸脱行動が裏切りと捉えられると，同僚との信頼関係を損なう恐れさえある（Elangovan & Shapiro, 1998）．このような経路で，逸脱者の存在は公式のプロジェクトの生産性に悪影響を及ぼし，ひいては組織全体の生産性を下げるかもしれな

---

[7]　このような現象を Augsdorfer (1996) は「共謀的密造」と定義していたものの，後の研究では注目されなかったようである．

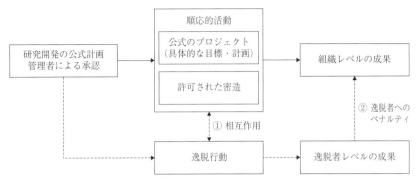

図3　研究開発組織における逸脱行動の位置づけ

い.

　従業員の離脱という経路による悪影響も考えられる．イノベーション過程における逸脱行動は，自らのアイデアに資源が配分されないことから生じる．しかし，この状況に直面した従業員が組織に留まるとは限らない．事実，一部の研究は，アイデアの却下が従業員のスピンアウトを促し，結果としてスタートアップ企業を増加させると報告している（Cassiman & Ueda, 2006; Klepper & Thompson, 2010）[8]．これらもまた，研究開発活動への投下資源を減少させるという意味で，短期的には生産性を低下させるものと思われる．

(2)　逸脱者へのペナルティ（図3矢印②）

　逸脱行動の成果が組織でどのような扱いを受けるかという点も重要である．経済的価値をもたらす革新を実現するには，資源動員や多様な主体の関与が必須となる．そのため，逸脱者もまた，どこかの段階で公式の承認を得なければならない．この点について，逸脱者によるアイデアの開陳を主題とする研究は，逸脱者も正当化というチャネルを容易に利用可能であると想定している（Sakhdari & Bidakhavidi, 2016; Eicher, 2020）．ひとたびアイデア

8　潜在的逸脱者が逸脱行動と離脱のどちらを選ぶかは，アイデアの受け皿となる社会の体制や多様性にも依存する．従業員が追究したいと考えているアイデアを所与とした場合，その受け皿となる組織が多ければ転職しやすいし，リスクマネーへのアクセスが容易であればスピンアウトを行いやすくなると考えられるからである（Yeganegi et al., 2016）．

が生成・具体化されてさえしまえば，その過程がどうであれ，逸脱者も多様な正当化手段に訴えることでイノベーションを推進できるというのである．

　この見立てが本当に成立するのかについては注意が必要である．逸脱者が組織への貢献を企図しているのだとしても，企業の資源を用いて独自の研究を行うことは，同僚から裏切りと捉えられるかもしれない（Salter et al., 2015）．その結果，逸脱者は周囲の同僚の協力を得にくい状況に陥るとともに，資源動員のための社会的ネットワーク構築に困難をきたす恐れがある（Baer, 2012; Evans et al., 2015）．このように，イノベーションにおける逸脱行動には非正当性によるペナルティの可能性があるため，それが直ちに組織レベルの成果と接続可能だとは言い切れない．

6-4-3　逸脱者が置かれる文脈の軽視

　イノベーションにおける逸脱行動の利点は次のように説明されてきた．曰く，アイデアが成熟するまで周囲から保護するとともに，通常であれば中止されるような研究でも時間をかけて取り組むことが可能になる（Mainemelis, 2010; Masoudnia & Szwejczewski, 2012）．

　しかしながら，このように考えてしまうと，何らかのアイデアを持っていた者が逸脱行動によって想定通りの成果を得ただけなのか，それとも逸脱行動によるプロセス変化の結果として成果が得られたのかを区別できない．既存研究は後者の側面を見落としてきたものの，そこに注目することによって，「逸脱するからこそ生じる現象」という新たなトピックへの展望が開けるかもしれない．この点を描写するために，以下では資源制約と秘密性という2つの論点を提示する．

（1）　逸脱行動と資源制約

　監視や評価を回避するために秘密裏に活動を展開する以上，逸脱者は潤沢な資源を望めない．こうした資源制約は成果を低下させるとされるものの（e.g. Rao & Drazin, 2002），一方で革新の契機となる可能性もある．ストレッチ・ゴールや急進的イノベーションの研究によれば，利用したことのない情報や直感に対して関心を払う，当然視されている仮定へ疑念を持つ，高いコミットメントを引き出すといった変化を通じて，資源制約は非連続的な成果を促進しうる（Keupp & Gassmann, 2013; Sitkin et al., 2011）．Shukla

& Kark（2020）は，この論理を逸脱行動の文脈に展開し，資源制約がチャレンジストレッサーとして機能し，逸脱者の内発的動機づけを高める可能性を指摘している．

より野心的な仮説として，逸脱行動は「意図せざる新結合」を誘発するかもしれない．逸脱行動は半必然的に個人あるいは少人数で実行される．そうした人的資源の制約下では分業が徹底できないため，逸脱者が自身の専門領域と合致しない活動にも取り組まざるを得なくなる可能性がある（Acar et al., 2019）．もしくは，同僚に頼るのが難しいことの裏腹として，組織外部の資源や知識に依存する傾向が強まるかもしれない．逸脱者が手に負えるように問題やその解決方法を変化させることによって，従来とは異なる視角を持ち出すことも考えられる．こうした傾向は異質なアイデアの結合を促進する可能性を秘めている（Davis et al., 2013; Jeppesen& Lakhani, 2010）．

他方で，知識制約の影響に関する研究を踏まえると，逸脱行動によって革新的な成果が得られる可能性は割に合わないほど低いという指摘も成立する．Singh & Fleming（2010）によれば，チームの方が個人よりも平均的に開発成果が高く，かつブレークスルーにも至りやすい．チームはアイデアをより厳格にスクリーニングできるため大失敗に終わるアイデアが事前に排除されやすいのに対して，個人発明者はその恩恵を受けられず，自分のアイデアを正しく評価できない可能性が高いためである．Singh & Fleming（2010）は独立発明者（どの組織にも所属していない者）と企業所属の発明者集団を比較したが，組織内の逸脱者にも同様の論理が当てはまるだろう．

（2）逸脱行動と秘密性

イノベーションにおける逸脱行動は，監視や評価を回避するための行動の結果として，知識の独占や隠蔽あるいは秘匿（secrecy）を伴う．組織における秘匿の研究は，隠蔽や秘匿によって行為者が先鋭化し，意図せぬ結果に至る可能性を示唆してきた．Courpasson & Younes（2018）による皮膚炎治療薬の開発事例は，イノベーションにおける逸脱行動の先鋭化メカニズムとして解釈できる．熱意や楽しみを持って参画していたプロジェクトが経営層に却下されたことに対する落胆や怒りを背景に，チームメンバーが会社から離れた場所で秘密裏に活動を展開し，最終的に経営層からの承認を勝ち取る，というのが概要である[9]．彼らは，このような結果に至った理由の1つ

に，秘密行動によって生じた例外状態（state of exception）がメンバーの凝集性や責任感を高め，過剰なまでに各人のコミットメントが強まったことを挙げている．

こうした正の効果とは逆に，秘匿が行為者の孤立を招く可能性もある．自律性の逆機能を指摘する Van Marrewijk（2017）や Willems et al.（2020）は，高い自律性を付与されたプロジェクトが，独立した組織としてのアイデンティティを形成することによって孤立した事例を報告している．イノベーション過程における逸脱行動の場合，組織による承認を受けていないために同僚からの支援を受けにくいことから，高い自律性が与えられた場合よりも深刻な孤立状況に陥ることが予想される．そうなると，仮にアイデアの精緻化が進んだとしても，それを自組織の成員に受容してもらうことは難しくなる．

このように，イノベーション過程における逸脱行動は資源制約や秘密の状態を伴うがゆえに，通常の公式的な研究開発活動とは異なる過程を辿ることが予想される．この過程における逸脱者の状況や行動の変化を明らかにすることは，逸脱行動と成果をつなぐメカニズムを明らかにする上で有用な知見となるだろう．

6-4-4　逸脱行動の管理可能性

イノベーションに関連するか否かにかかわらず，逸脱行動とは直接の管理が及ばない現象を指すのが普通である（Warren, 2003）．活動内容に踏み込めないのであるから，イノベーションにおける逸脱行動の重要性をいくら主張したところで，「待てば甘露の日和あり」と言っているのに等しい．これでは管理の放棄に等しく，いささか実践的示唆に欠ける．

ただし，間接的な管理の可能性は残されている．Lin et al.（2016）は，リーダーが従業員の逸脱行動（創造的逸脱）を寛大に扱うとその後の逸脱行動が増加し，逆に制裁を与えると逸脱行動は減少すると報告している．さら

9　事例では，経営層を説得するための2つの戦術が実行されてもいた．組織外部の科学者コミュニティの威を借りることと，秘密裏の活動に与する部隊とは別に経営陣との繋がりを維持する部隊を設けることである．この事例は，イノベーションにおける逸脱行動と正当化活動の補完性を傍証するものとしても解釈できよう．

に，報酬を与えるとその後の従業員の創造的成果は高まるのに対して，罰したり，リーダーがその成果を横取りしたりすると，逸脱行動の成果は低下するという関係もあるようだ．このように，処遇による発生率や成果の変化という論点は，イノベーションにおける逸脱行動の管理可能性を考える上で，引き続きの検討が期待されるトピックである．

6-5 おわりに

　イノベーション過程における逸脱行動として多くの人々がイメージするのは，孤独な英雄の活躍だろう．閃きや執念に導かれた個人が組織の方針に背いてでも硬軟織り交ぜて邁進する姿は，しばしば美談として扱われる．「愚か者の英雄主義」（March, 2006）というフレーズは，逸脱行動を指したものではないが，逸脱信仰を表すに相応しい言葉である．この愚か者の視点からイノベーションを探究する試みは，どのように位置づけられるだろうか．

　まず考えられるのは，創造性を惹起するための諸施策，とりわけ組織的に設計される事前の自由度（自律性）がもたらす副次的な効果を解明するという位置づけである．創造的逸脱の議論が立脚しているのは，創造性を称揚する一環として一定程度の自由を与えられた従業員が，一方で組織や戦略との統合を迫られるという「自律と統合のジレンマ」に他ならない（Mainemelis, 2010; Shukla & Kark, 2020）．本稿では，事前の自由度を高めるほど逆説的に逸脱行動が生じやすくなるという点については研究が進んでいるものの，それが組織にどのような影響を及ぼすのかは未だ十分に明らかにされていないことを指摘した．

　イノベーション・マネジメントの新たな側面の萌芽を見出せないかという意義もあろう．イノベーション過程を駆動する創造性や，それを支える内発的動機の重要性は広く知られている．難しいことに，内発的動機やコミットメントが制御の範囲を超えた昂りを見せると逸脱行動が生じてしまう一方，逸脱行動を無理に抑制すると従業員の創造性を低下させてしまう恐れがある（Lin et al., 2016; Liu & Zhou, 2021）．そうであるならば，柵を突き破ってでも邁進する「暴れ馬」の「暴れ方」に何らかのパターンを見出し，当人の創造性を損なうことなく組織と接続する条件や方策を見出すこともまた，イノ

ベーションにおける逸脱行動を探究することの価値ではないだろうか.

　最後に，レビュー論文としての本稿の限界を述べておきたい．組織におけるイノベーション過程に注目するという目的から，本稿は，広い意味での逸脱行動に関する研究解説を省略した．しかしながら，逸脱行動という現象は社会学や犯罪学で古くから用いられてきた概念であり，それが組織研究の領域で活用されはじめてからも相当の時間が経過している．このことを考えれば，逸脱行動に関する様々な研究の中で，イノベーションに関連する議論がどのように位置づけられるのかを扱っていない点は，いささか不完全の感が否めない.

　イノベーションに関連づけるにしても，（短期的な）研究開発成果と関連する議論しか取り上げていないという意味で，問題設定の範囲が狭いという限界もあるだろう．公式の資源配分を勝ち取れないからこそ逸脱行動に与するという形で，本稿では逸脱者を受動的な存在と見なしてきた．しかしながら，逸脱者は抵抗という形で組織にメッセージを発する存在としても見なせる（Lawrence & Robinson, 2007）．すなわち，公式の資源配分プロセスに問題があることを主張するために，従業員が逸脱行動という手段によって組織に何らかのフィードバックをするという視角である．このように考えると，イノベーション過程における逸脱行動の理解を深めるには，組織変革をはじめとして，より広範囲の知見を参照する必要があると思われる.

【参考文献】

Abetti, P. A. (1997). The birth and growth of Toshiba's laptop and notebook computers: A case study in Japanese corporate venturing. *Journal of Business Venturing, 12* (6), 507-529.

Acar, O. A., Tarakci, M., & van Knippenberg, D. (2019). Creativity and innovation under constraints: A cross-disciplinary integrative review. *Journal of Management, 45* (1), 96-121.

Aram, J. D. (1973). Innovation via the R&D underground. *Research Management, 16* (6), 24-26.

Augsdorfer, P. (1996). *Forbidden fruit: An analysis of bootlegging, uncertainty and learning in corporate R&D.* Avebury.

Augsdorfer, P. (2005). Bootlegging and path dependency. *Research Policy, 34* (1), 1-11.

Augsdorfer, P. (2008). Managing the unmanageable. *Research-Technology Management, 51* (4), 41-47.

Baer, M.（2012）. Putting creativity to work: The implementation of creative ideas in organizations. *Academy of Management Journal, 55*（5）, 1102-1119.

Bailyn, L.（1985）. Autonomy in the industrial R&D lab. *Human Resource Management, 24*（2）, 129-146.

Burgelman, R. A., & Sayles, L. R.（1986）. *Inside corporate innovation: Strategy, structure and managerial skills.* Free Press（小林肇監訳『企業内イノベーション：社内ベンチャー成功への戦略組織化と管理技法』ソーテック社, 1987）.

Cassiman, B., & Ueda, M.（2006）. Optimal project rejection and new firm start-ups. *Management Science, 52*（2）, 262-275.

Courpasson, D., & Younes, D.（2018）. Double or quits: Understanding the links between secrecy and creativity in a project development process. *Organization Studies, 39*（2-3）, 271-295.

Criscuolo, P., Salter, A., & Ter Wal, A. L.（2014）. Going underground: Bootlegging and individual innovative performance. *Organization Science, 25*（5）, 1287-1305.

Davis, L. N., Davis, J. D., & Hoisl, K.（2013）. Leisure time invention. *Organization Science, 24*（5）, 1439-1458.

Day, D. L.（1994）. Raising radicals: Different processes for championing innovative corporate ventures. *Organization Science, 5*（2）, 148-172.

Diehl, M., & Stroebe, W.（1987）. Productivity loss in brainstorming groups: Toward the solution of a riddle. *Journal of Personality and Social Psychology, 53*（3）, 497-509.

Dougherty, D., & Hardy, C.（1996）. Sustained product innovation in large, mature organizations: Overcoming innovation-to-organization problems. *Academy of Management Journal, 39*（5）, 1120-1153.

Eicher, S.（2020）. *Uncovering covert innovation.* Springer Gabler.

Elangovan, A. R., & Shapiro, D. L.（1998）. Betrayal of trust in organizations. *Academy of Management Review, 23*（3）, 547-566.

Evans, J. M., Hendron, M. G., & Oldroyd, J. B.（2015）. Withholding the ace: The individual-and unit-level performance effects of self-reported and perceived knowledge hoarding. *Organization Science, 26*（2）, 494-510.

Gambardella, A., Khashabi, P., & Panico, C.（2020）. Managing autonomy in industrial research and development: A project-level investigation. *Organization Science, 31*（1）, 165-181.

Garud, R., Gehman, J., & Kumaraswamy, A.（2011）. Complexity arrangements for sustained innovation: Lessons from 3M Corporation. *Organization Studies, 32*（6）, 737-767.

Globocnik, D.（2019）. Taking or avoiding risk through secret innovation activities: The relationships among employees' risk propensity, bootlegging, and management support. *International Journal of Innovation Management, 23*（3）, 1950022.

Globocnik, D., & Salomo, S.（2015）. Do formal management practices impact the emergence of bootlegging behavior? *Journal of Product Innovation Management, 32*（4）, 505-521.

Griffin, R. W., & Lopez, Y. P.（2005）. "Bad behavior" in organizations: A review and typology for future research. *Journal of Management, 31*（6）, 988-1005.

Hornsby, J. S., Kuratko, D. F., & Montagno, R. V.（1999）. Perception of internal factors for corporate entrepreneurship: A comparison of Canadian and U. S. managers. *Entrepreneurship Theory and Practice, 24* (2), 9-24.

Jeppesen, L. B., & Lakhani, K. R. (2010). Marginality and problem-solving effectiveness in broadcast search. *Organization Science, 21* (5), 1016-1033.

加護野忠男・野中郁次郎・榊原清則・奥村昭博（1983）.『日米企業の経営比較：戦略的環境適応の理論』日本経済新聞出版.

金井壽宏（1984）.「実験主義組織におけるコミットメント」『研究年報：經營學・會計學・商學』*30*, 171-306.

Kannan-Narasimhan, R. (2014). Organizational ingenuity in nascent innovations: Gaining resources and legitimacy through unconventional actions. *Organization Studies, 35* (4), 483-509.

Kanter, R. M. (1983). *The change masters: Innovation and entrepreneurship in the American corporation.* Simon & Schuster.

Keupp, M. M., & Gassmann, O. (2013). Resource constraints as triggers of radical innovation: Longitudinal evidence from the manufacturing sector. *Research Policy, 42* (8), 1457-1468.

Klepper, S., & Thompson, P. (2010). Disagreements and intra-industry spinoffs. *International Journal of Industrial Organization, 28* (5), 526-538.

Knight, K. E. (1967). A descriptive model of the intra-firm innovation process. *Journal of Business, 40* (4), 478-496.

Lawrence, T. B., & Robinson, S. L. (2007). Ain't misbehavin: Workplace deviance as organizational resistance. *Journal of Management, 33* (3), 378-394.

Lin, B., & Chen, H. (2012). *I love to do it or "I can do it?" Competing mechanisms in explaining creative deviance.* Paper presented at Academy of Management Meeting, Boston.

Lin, B., Mainemelis, C., & Kark, R. (2016). Leaders' responses to creative deviance: Differential effects on subsequent creative deviance and creative performance. *The Leadership Quarterly, 27* (4), 537-556.

Lin, B., Wong, Y. N., & Fu, P. (2012). *Consideration of future consequences and thriving in creative work context: A model of dual mechanism.* Paper presented at 8th Asia Academy of Management Conference, Seoul.

Liu, F., & Zhou, K. (2021). Idiosyncratic deals and creative deviance: The mediating role of psychological entitlement. *R&D Management, 51* (5), 433-446.

Mainemelis, C. (2010). Stealing fire: Creative deviance in the evolution of new ideas. *Academy of Management Review, 35* (4), 558-578.

March, J. G. (2006). Rationality, foolishness, and adaptive intelligence. *Strategic Management Journal, 27* (3), 201-214.

Masoudnia, Y., & Szwejczewski, M. (2012). Bootlegging in the R&D departments of high-technology firms. *Research-Technology Management, 55* (5), 35-42.

Merton, R. K. (1968). *Social theory and social structure.* Simon and Schuster（森東吾・森好夫・金沢実・中島竜太郎共訳『社会理論と社会構造』みすず書房, 1988）.

Nemeth, C. J. (1997). Managing innovation: When less is more. *California Management Review, 40* (1), 59-74.

Rao, H., & Drazin, R. (2002). Overcoming resource constraints on product innovation by recruiting talent from rivals: A study of the mutual fund industry, 1986-1994.

Academy of Management Journal, 45（3）, 491-507.

Sakhdari, K., & Bidakhavidi, E. J.（2016）. Underground innovation: How to encourage bootlegging employees to disclose their good ideas. *Technology Innovation Management Review, 6*（3）, 5-12.

Salter, A., Criscuolo, P., Dmitry, S., & Oliver, A.（2015）. *Going off-piste: The role of status in launching unsponsored R&D projects.* Paper presented at DRUID Summer Conference, Rome.

Schon, D. A.（1963）. Champions for radical new inventions. *Harvard Business Review, 41*（2）, 77-86.

Shane, S. A.（1994）. Are champions different from non-champions? *Journal of Business Venturing, 9*（5）, 397-421.

Shrivastava, P., & Souder, W. E.（1987）. The strategic management of technological innovations: A review and a model. *Journal of Management Studies, 24*（1）, 25-41.

Shukla, J., & Kark, R.（2020）. Now you do it, now you don't: The mixed blessing of creative deviance as a prosocial behavior. *Frontiers in Psychology, 11*, 313.

Singh, J., & Fleming, L.（2010）. Lone inventors as sources of breakthroughs: Myth or reality? *Management Science, 56*（1）, 41-56.

Sitkin, S. B., See, K. E., Miller, C. C., Lawless, M. W., & Carton, A. M.（2011）. The paradox of stretch goals: Organizations in pursuit of the seemingly impossible. *Academy of Management Review, 36*（3）, 544-566.

武石彰・青島矢一・軽部大（2012）.『イノベーションの理由：資源動員の創造的正当化』有斐閣.

Tenzer, H., & Yang, P.（2019）. Personality, values, or attitudes? Individual-level antecedents to creative deviance. *International Journal of Innovation Management, 23*（02）, https://doi.org/10.1142/S1363919619500099.

Vadera, A. K., Pratt, M. G., & Mishra, P.（2013）. Constructive deviance in organizations: Integrating and moving forward. *Journal of Management, 39*（5）, 1221-1276.

Van Marrewijk, A.（2017）. The multivocality of symbols: A longitudinal study of the symbolic dimensions of the high-speed train megaproject（1995-2015）. *Project Management Journal, 48*（6）, 47-59.

Warren, D. E.（2003）. Constructive and destructive deviance in organizations. *Academy of Management Review, 28*（4）, 622-632.

Whittington, R.（2001）. *What is strategy: And does it matter?* Thomson Learning（EMEA）（須田敏子・原田順子訳『戦略とは何か？：本質を捉える4つのアプローチ』慶應義塾大学出版会, 2008）.

Willems, T., van Marrewijk, A., Kuitert, L., Volker, L., & Hermans, M.（2020）. Practices of isolation: The shaping of project autonomy in innovation projects. *International Journal of Project Management, 38*（4）, 215-228.

Yeganegi, S., Laplume, A. O., Dass, P., & Huynh, C. L.（2016）. Where do spinouts come from? The role of technology relatedness and institutional context. *Research Policy, 45*（5）, 1103-1112.

逸脱行動のより多角的検討に向けて

武石 彰

1. 高田論文の貢献

　高田直樹氏論文「逸脱と革新：イノベーション過程における逸脱行動の存立と行方」（以下，本論文）は，イノベーションの実現過程における逸脱行動に関する研究を取り上げ，その概況，意義，課題を論じたものである．逸脱行動とは，組織内の承諾なく，規則や規範に違反して資源を用いながらイノベーションの実現に必要な活動を実行することをいう．

　革新から価値を創造する営みであるイノベーションは，ヒト，モノ，カネ，情報など様々な資源を必要とする．必要な資源を動員できなければ，価値は創造されず，イノベーションは生まれない．だが，イノベーションにとって資源の動員は容易なことではない．成否が不確実だからだ．企業経営に不確実性はつきものだが，イノベーションの不確実性はことさら大きい．革新からどのような成果が生まれるのか，どれほど成功するのか，失敗に終わるのか，事前にはわからない．わかるのは事後である．より確実に成果を生み出すと思われている既存の商品・事業が常に資源を必要としている中で，「怪しげな企て」が希少な資源を配分してもらうのは難しい．これがイノベーションの実現プロセスが抱える矛盾，困難である．この問題から「イノベーションのジレンマ」（Christensen, 1997）は発生し，「死の谷」（Auerswald & Branscomb, 2003）が生まれる．だが，このジレンマを乗り越え，谷を渡らなければ，イノベーションは生まれない．どうすればよいのか．ここに多くのイノベーション研究が関心を寄せてきた．

　そうした研究の切り口の1つとなるのが，本論文が取り上げた「逸脱行動」である．一筋縄ではいかないイノベーションのプロセスは，「通常」の手段に頼るだけではゴールには辿り着けない．何かの「非常」手段が必要になる．その1つが「逸脱行動」となる．周りから認めてもらえない状況で，違反することを恐れず事態を突破していく逸脱行動は，「英雄譚」として人々を魅了する物語ともなる．

　学術的関心が高まり，蓄積が進みつつあるこの「イノベーション過程をめぐる逸脱行動」をめぐる研究（以下，「逸脱行動研究」）について，本論文は既存の研究成果を広く渉猟し，その現状，課題，可能性を丁寧にレビューしている．逸脱行動研究の意義を熱心に説く一方で，関連する他の研究との関係，逸脱行動のプラスとマイナス，成果との関係など，より広い観点から俯瞰し，既存研究が見逃している重要な問題を含めてその課題や問題点を冷静に，体系的，建設的に指摘している．今後の研究を刺激し，導く，価値あるレビューとなっている．

2. さらなる検討課題：違反，判断する側，他の手段

　本論文は多くの示唆に富む議論を提示しているが，以下では，逸脱行動研究がさらに考えるべき点をいくつか述べてみたい．これは本論文の問題を指摘するものではない．本論文を足掛かりとして，逸脱行動研究の意義，可能性をさらに広げるために検討が必要になると思われる論点を示すものであり，本論文の議論を補足しようとするものである．

　出発点としてまず確認が必要となるのが，「逸脱行動」の概念定義である．本論文は，これまでの研究で「アンダー・ザ・テーブル」，「許可された密造」，「密造」，「真の密造」，「共謀的密造」，「徹底的密造」，「創造的逸脱」など類似の構成概念があることを明らかにした上で，「密造」と「創造的逸脱」を統合する構成概念として「逸脱行動」を提示し，「組織の規則や規範に対する違反行動」を意味するものとして定義している．この定義自体には依然として検討の余地があるだろうが，ここでは，この定義を前提として話を進めよう．

　第1に，「違反」とは何かについて．「規則や規範に対する違反」という時，規則や規範，逸脱行動の具体的内容によっては解釈の幅があるだろう．違反かどうかの解釈が本人，関係者によって違う場合もあるだろう．同じ行動でも，例えば，勤務時間内であれば違反となり，勤務時間外であれば違反ではなく，したがって逸脱行動ではなくなるのであれば，違反かどうかの区別に形式的意味はあっても実質的意味は薄いだろう．さらにいえば，逸脱行動が用いる資源の内容と量によっては，違反かどうかはさほど重要ではなくなる場合もあるだろう．どのような意味の違反になぜ着目するのか，より丁

寧に検討することが重要だろう.

　第2に,「違反」と判断する側について. ある活動(及びその活動への資源投入)を承諾するかしないかを決めるのは評価する側——通常であれば,上司やその背後にある組織——の判断である. 誰が判断しても承諾できない案件もあるだろうが,そういうケースでなければ,結果として逸脱行動になるかならないかは当該の上司・組織が決定する.

　判断する側の問題を取り上げたイノベーション研究は数多く存在する. 例えば,Christensen(1997)は,破壊的技術において上司(経営者)・組織が誤った判断(資源動員を認めない)をしてしまう要因を解明し,そうならないための方法・視点を提示している. これに対して逸脱行動研究は,上司・組織の判断の是非は問わず,というよりむしろ,誤ることを前提にして,その判断に違反して活動を敢行する個人(集団の場合もあるが)の行動や動機に着目する. ちなみに,本論文は,逸脱行動を促す組織的条件にも触れているが,そこで扱われるのは個人の行動への影響要因である.

　判断する側の研究は上司・組織が誤った判断をしてしまう要因と是正策に関心を置き,逸脱行動研究は上司・組織の(誤った)判断を所与とした個人の行動のあり方に関心を置く,という意味で,2つの研究は対照的である. 両者は相互に補完し合う関係にあるともいえるし,相互に対峙する関係にあるともいえる. いずれにせよ,裏表の関係になる個人の逸脱行動と上司・組織の判断は,各々の影響の違いや相互作用の分析を含めて,より統合的に分析されるべき問題となるだろう.

　第3に,逸脱行動以外の「非常」手段との関係について. 不確実性の高い企ては通常の方法では資源を動員できないことから非常手段が大切になるというのが逸脱行動に着目する動機になる. だが,逸脱行動だけではイノベーションは実現できないし,非常手段は逸脱行動に限られるわけではない. 逸脱行動に着目するだけではイノベーション過程の全容の解明には至らない.

　まず,逸脱行動は違反行為なので,公式な資源動員は不可能である. とすれば,逸脱行動だけでは事業化には至らず,イノベーションは生み出せない. 逸脱行為によって客観的に優れたアイデア・技術が生まれて公式な資源動員が可能になるケースはあるにしても,それ自体は逸脱行為による資源動員ではない. 逸脱行動だけで客観的経済合理性に辿り着けなければ(おそら

くそういうケースは多いだろう), その先の過程で別の非常手段が必要になる.

また, 逸脱行動以外の非常手段で資源が動員できれば, そもそも逸脱行動は必要ない.「通常」と「非常」の区別には色々な可能性があるが,「通常」を狭くとり, 客観的経済合理性(多くの人が成功しそうだと思えること)に基づいて資源動員を認めてもらうこととするならば, 通常ならざる「非常」手段には様々な選択肢がある. 我田引水の誇りを覚悟して触れると, 武石ほか(2012)は, そのような方法を分析したものであった. 客観的経済合理性がない中で資源を動員するには, 固有(客観的でない)の理由で資源動員を正当化する「創造的正当化」——例えば, 別の部門や社外から支持者を探してくる, 資源動員のための別の理由を付け加える, 影響力のある支持者を探してくる——が鍵になると論じた. あるいは, Christensen(1997)によれば, 通常の過程で資源配分が認められない場合には, 承諾しない上司・部門から離れて社内で別組織を設け, 異なる視点から資源動員の可能性を探り続けることが大切となる. また, 承諾してくれない組織を飛び出し, 転職・起業して資源動員を実現するという選択肢もある. ちなみに, これらは上述した上司・組織の側に働きかける方法である(判断を変えさせる, 承諾してくれる上司・組織を見つける・創造する).

このような方法は公式の資源動員のための方法になるので, 本論文によれば, 逸脱行動のような「邪道」ではなく「正道」として位置付けられる. しかし目前の上司の判断を受け入れずに事態を突破していくという意味では, これらも「非常」な手段だといえる. あえて違反を犯す逸脱行動ほど「反骨」「背徳」の香りはなくとも, なお「非常」の香りを漂わせており, 客観的経済合理性なしにイノベーションの実現に必要な資源を動員するには欠かせない方法となるのだ. このような非常手段によって逸脱行動なしに資源動員が可能になるのだとすれば, 行動としても, 動員できる資源の範囲としてもより限定的な逸脱行動に着目する意味・価値を, 他の非常手段と対比させながら検討することが重要になるだろう.

3. 逸脱行動研究への期待

上で述べた3つの論点は, 本論文の議論を土台として, 逸脱行動とは何

か，どのような意味があるかについて，関連する問題との関係も視野に入れながらより綿密に，多角的に検討するためのものだ．これらの指摘は「逸脱行動」の分析に限られた価値しかないことを述べようとしたものではない．こうした検討によって「逸脱行動」のより本質的な意味が明らかにされ，イノベーションのプロセスに対する我々の理解を一層多角的で深いものにしてくれることを期待して，述べたものである．

こうした研究は多くの努力を必要とするだろうが，逸脱行動研究にはそれだけの努力を傾注する価値があるはずだ．それが本論文がいわんとするところであり，そのような努力を促し，導く，優れた道標となるところに本論文の価値がある．蛇足ながら，高田氏ご自身にこうした研究に取り組んでいただき，逸脱行動について優れた研究成果を生み出していただけることを期待したい．

【参考文献】（高田論文の文献リストに含まれているものは省略している）

Auerswald, P. E., & Branscomb, L. M. (2003). Valleys of death and darwinian seas: Financing the invention to innovation transition in the United States. *Journal of Technology Transfer, 28,* 227-239.

Christensen, C. M. (1997). *The innovator's dilemma: When new technologies cause great firms to fail.* Harvard Business School Press（玉田俊平太監修，伊豆原弓訳『イノベーションのジレンマ［増補改訂版］』翔泳社，2001）.

7 チーム認知とチームの創造性

トランザクティブ・メモリー・システムと共有メンタルモデルの整理

大沼 沙樹・秋保 亮太・村瀬 俊朗

7-1 背景と目的

　企業を取り巻く環境が激しく変化する中，チームが担うタスクは複雑化が進む一方，迅速な問題解決が求められるようになっている．Kozlowski & Ilgen（2006, p. 79）によれば，チームとは以下の7つの特徴を持つ集団と定義される．

1. 2人以上の個人からなる
2. 社会的相互作用がある
3. 1つ以上の共通目標を有する
4. 組織的なタスク遂行のために集められている
5. ワークフロー，目標，アウトカムに相互依存性がある
6. 異なる役割と責任を持つ
7. 包括的な組織システムに組み込まれている

　チームはその活動の結果が企業全体の成果につながるが故に，効果的に機能する方法の探索が重要と言える．実際，チーム研究はいかに高いチームワークを発揮するかを大きな問いとして議論が行われてきた．従来，チームワークは主に行動的側面から捉えられてきたものの，近年はメンバーの感情的側面や認知的側面を含めて検討されることが多い（e.g., Salas et al., 2005）．メタ分析の結果，認知的側面がチーム・パフォーマンスに対して最

も強い影響を与えることが確認されている（DeChurch & Mesmer-Magnus, 2010）．これに伴い，チームレベルで現れる認知活動はチーム認知（team cognition）として概念化され，その機能について盛んに議論されてきた．チーム認知とは，メンバーの知識体系や情報の解釈などの認知に焦点を当てた，認知の集合を表す広範な概念である（Cannon-Bowers & Salas, 2001; Klimoski & Mohammed, 1994）．

　チーム認知の代表的概念として，トランザクティブ・メモリー・システム（transactive memory system；以下，TMS）と共有メンタルモデル（shared mental model もしくは team mental model；以下，SMM）の2つが挙げられる（DeChurch & Mesmer-Magnus, 2010）[1]．TMS はメンバー間での認知の分業を扱う概念である一方，SMM はメンバー間の認知の共有を扱う概念である．TMS と SMM は，学術的な起点が異なるために別々に発展してきた．そのため，その関係性を体系的に検討したレビューや概念的な整理を試みた議論は少ない．これを踏まえ，本論文では2つの概念定義やその関連要因，また，概念の比較を通して共通点・相違点を整理し，各概念について理解を深めることを第1の目的とする．

　チームを取り巻く環境変化に応じて，近年は創造的なチーム活動が求められるようになっている．創造性の発揮には異なる知識の結合が有効であると言われるが（e.g., Fleming et al., 2007），その際，それらをチーム内で統合する認知過程が不可欠であるとされる（Perry-Smith et al., 2014）．この点を踏まえると，TMS や SMM はチームの創造性を向上させるために重要な役割を果たす可能性が考えられる．そこで本論文では，チームの創造性に対するチーム認知の機能を先行研究の知見から示すことを第2の目的とする．以上を踏まえ，学術雑誌論文検索エンジンにおいて各概念名を検索し，トップ・ジャーナルに限定せず総合的に論文のレビューを行った．

1　TMS の包括的なレビューは Ren & Argote（2011）を，SMM については Mohammed et al.（2010）を参照されたい．

7-2 トランザクティブ・メモリー・システム

7-2-1 TMS の概念定義

　TMS の定義は研究者間で多少違いが見られるが，それらを統合すると，他のメンバーが持つ多種多様な知識を，チームでコード化（encoding），保持（storage），再生（retrieval）するための認知的な分業体系と定義される（e.g., Hollingshead, 1998a; Wegner et al., 1985; Wegner, 1987）．この「認知的な分業体系」が重要な役割を担う理由に，個人が情報処理に費やせる時間や労力といった認知的資源の限界がある（e.g., Kanfer & Ackerman, 1989）．自身が保有できる知識量や種類には限りがあるため，人は日常的にメモやPC のメモリを頼りに知識を再生する（Wegner, 1987）．他者もこれら外部記憶の 1 つとすれば，個人で保有するより多様で多くの知識を活用できると考えられる（Moreland, 1999）．知識の蓄積や再生を他者と担うことで，チームも個人と同様に情報処理の主体となり，認知的な負荷の低減が可能となる（Hinsz et al., 1997）．

　TMS が形成されると，メンバーが持つ有用な知識の効率的な活用が促され，チーム・パフォーマンスを向上できる．認知的分業で負荷が減るために自身の専門知識を深められ，有用な知識が蓄積される．そして，メンバーの誰が何を知っているかを知ることで，必要なときに知識を再生できるために，効率的にチーム内の知識を活用できる（e.g., Moreland, 1999）．また，多様な知識に触れる機会が増えるために，様々なアプローチによる問題解決が可能となる（e.g., Lewis & Herndon, 2011）．"transactive" という概念名に表れているように，メモや PC のメモリといった単純な記憶媒体とは異なり，他者とのやり取りの中で互いの持つ知識を理解し，知識の蓄積や再生が行われる（Wegner et al., 1985）．こうした互いの知識への理解を深める過程を経ることで，タスクに適用可能な知識となる（Lewis & Herndon, 2011）．

　初期の研究では二者間における TMS を対象としていたが，次第に企業内のチームへと対象が広がり，研究蓄積が進んできた．Wegner et al.（1985）の書籍で章の表題が "Cognitive interdependence in close relationships" であ

ることからも，親密な二者間に焦点が当てられていたことが分かる．実証研究も親密な関係にある二者間としてカップルを対象とし，単語の記憶実験が行われてきた（e.g., Hollingshead, 1998a）．その後，情報化社会の進展により知識は企業にとって重要な資源となり，様々な知識を活用した意思決定やタスク遂行を行う場面が増えてきた．それ故，いかに企業のチーム内でタスクに関連する知識を活用できるかがパフォーマンス向上に重要だと考えられ，企業組織における実証研究も注目され始めた（Moreland, 1999）．対象となるチームは，一般的な職場集団やMBAの学生チームをはじめ（e.g., Austin, 2003; Lewis, 2004），近年ではプロジェクト・チームなど他者の専門性を必要とするチームが対象となることも多い（e.g., Hood et al., 2016; Zhang & Guo, 2019）．

7-2-2 TMS の先行要因

先行要因を分類すると，個人要因，チーム要因，コンテクスト要因の3つに分けられる（Ren & Argote, 2011）．その中でも，特にチーム要因に関心が持たれてきた．それは，互いの持つ知識をやり取りするという側面から，メンバー間の経験の共有や共同作業（Gino et al., 2010; Liang et al., 1995），親密度（Lewis, 2004）が重視されてきたためである．メンバー間のコミュニケーションも，誰が何を知っているかの理解に結びつくために正の効果があるとされるが（Hollingshead, 1998a），その方法によって効果や見方には違いがある．対面が有効だという研究がある一方（Hollingshead, 1998b; Lewis, 2004），互いの知識を知るために対面が必須ではないという見方もある（e.g., Akgün et al., 2005）．近年はICTの使用やバーチャル・チームでの検証もあり，対面コミュニケーションが取れない場合に関しても注目されている（e.g., Maynard et al., 2012）．

個人要因については，従来は研究が少なかったものの，近年研究が進められてきている．正と負の感情（Hood et al., 2016），メンバーの学習努力やサービスの質に対するコミットメント（Bachrach et al., 2017），認知スタイル（Aggarwal & Woolley, 2019）など，個人の感情や態度，認知といった様々な側面について検討が行われている．例えば，Hood et al.（2016）はソフトウェア実装プロジェクト・チームのデータから，正と負の感情，心理的

安全性とTMSの関係を検討した．その結果，負の感情が心理的安全性を低下させ，低い心理的安全性がTMSの低下につながるという媒介モデルを実証している．

一方，コンテクスト要因に関する研究は多くなく，さらなる研究が求められる（Bachrach et al., 2019）．先行研究では，職場環境に関連する要因，例えば激しいストレス状況（Ellis, 2006）や地理的分散（Maynard et al., 2012）に加え，近年はリーダーシップ（Zhang & Guo, 2019），外部環境の変動性（Bachrach et al., 2019）についても検証が行われている．Bachrach et al.（2019）のメタ分析では，TMSに対して環境の変動性やリーダーシップが正の効果を持つことが明らかにされている．市場や技術の変動が大きい環境は，分散した各知識が反映されるチームの情報処理を必要とし，そしてリーダーは各メンバーの知識を仲介してやり取りする機会を促進させるため，TMSが高まる傾向がある（Bachrach et al., 2019）．このように，TMSもチームの組織的な活動の中から生じるものであるため，コンテクスト要因の影響も大きいものと考えられる．

7-2-3 TMSの結果

TMSは様々な結果に正の影響を及ぼすことが実証されているが，特に，チームのタスク・パフォーマンスに関する研究が多い（Bachrach et al., 2019）．企業チームを対象とした研究では，目標達成度や顧客のニーズ適合など主観的指標（Austin, 2003; Lewis, 2004），市場シェアや売上高など客観的指標（Bachrach et al., 2017）が挙げられる．プロジェクト・チームでは，新製品投入のスピードや開発の成功（Akgün et al., 2005），学生が対象となると，シミュレーション・ゲームのスコアや組み立てキットの成果物（Ellis, 2006; Liang et al., 1995）が挙げられる．

他にも心理的要素に対する影響も検証されているが，研究数はあまり多くない．例えば，メンバーの職務満足度（Michinov et al., 2008）やチームへの満足度（Lewis, 2004）が挙げられる．TMSによるメンバー間の円滑な情報共有やタスク遂行の効率性向上から，正の感情が生じやすいものと推測される（Bachrach et al., 2019）．

最後に，チームの創造性は，研究蓄積は少ないものの，検証されるべき成

果指標として指摘されている（Lewis & Herndon, 2011）．Gino et al.（2010）は，TMSがタスク経験と創造性の関係性を媒介することを示している．同様に，Aggarwal & Woolley（2019）は，メンバーの認知スタイルの多様性がTMSを高め，創造性を向上させることを実証している．いずれも多様な知識の活用が促された結果，アイデアの創出が高まることが推測されるが，詳細については後述する．

7-3　共有メンタルモデル

7-3-1　SMMの概念定義

　SMMに関しても様々な定義が提唱されているが，それらを統合すると，メンバーが共有している体系化された知識・理解・心的表象と定義される（e.g., Cannon-Bowers et al., 1993, Orasanu & Salas, 1993）．そもそもメンタルモデルとは，認知心理学で用いられてきた概念であり，スキーマの一種とされる（Jagacinski & Miller, 1978）．具体的には，システム（物事などのまとまり）の記述・説明・予測を生み出す認知的メカニズムを意味する（Rouse & Morris, 1986）．記述とは，システムの目的や構造についての知識のことを，説明とは，システムがどのように機能し，現在どのような状態にあるのかといった解釈のことを，予測とは，システムに対する将来の状態への期待のことを指す（Rouse et al., 1992）．対象となるシステムのモデルを心的に構築することでそのシステムへの理解を深め（Johnson-Laird, 1983），行動を起こす前に何が生じ得るか予測することが可能となる．このメンタルモデルの考えは，SMMに代表されるように，チームに関する物事の認知に応用されている．Mathieu et al.（2000）は，チームの文脈におけるメンタルモデルを，チームの取り組むタスクに関連するものと，メンバーや相互作用などといったチームそのものに関連するものの2つに大別している．

　メンタルモデルを共有しているメンバーは，対象に対して同様の認知を行うこととなる（Rouse et al., 1992）．また，共通の記述・説明をすることは，タスクやチームに対する予測を共有することにつながる（Cannon-Bowers et al., 1993）．これにより，メンバーが互いに要求や行動を予測し合うこと

が可能となり，円滑な連携が可能となる．実際，メンタルモデルを共有して
いるチームは，コミュニケーションが少なくとも高いチーム・パフォーマン
スを維持できるのに対して，共有されていないチームは，コミュニケーショ
ン量がチーム・パフォーマンスを左右することが実証されている（秋保ほ
か，2016）．この知見からも示唆されるように，SMMによって暗黙の協調
（implicit coordination）が実現される可能性が指摘されてきた．暗黙の協調
とは，メンバーがタスク遂行時に明示的なコミュニケーションなしに円滑な
連携を取ることを意味し，チームに備わることで相対的に活動時の作業負荷
の軽減されることが期待できる概念である（Rico et al., 2008）．このように，
SMMはチーム内の相互予測や協調を端的に説明する概念として注目されて
きた．

　なおSMMは，概念定義に表れているような，メンタルモデルの共有度，
すなわち，類似性の機能について主に検討が加えられてきた．しかし，いく
らメンタルモデルを共有しようと，その内容が誤っていた場合，高いレベル
のチーム活動や成果は望めない．この点を踏まえ，類似性以外に，専門的知
識を有するエキスパートのメンタルモデルに近しい程度，すなわち，正確性
について併せて検討を加えることがある（e.g., Mathieu et al., 2005）[2]．

7-3-2　SMMの先行要因

　SMMの主たる促進要因としては，コミュニケーションが挙げられる．例
えば，タスク遂行前にチームで計画を練ることは，メンタルモデルの共有を
促進する（Stout et al., 1999）．また，タスク遂行後にメンバー間で振り返り
を行うなどといった，チーム学習もSMMに正の影響を与える（van den
Bossche et al., 2011）．他にも，Pearsall et al. (2010) は，役割識別行動が
SMMを高めることを実証している．役割識別行動とは，チームにおける互
いの能力や責任に関する情報を共有するために行われるコミュニケーション
を指す（Kozlowski et al., 1999）．

　他メンバーの行動を認識して学習するチーム活動としては，他にクロス・
トレーニングが挙げられる．クロス・トレーニングは「各メンバーが他メン

2　SMMの類似性と正確性の関係性については，Mohammed et al. (2010) を参照されたい．

バーの職務を学ぶ教育方略」（Volpe et al., 1996, p. 87）と定義され，実施方法によって役割の明確化，役割のモデリング，役割の交代の3種類に大別される（Blickensderfer et al., 1998）。役割の明確化は，他メンバーの活動についての説明を受けることで，役割のモデリングは，説明に加えて他メンバーの活動を観察することで，役割の交代は，実際に他メンバーの役割を実践することで，互いの役割に関する情報を得て学習を行う。SMM研究においては，特に役割の交代が効果的であることが知られている（Marks et al., 2002）。

さらに，SMMはリーダーシップによっても構築されることが実証されてきた。例えば，Ayoko & Chua（2014）は，変革型リーダーシップがSMMに正の効果を持つこと示している。また，タスク遂行前にリーダーがブリーフィングを行うなどといった，リーダーの戦略的コミュニケーションからもSMMが影響を受けることがある（Murase et al., 2014）。他にも，Dionne et al.（2010）は，参加型リーダーシップによってメンタルモデルが共有されることを明らかにしている。

7-3-3　SMMの結果

先述の通り，SMMは円滑な連携を引き起こす概念として理論化されてきた。これに応じて，実証研究では協調行動との関連性が検討されることが多い。実験室実験で，SMMによってチーム内の協調行動が向上することが確かめられている（e.g., Mathieu et al., 2000）。また，最終的なアウトカムとして，チームが取り組むタスクの成果，すなわち，チーム・パフォーマンスとの関連性についても検討が行われている。例えば，Ellis（2006）などでは，チーム内で連携が求められるシミュレーション課題を用いて，SMMの類似性や正確性がチーム・パフォーマンスに正の効果を持つことを示している。実際のチームにおいても，企業や医療組織など様々な文脈で同様の結論が得られている（e.g., Zoogah et al., 2015）。

これらの知見を踏まえると，メンタルモデルの共有によってチーム内の行動的側面（チーム・プロセス）が改善され，その結果として高いチーム・パフォーマンスが発揮されるという影響過程が想定される。この点について，Mathieu et al.（2000）やMathieu et al.（2005）は，フライト・シミュレー

ション課題を用いて一連の影響過程について検討を行っている。いずれの研究でも、SMM がチーム・パフォーマンスに及ぼす効果をチーム・プロセスが媒介することが明らかにされている。

なお、タスク関連とチーム関連でメンタルモデルを分けた場合、その機能や関連する要因が異なることが度々示されている（e.g., Santos & Passos, 2013）。この問題は、SMM の類似性と正確性の間においても同様の事態が生じている（e.g., McIntyre & Foti, 2013）。これらの相違は、測定方法の問題に起因している可能性が考えられる他（後述）、対象となるチームの特性や取り組むタスクの内容など、文脈に依存することも指摘されているため（Mohammed et al., 2017）、知見の一般化については慎重に議論していく必要があるだろう。

7-4 TMS と SMM の比較

次に、TMS と SMM の共通点と相違点を整理する。先述の通り、2つの概念を体系的に検討した研究は少ない。TMS と SMM を共に扱った実証研究として Ellis（2006）や Pearsall et al.（2010）などはあるものの、2つの概念の関係性の十分な整理には至っていない。

まず共通点としては、共にメンバーの認知の集合を扱うチームレベルの概念であり、メンバー間の調整が進むためにチーム・パフォーマンスを向上させる点が挙げられる。SMM は他のメンバーの要求や行動を予測可能にさせることで連携を向上させて、チーム・パフォーマンスを高める。一方 TMS も、タスクに必要な知識へのアクセスが容易になるので連携しやすくなるが、TMS の場合はメンバーが持つ知識間の調整に焦点が当てられている。

相違点としては、TMS と SMM が学術的に異なる起点から発展してきたが故に、概念によって捉えたい現象が異なる点が挙げられる。TMS は、認知の分業に焦点が当てられている。そのため、知識の蓄積や再生を他者と担うことで認知的な負荷が軽減され、メンバーが持つ知識間の補完が可能である。こうした背景から、TMS 研究はメンバーが持つ有用な知識の効率的な活用を促すことを目的とすることが多い。先述のように、TMS はタスクの効率性やメンバーの満足度、創造的なタスク遂行といった幅広いパフォーマ

ンスへの効果が実証されている.

　一方，SMM は，認知の共有に焦点が当てられており，そこからチーム内の協調行動を説明しようという考えに端を発する概念である. その発想の通り，SMM は協調行動とその結果としてのチーム・パフォーマンスとの関係性が検討されてきた. チームの適応（Resick et al., 2010）や集合的効力感など（Mathieu et al., 2009），異なるアウトカムについても検討は行われているものの，研究数は多くない. SMM がチームのどのような側面にどう影響するのかは，TMS と比較すると十分に明らかになっていない.

　また，測定方法も異なる手法が採られる. TMS では，形成された状態を捉える Lewis（2003）の測定尺度が多く使用される（e.g., Hood et al., 2016; Maynard et al., 2012）. 具体的には，専門化，調整，信頼の 3 つの次元で構成される. メンバーがそれぞれ専門的な知識を持ち，誰が何を知っているかを知っている上でメンバーの知識が効果的に調整される（Lewis & Herndon, 2011）. 信頼は，タスクに関連した知識を他者に提示された場合に受け入れるかどうかという行動に表れる（Liang et al., 1995）. この次元に基づいて質問紙調査が行われるが，知識がどのようにやり取りされているのかといった TMS のダイナミックな側面は捉えきれていない（Lewis & Herndon, 2011）[3].

　対する SMM は，いかにしてチーム内の共有度を測定するのかに焦点が当てられ，その測定方法が開発されてきた. ここでの「共有」とは，操作的には各メンバーのメンタルモデルが互いに類似し，共通する部分が存在することを意味する（山口，2008）. これに沿って，測定上は，各メンバーのメンタルモデルを測定した上で，チーム内でその類似性や一致率を算出することが多い. しかし，共有度の算出方法は様々提唱され，研究者間で同意が得られているとは言い難い. 特にタスク関連のメンタルモデルは，タスク内容に依存して測定項目が決定されるという性質上，汎用性の高い尺度の開発には至っていない[4].

3　一部だが，実験によって相互の再生過程や情報の更新が行われているかを捉える研究もある（e.g., Ellis, 2006）.
4　SMM の測定方法の詳細に関しては，Resick et al.（2010）を参照されたい.

7-5 チーム認知とチームの創造性の関係

7-5-1 チームの創造性

　チームの創造性（以下，創造性）は，「個人または協働する小規模な集団による新奇性や有用性のあるアイデアの創出」と定義される（Amabile, 1988, p. 126）．創造性の発揮には，複数の異なる知識の結合が重要であり（e.g., Fleming et al., 2007），多様なメンバーがいるチームは潜在的に様々な知識を組み合わせられる可能性が高まる（Leahey et al., 2017）．そのため，創造性は個人の特性や活動よりもチームの活動から生じやすく（Amabile et al., 1996），チーム認知はこの知識の結合過程において重要な役割を果たす（e.g., Aggarwal & Woolley, 2019; Santos et al., 2015）．しかし，チーム認知の主要概念である TMS・SMM と創造性の関係性を扱った研究は少ない．今後の研究発展のためにも，創造性に対して TMS と SMM がどのような機能を有する可能性があるのか理解する必要があるだろう．そこでここからは，各概念が創造性に及ぼす効果と，そのメカニズムを整理する．

7-5-2 TMS とチームの創造性

　創造性に対する TMS の効果を検証した研究は少ないものの，SMM と比較すると蓄積があり，おおよそ TMS が創造性に対して正の影響を及ぼすことが知られている．TMS の理論的メカニズムを精査すると，2つのパターンがある．

　まず，認知プロセスに着目したメカニズムである．Bachrach et al. (2019) によれば，創造性を高めるにはアイデアの集約が鍵となるが，TMS はアイデア創出に必要なチーム内の知識を顕在化し，足りない知識を補完できる．また，知識を組み合わせるにも，様々な情報を収集し体系化する必要がある（Perry-Smith & Shalley, 2014）．TMS は，チーム内の知識の蓄積や再生を他のメンバーと行うために，チームで認知プロセスを担える．これにより，チーム内で知識の補完と集約が可能となるため，創造性を高められる．こうしたメカニズムによる効果が，学生プロジェクトや企業のチームを用いた複

数の研究で報告されている（e.g., Aggarwal & Woolley, 2019; Cao & Ali, 2018; Gino et al., 2010）.

　次に，学習プロセスに着目したメカニズムである．チーム学習とは，互いのアドバイスやフィードバックを受け入れ，活動を振り返り，実行に移すことで，チームの活動に変化を起こして改善するプロセスを指す（Edmondson, 1999）. このプロセスを基にTMSと創造性の関係を捉えると，TMSを通じてタスクに関連する情報を精査し，議論をしていく中で，他者の知識の更新や新しい知識の組み合わせの再考が生じている可能性がある．このようなチーム内の知識に関する振り返りが，タスクの進め方の改善や新しい方法の発見につながるものと考えられる．そのため，学習プロセスの中でも特に振り返りが重要であることが指摘されている（e.g., Akgün et al., 2006; Marques-Quinteiro et al., 2019）.

　Akgün et al.（2006）は，新製品開発チームを対象にTMSと新製品開発の関係を検証している．新製品開発では，製品やプロジェクトの見直しが必要な場面に遭遇したときこそ，振り返りが重要である．なぜなら，問題解決に適切な専門知識は何かを検討し直し，最良の知識の組み合わせがあれば探し出す必要があるためである（Akgün et al., 2006）. 分析の結果，TMSが学習プロセスを促し，新製品開発の成功へと至ることが分かった．また，Marques-Quinteiro et al.（2019）は，振り返りがTMSと創造性の関係を媒介することを明らかにした．チームの課題やメンバーの持つ知識に対する振り返りを行うことで，知識間の組み合わせを再検討できるために，新しいタスクの手順を生み出すことが可能となる.

　TMSは，創造性に重要な活用型と探索型学習にも正の効果を持つことが明らかにされている（Dai et al., 2017; Li & Huang, 2013）. 活用型学習とは，既存の知識や技術の改善，拡張した知識の獲得過程を，探索型学習とは，新手法や選択肢を取り入れる，新しい知識や技術の獲得過程を指す．特に，新しいアイデア創出につながる探索型学習に対しては，各々の経験や知識をチーム内で振り返り議論することが重要であるとされる（Dai et al., 2017）.

　以上のように，TMSは創造性を促進させる効果があるものと考えられる．極端に高いTMSは負の効果を生むという研究もあるものの（Peltokorpi & Hasu, 2016）, それ以外の研究ではTMSの正の効果や媒介変数を介した効

果を支持する一貫した結果が得られている．

7-5-3 SMMとチームの創造性

　対するSMMは，創造性への効果に目を向けている研究がさらに限られる．関係性について検討している研究についても，正負両方の効果や可能性が報告されており，その結論を下すことは難しい（e.g., Santos et al., 2015; Toader & Kessler, 2018）．

　まず，正の効果を主張する研究では，SMMがチーム活動を円滑にするという機能的側面からの説明を試みてきた．例えば，Santos et al.（2015）は，メンタルモデルを共有することによってチーム内で不必要な議論が軽減し，必要な議論が展開しやすくなることで創造性が向上する可能性を指摘している．また，Dao et al.（2017）は，活用型学習・探索型学習がSMMによって向上することを明らかにしている．Dao et al.（2017）は，創造性を直接扱ってはいないものの，活用型学習・探索型学習の2つはチームが創造性を発揮するために重要とされており（Hirst et al., 2018），SMMと創造性の関係性を理解する上で重要な知見と言える．

　一方で，負の効果を主張する研究もある．メンタルモデルを共有することで，チームは取り巻く環境や取り組むタスクに適応していくことが知られている（Santos et al., 2016）．しかし，創造性を高めるには，物事を多角的に捉え，それらの前提に疑問を投げかけていく必要がある．そのためには，メンバーによって認知が異なる状態，すなわち，SMMが低い状態こそが求められるだろう．この点に関連して，Toader & Kessler（2018）は，学習志向が高いチームにおいて，メンタルモデルの乖離がチームの情報の精緻化を促進し，創造性を高めることを明らかにしている．各メンバーが互いの考えや情報の違いを学ぶ意識が高いことによって，チーム内に多様に存在するメンタルモデルが上手く生かされ，結果として創造性につながるものと考えられる．また，Toader et al.（2019）は，タスク状況の変化時において，メンタルモデルの乖離が創造性を高めることを示している．状況が一変して作業条件が変わると，今までのやり方では立ち行かなくなり，新たなやり方を模索しなければならない．その際，従来の状況に適したSMMが構築されていると柔軟な対応が難しくなり，発想の硬直化が起こりかねないものと考えら

れる.

このように，TMS と比較すると，SMM と創造性の関係性は十分な精査には至っていない．また，上述の研究についても，学生を対象としたものが多く，知見の一般化には注意が必要である．不確実な状況下でイノベーションが求められる現代では，SMM と創造性の理論構築と実証研究の蓄積が求められる．

7-6 結論

最後に，今後の研究課題を提示する．1点目は，TMS と SMM それぞれの関連要因のさらなる解明である．TMS は，先行要因として経験の共有やコミュニケーションなどのチーム要因に着目されることが多かった．今後は，ICT の使用やコンテクスト要因に関する研究が求められるだろう．ICT は，時間的・空間的制約を克服し，迅速に知識の蓄積や再生を可能にする上で重要である．また，組織論的な観点から，チーム内の認知的分業も組織的な活動の中から生じるものであり，チームも組織の一部として機能するためにコンテクスト要因の検証も欠かせない．SMM に関しては，協調行動やチーム・パフォーマンス以外の結果変数の議論や，タスク関連とチーム関連でメンタルモデルを分けた場合の機能的差異の検証が十分に行われていない．SMM がどのような結果変数に対してどのような機能を有するのか，またそれが SMM のタイプなどによってどのように異なるか，より広範囲かつ詳細に検討を加えていく必要がある．今後は，測定方法に関する問題の解決も図った上で，特に TMS は先行要因，SMM は結果変数に関してさらに理解を深めていくことが望まれる．

2点目は，TMS と SMM がチームの創造性に及ぼす効果の解明である．これまで述べてきた通り，どちらの概念も創造性との関係性を十分に議論・精査できているとは言えない状況にある．TMS は創造性に一定の効果を有することが示されてきた一方で，SMM は研究自体が満足に行われてこなかった．理論的示唆に従えば，TMS は知識の補完や集約，知識に関する振り返りが促されるために正の効果があると考えられる．対する SMM は，円滑な連携を促すものの，既存の枠組みや環境にチームを適応させるために，

固定化した考え方を生じさせる可能性があるため，正の効果と負の効果の双方の見方ができる．今後は，急激な環境変化における迅速な問題解決が可能なチームの構築に有用な知見の提示に向け，TMSとSMMが創造的なチーム活動を促進する可能性についてさらなる実証研究を加える必要があるだろう．

【参考文献】

Aggarwal, I., & Woolley, A. W. (2019). Team creativity, cognition, and cognitive style diversity. *Management Science, 65* (4), 1586-1599.

Akgün, A. E., Byrne, J. C., Keskin, H., & Lynn, G. S. (2006). Transactive memory system in new product development teams. *IEEE Transactions on Engineering Management, 53* (1), 95-111.

Akgün, A. E., Byrne, J., Keskin, H., Lynn, G. S., & Imamoglu, S. Z. (2005). Knowledge networks in new product development projects: A transactive memory perspective. *Information & Management, 42* (8), 1105-1120.

秋保亮太・縄田健悟・中里陽子・菊地梓・長池和代・山口裕幸 (2016).「メンタルモデルを共有しているチームは対話せずとも成果を挙げる：共有メンタルモデルとチーム・ダイアログがチーム・パフォーマンスへ及ぼす効果」『実験社会心理学研究』*55* (2), 101-109.

Amabile, T. M. (1988). A model of creativity and innovation in organizations. In B. M. Staw & L. L. Cummings (Eds.), *Research in organizational behavior* (vol.10, pp. 123-167). JAI Press.

Amabile, T. M., Conti, R., Coon, H., Lazenby, J., & Herron, M. (1996). Assessing the work environment for creativity. *Academy of Management Journal, 39* (5), 1154-1184.

Austin, J. R. (2003). Transactive memory in organizational groups: The effects of content, consensus, specialization, and accuracy on group performance. *Journal of Applied Psychology, 88* (5), 866-878.

Ayoko, O. B., & Chua, E. L. (2014). The importance of transformational leadership behaviors in team mental model similarity, team efficacy, and intra-team conflict. *Group & Organization Management, 39* (5), 504-531.

Bachrach, D. G., Lewis, K., Kim, Y., Patel, P. C., Campion, M. C., & Thatcher, S. M. B. (2019). Transactive memory systems in context: A meta-analytic examination of contextual factors in transactive memory systems development and team performance. *Journal of Applied Psychology, 104* (3), 464-493.

Bachrach, D. G., Mullins, R. R., & Rapp, A. A. (2017). Intangible sales team resources: Investing in team social capital and transactive memory for market-driven behaviors, norms and performance. *Industrial Marketing Management, 62*, 88-99.

Blickensderfer, E., Cannon-Bowers, J. A., & Salas, E. (1998). Cross-training and team performance. In J. A. Cannon-Bowers & E. Salas (Eds.), *Making decisions under stress: Implications for individual and team training* (pp. 299-311). American Psychological Association.

Cannon-Bowers, J. A., & Salas, E. (2001). Reflections on shared cognition. *Journal of Organizational Behavior, 22* (2), 195-202.

Cannon-Bowers, J. A., Salas, E., & Converse, S. (1993). Shared mental models in expert team decision making. In N. J. Castellan, Jr. (Ed.), *Individual and group decision making: Current issues* (pp. 221-246). Lawrence Erlbaum Associates.

Cao, X., & Ali, A. (2018). Enhancing team creative performance through social media and transactive memory system. *International Journal of Information Management, 39*, 69-79.

Dai, Y., Du, K., Byun, G., & Zhu, X. (2017). Ambidexterity in new ventures: The impact of new product development alliances and transactive memory systems. *Journal of Business Research, 75*, 77-85.

Dao, M. A., Strobl, A., Bauer, F., & Tarba, S. Y. (2017). Triggering innovation through mergers and acquisitions: The role of shared mental models. *Group & Organization Management, 42* (2), 195-236.

DeChurch, L. A., & Mesmer-Magnus, J. R. (2010). The cognitive underpinnings of effective teamwork: A meta-analysis. *Journal of Applied Psychology, 95* (1), 32-53.

Dionne, S. D., Sayama, H., Hao, C., & Bush, B. J. (2010). The role of leadership in shared mental model convergence and team performance improvement: An agent-based computational model. *The Leadership Quarterly, 21* (6), 1035-1049.

Edmondson, A. (1999). Psychological safety and learning behavior in work teams. *Administrative Science Quarterly, 44* (2), 350-383.

Ellis, A. (2006). System breakdown: The role of mental models and transactive memory in the relationship between acute stress and team performance. *Academy of Management Journal, 49* (3), 576-589.

Fleming, L., Mingo, S., & Chen, D. (2007). Collaborative brokerage, generative creativity, and creative success. *Administrative Science Quarterly, 52* (3), 443-475.

Gino, F., Argote, L., Miron-Spektor, E., & Todorova, G. (2010). First, get your feet wet: The effects of learning from direct and indirect experience on team creativity. *Organizational Behavior and Human Decision Processes, 111* (2), 102-115.

Hinsz, V., Tindale, R., & Vollrath, D. (1997). The emerging conceptualization of groups as information processors. *Psychological Bulletin, 121* (1), 43-64.

Hirst, G., Van Knippenberg, D., Zhou, Q., Zhu, C. J., & Tsai, P. C. F. (2018). Exploitation and exploration climates' influence on performance and creativity: Diminishing returns as function of self-efficacy. *Journal of Management, 44* (3), 870-891.

Hollingshead, A. B. (1998a). Communication, learning, and retrieval in transactive memory systems. *Journal of Experimental Social Psychology, 34* (5), 423-442.

Hollingshead, A. B. (1998b). Retrieval processes in transactive memory systems. *Journal of Personality and Social Psychology, 74* (3), 659-671.

Hood, A., Bachrach, D., Zivnuska, S., & Bendoly, E. (2016). Mediating effects of psychological safety in the relationship between team affectivity and transactive memory systems. *Journal of Organizational Behavior, 37* (3), 416-435.

Jagacinski, R. J., & Miller, R. A. (1978). Describing the human operator's internal model of a dynamic system. *Human Factors, 20* (4), 425-433.

Johnson-Laird, P. N. (1983). *Mental models: Towards a cognitive science of language, inference, and consciousness* (No. 6). Harvard University Press.

Kanfer, R., & Ackerman, P. (1989). Motivation and cognitive abilities: An integrative/ aptitude-treatment interaction approach to skill acquisition. *Journal of Applied Psychology, 74* (4), 657-690.

Klimoski, R., & Mohammed, S. (1994). Team mental model: Construct or metaphor? *Journal of Management, 20* (2), 403-437.

Kozlowski, S. W. J., Gully, S. M., Nason, E. R., & Smith, E. M. (1999). Developing adaptive teams: A theory of compilation and performance across levels and time. In D. R. Ilgen & E. D. Pulakos (Eds.), *The changing nature of performance: Implications for staffing, motivation, and development* (pp. 240-292). Jossey-Bass.

Kozlowski, S. W. J., & Ilgen, D. R. (2006). Enhancing the effectiveness of work groups and teams. *Psychological Science, 7* (3), 77-124.

Leahey, E., Beckman, C. M., & Stanko, T. L. (2017). Prominent but less productive: The impact of interdisciplinarity on scientists' research. *Administrative Science Quarterly, 62* (1), 105-139.

Lewis, K. (2003). Measuring transactive memory systems in the field: Scale development and validation. *Journal of Applied Psychology, 88* (4), 587-604.

Lewis, K. (2004). Knowledge and performance in knowledge-worker teams: A longitudinal study of transactive memory systems. *Management Science, 50* (11), 1519-1533.

Lewis, K., & Herndon, B. (2011). Transactive memory systems: Current issues and future research directions. *Organization Science, 22* (5), 1254-1265.

Li, Y. H., & Huang, J. W. (2013). Exploitative and exploratory learning in transactive memory systems and project performance. *Information & Management, 50* (6), 304-313.

Liang, D. W., Moreland, R., & Argote, L. (1995). Group versus individual training and group performance: The mediating role of transactive memory. *Personality and Social Psychology Bulletin, 21* (4), 384-393.

Marks, M. A., Sabella, M. J., Burke, C. S., & Zaccaro, S. J. (2002). The impact of cross-training on team effectiveness. *Journal of Applied Psychology, 87* (1), 3-13.

Marques-Quinteiro, P., Curral, L., Passos, A., Lewis, K., & Gomes, C. (2019). How transactive memory systems and reflexivity relate with innovation in healthcare teams. *Análise Psicológica, 37* (1), 41-51.

Mathieu, J. E., Heffner, T. S., Goodwin, G. F., Cannon - Bowers, J. A., & Salas, E. (2005). Scaling the quality of teammates' mental models: Equifinality and normative comparisons. *Journal of Organizational Behavior: The International Journal of Industrial, Occupational and Organizational Psychology and Behavior, 26* (1), 37-56.

Mathieu, J. E., Heffner, T. S., Goodwin, G. F., Salas, E., & Cannon-Bowers, J. A. (2000). The influence of shared mental models on team process and performance. *Journal of Applied Psychology, 85* (2), 273-283.

Mathieu, J. E., Rapp, T. L., Maynard, M. T., & Mangos, P. M. (2009). Interactive effects of team and task shared mental models as related to air traffic controllers' collective efficacy and effectiveness. *Human Performance, 23* (1), 22-40.

Maynard, M., Mathieu, J., Rapp, T., & Gilson, L. (2012). Something(s) old and something(s) new: Modeling drivers of global virtual team effectiveness. *Journal of Orga-*

nizational Behavior, 33 (3), 342-365.

McIntyre, H. H., & Foti, R. J. (2013). The impact of shared leadership on teamwork mental models and performance in self-directed teams. *Group Processes & Intergroup Relations, 16* (1), 46-57.

Michinov, E., Olivier-Chiron, E., Rusch, E., & Chiron, B. (2008). Influence of transactive memory on perceived performance, job satisfaction and identification in anaesthesia teams. *British Journal of Anaesthesia, 100* (3), 327-332.

Mohammed, S., Ferzandi, L., & Hamilton, K. (2010). Metaphor no more: A 15-year review of the team mental model construct. *Journal of Management, 36* (4), 876-910.

Mohammed, S., Hamilton, K., Sanchez-Manzanares, M., & Rico, R. (2017). Team cognition: Team mental models and situation awareness. In E. Salas, R. Rico, & J. Passmore (Eds.), *The Wiley Blackwell handbook of the psychology of teamwork and collaborative processes* (pp. 369-392). John Wiley & Sons.

Moreland, R. L. (1999). Transactive memory: Learning who knows what in work groups and organizations. In L. Thompson, D. Messick, & J. Levine (Eds.), *Shared cognition in organizations: The management of knowledge* (pp. 3-31). Lawrence Erlbaum.

Murase, T., Carter, D. R., DeChurch, L. A., & Marks, M. A. (2014). Mind the gap: The role of leadership in multiteam system collective cognition. *The Leadership Quarterly, 25* (5), 972-986.

Orasanu, J., & Salas, E. (1993). Team decision making in complex environments. In G. A. Klein, J. Orasanu, R. Calderwood, & C. E. Zsambok (Eds.), *Decision making in action: Models and methods* (pp. 327-345). Ablex Publishing.

Pearsall, M. J., Ellis, A. P., & Bell, B. S. (2010). Building the infrastructure: The effects of role identification behaviors on team cognition development and performance. *Journal of Applied Psychology, 95* (1), 192-200.

Peltokorpi, V., & Hasu, M. (2016). Transactive memory systems in research team innovation: A moderated mediation analysis. *Journal of Engineering and Technology Management, 39,* 1-12.

Perry-Smith, J. E., & Shalley, C. E. (2014). A social composition view of team creativity: The role of member nationality- heterogeneous ties outside of the team. *Organization Science, 25* (5), 1434-1452.

Ren, Y., & Argote, L. (2011). Transactive memory systems 1985-2010: An integrative framework of key dimensions, antecedents, and consequences. *The Academy of Management Annals, 5* (1), 189-229.

Resick, C. J., Murase, T., Bedwell, W. L., Sanz, E., Jiménez, M., & DeChurch, L. A. (2010). Mental model metrics and team adaptability: A multi-facet multi-method examination. *Group Dynamics: Theory, Research, and Practice, 14* (4), 332-349.

Rico, R., Sánchez-Manzanares, M., Gil, F., & Gibson, C. (2008). Team implicit coordination processes: A team knowledge-based approach. *Academy of Management Review, 33* (1), 163-184.

Rouse, W. B., Cannon-Bowers, J. A., & Salas, E. (1992). The role of mental models in team performance in complex systems. *IEEE Transactions on Systems, Man, and Cybernetics, 22* (6), 1296-1308.

Rouse, W. B., & Morris, N. M. (1986). On looking into the black box: Prospects and limits in the search for mental models. *Psychological Bulletin, 100* (3), 349-363.

Salas, E., Sims, D. E., & Burke, C. S. (2005). Is there a "big five" in teamwork?. *Small Group Research, 36* (5), 555-599.

Santos, C. M., & Passos, A. M. (2013). Team mental models, relationship conflict and effectiveness over time. *Team Performance Management, 19,* 363-385.

Santos, C. M., Passos, A. M., & Uitdewilligen, S. (2016). When shared cognition leads to closed minds: Temporal mental models, team learning, adaptation and performance. *European Management Journal, 34* (3), 258-268.

Santos, C. M., Uitdewilligen, S., & Passos, A. M. (2015). Why is your team more creative than mine? The influence of shared mental models on intra-group conflict, team creativity and effectiveness. *Creativity and Innovation Management, 24* (4), 645-658.

Stout, R. J., Cannon-Bowers, J. A., Salas, E., & Milanovich, D. M. (1999). Planning, shared mental models, and coordinated performance: An empirical link is established. *Human Factors, 41* (1), 61-71.

Toader, A. F., Cantner, U., & Kessler, T. (2019). The effect of team mental models divergence on creative performance during situational changes. *Creativity Research Journal, 31* (1), 40-51.

Toader, A. F., & Kessler, T. (2018). Team mental models, team goal orientations, and information elaboration, predicting team creative performance. *Creativity Research Journal, 30* (4), 380-390.

van den Bossche, P., Gijselaers, W., Segers, M., Woltjer, G., & Kirschner, P. (2011). Team learning: Building shared mental models. *Instructional Science, 39* (3), 283-301.

Volpe, C. E., Cannon-Bowers, J. A., Salas, E., & Spector, P. E. (1996). The impact of cross-training on team functioning: An empirical investigation. *Human Factors, 38* (1), 87-100.

Wegner, D. M. (1987). Transactive memory: A contemporary analysis of the group mind. In B. Mullen & G. Goethals (Eds.), *Theories of group behavior* (pp. 185-208). Springer.

Wegner, D. M., Giuliano, T., & Hertel, P. T. (1985). Cognitive interdependence in close relationships. In W. Ickes (Ed.), *Compatible and incompatible relationships* (pp. 253-276). Springer-Verlag.

山口裕幸 (2008). 『チームワークの心理学：よりよい集団づくりをめざして』サイエンス社.

Zhang, L., & Guo, H. (2019). Enabling knowledge diversity to benefit cross-functional project teams: Joint roles of knowledge leadership and transactive memory system. *Information & Management, 56* (8), 103-156.

Zoogah, D. B., Noe, R. A., & Shenkar, O. (2015). Shared mental model, team communication and collective self-efficacy: an investigation of strategic alliance team effectiveness. *International Journal of Strategic Business Alliances, 4* (4), 244-270.

組織科学におけるチーム研究のブレイクスルーを期待して：「チーム認知とチームの創造性」（大沼・秋保・村瀬論文）へのコメント

山口 裕幸

1. 大沼・秋保・村瀬論文が組織科学研究にもたらす貢献

　著者らが指摘するように，優れた力量を持つメンバーを集めても，チームとして優れた成果を収めることができるとは限らない．なぜならば，チームの成果はメンバー各自の力量の総和によって決まるのではなく，メンバーどうしの相互作用のあり方によっては，メンバーの力量の総和を超えた成果につながることもあれば，その逆で，期待を裏切る低い成果しか上げられないこともあるからである．メンバーの相互作用の様相とチームの成果との連関の特性を明らかにするアプローチは，効果的なチーム・マネジメントを開発するうえで不可欠の取り組みである．本論文は，そのアプローチの中軸となるチーム認知に関する研究レビューを丹念に行い，将来に向けた研究課題を提示した意欲的な内容で構成されている．

　メンバーの相互作用によってチームレベルで現れる認知活動全般を指すチーム認知（team cognition）の中でも，本論文は，特にメンバー同士が記憶を共有することで生まれる「トランザクティブ・メモリー・システム（transactive memory system：以下，TMS）」と「共有メンタルモデル（shared mental model：以下，SMM）」の2つに着目し，それらがチーム活動の過程で果たす機能について論じている．これら2つの概念は，いずれも目に見えにくい認知的特性であり，しばしば混同されて理解されたり，使用されたりすることがある．本論文は，2つの概念の相違を明確にして，的確な理解を導くものとなっている．類似概念の混同は，研究知見の混乱や誤解につながることがある．本論文の取り組みは，的確な研究知見の蓄積を促進し，将来の研究発展への道筋を照らすものとなっている．

　また，本論文のもうひとつの特徴として，チーム成果の中でも創造性の発揮への影響について注目している点があげられる．チームが優れた成果を達成するには，メンバー間の円滑で機能的なコミュニケーションが不可欠である．しかし，実際のところ，メンバー間のコミュニケーションは，手間や時

間，互いの都合の調整等，思いのほか大きな労力を伴うものである．例えば，チームで話し合いを行って創造的なアイディアを生み出そうとするとき，メンバー同士が互いの考えを素早くしかも正確に伝え合うだけでなく，推測し合うことも必要になる．本来，多くの労力を要するチーム・コミュニケーションを，円滑で効率的なものへと高品質化していくときに生まれてくるのがTMSでありSMMである．

　本論文では，TMSはチームにおける認知的分業システム，SMMはチームが直面する状況を瞬時に共通理解することを可能にする認知システムと位置づけ，それぞれに関する研究の歴史を丹念にひもときつつ，概念を明確にして，それらの出現を導く先行要因および，チーム成果に及ぼす影響に関する研究知見を整理してあり，今後の研究課題を明確にするうえで貢献は大きい．また，TMSとSMMの共通点と相違点を整理することで，概念の混乱を解消し，相違点をよく踏まえたうえで，チーム認知研究を進める道筋を示すことを試みている．これらの取り組みは，組織科学研究においてチーム研究が取り組むべき将来的課題を考える際の重要な視点を示すものとなっている．

2. さらなる深掘りを期待したいことがら

• 認知の「共有」をめぐる概念の曖昧さからの脱却：本論文では，先行研究を引用しつつ「チームレベルで現れる認知活動はチーム認知（team cognition）として概念化され，その機能について盛んに議論されてきた．チー

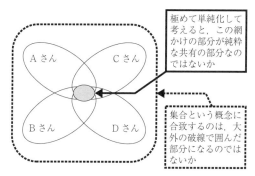

図1　チームにおけるメンバー間の認知共有の形態のイメージ図

ム認知とは，メンバーの知識体系や情報の解釈などの認知に焦点を当てた，認知の集合を表す広範な概念である」と論じている．しかし，その代表として本論文が取り上げた SMM は，メンバー各自が保持するメンタルモデルの共通部分（図1における網かけ部分）を意味すると考えられる．メンバー各自のメンタルモデルは各自固有のものであって，その一部，特にチーム活動に関わるメンタルモデルが他のメンバーと共通していれば SMM として機能する．チーム認知をメンバーの認知の集合として定義することは，メンバーによる認知共有のあり方を曖昧にしてしまう可能性がある．TMS も，誰がどの情報を記憶しているのかというメタ記憶が共有されることを意味していて，チームに関する記憶情報全部を共有しているわけではない．メンバー達の個人レベルの認知が，チームベルの認知へと成長する過程では「共有」が重要な鍵を握っている．認知の「共有」とはいかなる状態を意味するのか，もう一段の検討を期待したい．

• チーム認知の発達がチーム創造性の発揮に及ぼす複雑な影響性の究明：TMS や SMM の成熟は本当に創造性につながるのだろうか．確かに TMS や SMM によって円滑で俊敏なコミュニケーションや意思決定が可能になり，それはチームの創造的アイディアの生成を促進することを期待させる．しかし，それは一面的な見方に過ぎないのではないか，慎重な検討が望まれる．TMS が成熟すると，「その情報の担当は〇〇さんだから，私は関与しない」という硬直的な対応につながることも予見される．組織における「サイロ化」の一形態につながる可能性を秘めているとみることができるだろう．また，SMM の成熟も，メンバーの思考が均質化して，異なる意見や新しい考えが出てきにくい状態を生み出す可能性がある．その場合，創造的なチームコミュニケーションどころか，グループシンク（groupthink; Janis, 1972）のような誤ったチーム決定が行われることにさえなりかねない．チームの創造性とは，いかなる形で現れるのか，そしてどのような測定を行えば可視化できるのか，という課題と併せて，チーム認知の発達・成熟とチームの創造性がどのような関係にあるのか，よりダイナミックな視点からの検討を期待したい．

• 他のチーム認知特性が及ぼす影響との関連性の検討：チーム認知は，TMS や SMM だけでなく，本論文でも言及されているチームの「心理的安

全性（psychological safety）」や古くから研究されてきたチームの規範や風
土，文化といった特性も包含する概念である．TMS と SMM に絞ったレ
ビューは明快な整理につながっており，その貢献は大きい．ただ，チーム認
知とチーム有効性（team effectiveness）との関係を検討するとき，TMS や
SMM 以外にも重要なチーム認知とみなせる特性が存在することに視野を向
けて，さらなる検討を行うことで新たな発見を得る可能性が広がることが期
待される．このような視野を広げたさらなる研究を期待したい．

3. 今後の研究への期待

　本レビュー論文は，TMS と SMM に焦点を当てて，チーム認知がチーム
活動においていかなる機能を果たしているのか，研究知見を整理し，より的
確な知見の理解と位置づけを行うとともに，今後の研究課題について議論し
ている．TMS および SMM の研究を単体で取り上げても，まだまだ検討す
べき課題は多く残されており，それらの課題に取り組むことの大切さは，本
論文が指摘する通りである．

　組織活動の多くがチームによって遂行されていることを思えば，チーム有
効性を促進する要因の究明は，組織活動の成果を高める取り組みの中核を担
うものとして自ずと重要なものとなる．ただ，モチベーションやワーク・エ
ンゲージメント等々，組織成果の向上につながる個人レベルの要因について
は多種多様に検討がなされている一方で，目標達成や生産性向上を導くチー
ム・レベルの要因についての検討は，チームワーク研究に集中した限定的な
ものに留まっているのが現状である．著者らには，そうした現状を突破する
一翼を担っていって欲しい．

　著者らの今後の研究をより広がりのあるものへとグレードアップするため
に，チームの課題特性や財務的・人的な資源の充足状況等の所与の組織変数
をはじめとして，メンバー間の人間関係や，信頼関係，リーダーシップ，コ
ミュニケーション，葛藤の発生状況などのチーム・プロセスの変数，そし
て，チーム業績や目標達成率，革新性等の結果変数まで，種々の変数を包括
的に組み込んで，チーム有効性がどのようなダイナミズムのもとで決まって
くるのか，また複数のチーム間の連携の促進はいかなるマネジメントによっ
て可能になるのか，その理論モデルの構築を視野に入れてアプローチするこ

とが，研究のさらなる充実につながると考える．組織科学におけるチーム研究のさらなる発展に向けて大いに期待したい．

【引用文献】

Janis, I. L. (1972). *Victims of groupthink: A psychological study of foreign-policy decisions and fiascoes.* Houghton Mifflin.

8 過去の展望から未来の問いを どのように導き出すか

服部 泰宏

8-1 イントロダクション

　文献レビューとは，一般に，「既存研究の体系（あるいは諸体系）の検討を通じて，理論の構成要素を特定し，それに挑戦し発展させることで，その体系を分析し統合する，1つの研究」（Post et al., 2020, p. 352）を指す．それ自体1つの完結した研究としてのレビューであれ，経験的な研究の前段階としてのレビューであれ，レビューの著者は，過去に発表された複数の研究を要約し，問題を定義し，複数の研究の間の関係性や矛盾点，ギャップなどを特定し，その領域で起こっている問題を解決するための次のステップを提案する（Sayer, 2018）．どのようなディシプリンにおいても，これは研究活動の最も基本にして最も重要なステップだといえる．

　過去20年ほどの間に，この文献レビューの書き方に関する学術的な議論が，かなりの程度蓄積されてきた．社会科学領域においても，良いレビュー論文を書くということに関わる議論の蓄積が進み，かつ，どの文献のどの主張が標準的な考え方であるか，ということに関するコンセンサスも形成されつつある（e.g. Bem, 1995; Baumeister & Leary, 1997; Webster & Watson, 2002; Garrard, 2011;Torraco, 2016; Sayer, 2018; Post et al., 2020）．これらの議論は，総じて，過去の優れたレビュー論文の共通性に注目し，過去の優れた研究者たちが残してきた研究コミュニティの中で暗黙のうちに共有されてきた理解を，帰納的に抽出しようというものである．

　本章の目的は，過去20年ほどの間に蓄積されてきたこうした議論の主要

な論点を整理し，それぞれの論点に関して先行研究が提示している「良いレビュー論文の要件」を抽出することである[1]．

　本章の射程範囲を明確にしておきたい．第1に，本章が注目するのは，経験的な研究の前半パートに収まることを前提としたレビューではなく，1つの完結した作品としてのレビューである．両者の最も重要な違いは，問題の射程範囲と抽象度である（Baumeister & Leary, 1997）．第2に，本章の焦点は，先行研究の結果を数値的に要約することに主眼を置いたメタ分析（meta-analysis）ではなく，先行研究の議論（例えば，採用している理論的・経験的な発見事実，あるいはそれらの関係性）の意味に注目するナラティブ・レビュー（narrative review）である[2]．

　本章が注目するのは，①先行研究の議論の意味に注目する，いわゆるナラティブ・レビューであり，その中でも，②明確な方法論に基づいて文献を渉猟しようとするもの，また③それ自体が独立した研究であるようなタイプのレビュー論文である．このようなタイプのレビューをここでは，先行研究にならって，統合的文献レビュー（integrative literature review）と呼ぶことにする[3]．

8-2 「良い文献レビュー」に関する議論の主要な論点の整理

　「良い文献レビュー」に関する主要な論点は，（1）レビュー論文の機能

1　本章は，服部（2020b）をもとに，文字数の削減を行いつつ，若干の加筆を行ったものである．

2　メタ分析的レビューを行う方法についての議論については，Hunter & Schmidt（2004）を参照されたい．また学位論文に含まれる文献レビューに特化した議論については，Boote & Beile（2005）やRandolph（2009）を参照．ただし，それらにおいても本章で紹介する考え方と，基本的な部分は変わらないと筆者は考える．

3　本書に所収されたレビュー論文の多くが，①と③の条件を満たしたものである．その一方で②の手続きについては，必ずしも全ての論文が踏襲しているわけではない．これは，当該レビュー論文がカバーしようとしている研究の種類によっては，厳密な適用が難しいことがあるためである．例えば，「組織‐個人適合研究」のように，研究領域全体をカバーするラベルが自明のものとして研究コミュニティに共有されている領域をレビューする場合には，渉猟する文献の探し方や決め方や範囲の確定に関して，かなり厳密な手続きを踏むことが可能になる．その一方で，「特許データを使用した研究」のように，対象となる研究全体をカバーするラベルが存在しない研究群を対象としたレビューを行うような場合，渉猟する文献の探し方や決め方や範囲の確定に関して，ある程度，研究者自身の取捨選択が発生してしまう．その意味で，この章の記載内容が，全てのタイプのレビュー論文に当てはまるわけではないが，しかし，以下で議論する多くの事項が，あらゆるタイプの文献レビューに同じように当てはまると考えられる．

（第 8-2-1 項），（2）渉猟する文献の探し方や決め方や範囲，（第 8-2-2 項）
（3）論文の各パートにおける記載事項（第 8-2-3 項）といったものである．
それぞれについて，どのような議論が行われ，どのような主張がなされてい
るのかというかということを確認してみよう．

8-2-1 レビュー論文の機能

　1 つ目の論点は，レビュー論文が当該分野あるいは分野外の読者にもたら
している機能に関わるものである．著者自身が意図しているか否かにかかわ
らず，レビュー論文は，当該分野の対内的／対外的な適応を促したり，研究
コミュニティ内部のコミュニケーションを可能にしたりといった役割を果た
しうる．

　これまでの議論によれば，文献レビューには，大きく分けて 5 つ（①要
約，②統合，③批判，④研究領域の創造，⑤方向性の提示）の機能がある．
このうち①②③⑤は，全てのレビュー論文が備えるべき機能であり，④は全
てのレビュー論文に求められる機能とはいえないものである．

　1 つ目の機能が，既存の議論の要約をする（summarize）という機能であ
る（Bem, 1995; Sayer, 2018）．その領域においてはどのようなアプローチで
どのような研究が行われており，何が分かっているのか，分かっていないこ
とは何か．こうしたことを確認して伝えること，しかも先行研究の情報量を
大幅に集約して伝えることが，全てのレビュー論文の重要な機能である．学
術雑誌に掲載されるレビュー論文には，通常，関連する先行研究が少なくと
も数十本は引用される．そうした膨大な過去の研究を 1 本のペーパーとして
情報集約すること自体に，レビュー論文の価値があるのである．

　2 つ目の機能が，先行研究の統合（synthesize）である（Baumeister &
Leary, 1997; Webster & Watson, 2002; Torraco, 2016; Sayer, 2018; Post et
al., 2020）．ここで統合とは，過去の文献を単に情報集約（要約）するにとど
まらず，種々の研究をつなぎ合わせて「結局どういうことがわかっているの
か」「何が大事な発見なのか」といった，核心的な問題を明らかにすること
（Post et al., 2020），そのためになんらかの新しいモデルや概念的枠組み，そ
のほか独自の視点を提供する創造的なプロセスを指す（Torraco, 2016）．情
報集約を行うのが要約だとすれば，統合とは，既存の情報に対して単なる集

約を超えたなんらかのアレンジメントを加えることだといえる。統合の様々な形式については、改めて取り上げることにする（第8-3-2項参照）。

　3つ目は、先行研究に対して批判を加える（criticize）という機能である（Baumeister & Leary, 1997; Pautasso, 2013; Torraco, 2016; Post et al., 2020）。批判とは、既存の議論の中身やそのあり方の長所と短所を特定し、文献間の不備や矛盾を明らかにすること、また当該研究領域において「当たり前になっている」ことに疑問を投げかけ、その問題について検討を行うことを指す（Torraco, 2016）。批判の具体的な方法については、のちに改めて議論したい（第8-3-3項）。

　4つ目は、研究領域を創造する（conceptualize research area）という機能である（Webster & Watson, 2002）。1つの研究領域として認識されていない複数の研究群に対して、それらを独自の視点で連結させ、新たな視点や理論を提供することによって、これまで全く別々の研究だと思われていたものの間に、何らかの共通の問題が存在することが分かることがしばしばある（Webster & Watson, 2002; Post et al., 2020）。要約し、統合する結果として、1つの研究領域として確定された境界がなく、研究領域を端的に表すラベルもない複数の研究群から、1つの研究領域が立ち上がるのである。

　5つ目の機能は、先行研究の要約、統合、批判を前提に、研究領域の将来の方向性を提示し、研究を誘発すること（stimulating further research）である（Baumeister & Leary, 1997; Webster & Watson, 2002; Sayer, 2018）。

　もちろん、これらのウェイトや各機能の具体的な意味内容に関しては、当該領域の状況により、かなりのバリエーションがありうる。例えば新規性の高い分野、今まさに立ち上がりつつある分野の場合、必ずしも1つの研究領域として認識されていない、様々な媒体の様々な研究から得られた研究成果を独自の視点で結び、それらに新しい視点や理論を提供することが有効になることが多い（Webster & Watson, 2002; Post et al., 2020）。反対に、研究領域の境界が多くの研究者にとって自明であり、すでに成熟した研究分野においては、研究蓄積量が膨大になり、それらがともすれば複数のディシプリンの複数の研究分野に分散して蓄積されてしまい、結果、相互に重複した理論的経験的な視点が採用されてしまうような自体に陥ることが多い。このような場合、レビュー論文の著者には、分断された諸研究の橋渡しをするよう

な議論が求められる（Toracco, 2016; Post et al., 2020）．

8-2-2　渉猟する文献の探し方・決め方・範囲

　文献レビューの主要な機能の1つが要約であるとして，その要約の対象となるのはどの研究の集合なのか．当該領域の主要な研究全てをレビュー対象とするメタ分析的レビューなどとは異なり，統合的文献レビューの場合，どの論文のどの部分を含めるか／省略するかに関して，著者自身による選択の余地が多分にある．それだけに，文献の選択に関して，できる限り客観性を担保する必要がある（Boote & Beile, 2005）．

　範囲確定の具体的な手続きとして，Webster & Watson（2002）は，①トップジャーナルと主要なカンファレンスのプロシーディングスに掲載されたもの，②その論文において引用された論文，③ Web of Science のような検索システムを使って①②で検出された論文が引用しているものをさらに特定する，というやり方を推奨している．こうした手続きは，著者が自身の考えを支持する研究だけを選択してしまったり，自らが思い描くストーリーラインに合わない研究を排除してしまったりすることを避けるために重要になる．特に②の手続きによって，デジタル化されていない，出版年数の古い研究をも渉猟範囲に入れることができる．矛盾した結果，相互に折り合いのつかない論点，さらには古い年代の文献をもあわせて紹介し，渉猟範囲に入れることで，より強固な議論へと鍛え上げていくことができるのである（Boote & Beile, 2005; Sayer, 2018）．

　Webster & Watson（2002）の議論は，著者が「読む」文献の範囲を確定することに関わるものであるが，もう1つ，「紹介」する具体的な文献の取捨選択に関しても，著者による選択の余地が多分にある．Cooper（1988）は，紹介する文献の選択に関して，著者は以下の4点のいずれかを選択する必要があるという．

(1) 領域全体をカバーする網羅的なもの（領域全体の研究蓄積が相対的に少ない場合など）

(2) 分野全体を渉猟しつつも，その中から選択したいくつかを紹介していくもの

（3）各トピックに関わる研究から，典型的なものや代表的なものを選択
　　的にピックアップして紹介するもの
（4）当該分野において相対的に重要なもの，中心的な役割を果たすもの
　　に限定するもの

　レビューする領域の研究蓄積の状況や既存のレビュー論文の渉猟範囲など
様々な要因によって，このうちどれを選択するかが変わってくるだろう．い
ずれにしても重要なのは，レビュー論文の著者が，自身の文献選択に関する
基準を自覚すること，そしてそれを，論文中に明確に記載すること，である
（Garrard, 2011; Torraco, 2016; Sayer, 2018; Post et al., 2020）．

8-2-3　論文の各パートにおける記載事項

　レビュー論文の各パートには，何を記載すれば良いのだろうか．この点に
ついても，ある程度の議論の蓄積がある．
（1）　イントロパート
　多くの研究がまず指摘するのが，イントロパートにおいて，当該トピック
がどれだけ重要であり，興味をそそるものであるかという説明をおこなう必
要がある，ということである（e.g. Baumeister & Leary, 1997; Baker, 2000;
Sayer, 2018）．経験的研究がそうであるように，文献レビューにおいても，
当該領域および自らのレビューの魅力や貢献点，レビューを行う目的を明確
にしなければならない（Baker, 2000; Sayer, 2018）．読者のリーダビリティ
を高める努力，ということである．特に，当該領域においてすでにレビュー
論文が存在する場合，あるいは新規性の高い研究や立ち現れつつある研究領
域である場合には，そうした努力が特に必要になるのだが，残念ながら，そ
のような努力を怠ったレビュー論文があまりにも多いということが指摘され
ている（e.g. Baumeister & Leary, 1997; Baker, 2000; Sayer, 2018）．
　読者のリーダビリティを高めるためには，イントロパートに，キー概念の
定義や議論のバウンダリー，分析単位，著者が持ち込む価値観などを記載す
る必要がある（Webster & Watson, 2002）．キー概念の定義が，論文の早い
段階で提示されることによって，読者のリーダビリティが向上するというこ
とについては，改めて説明は不要だろう．議論のバウンダリーとは，レ

ビューの対象となる理論や概念や経験的事実が当てはまる範囲を指す．例え
ばモティベーション研究の場合，組織行動論や産業組織心理学が対象とする
仕事モティベーションに限定するのか，教育心理学が対象とする学習モティ
ベーションをも含めるのかによって，レビューの内容はかなり変わってくる
だろう．こうした点を可能な限り自覚し，明記することがレビュー論文にお
いても推奨される（Webster & Watson, 2002）[4]．

(2) 方法パート

　それ自体1つの完結した作品である統合的レビューには，レビュー対象と
なる文献の体系的（systematic）かつ再現可能な（replicable）渉猟の手続
きを示したパートが必要である．文献レビューのためのデータベースが固有
名詞付きで紹介され（e.g. google scholar, Web of Science），それを用いて
どのようなキーワードでもって検索がなされたか，その結果どのような文献
が検出されたのかということに関する手続きが明示されているため，他の研
究が著者を同じ手続きを踏むことが可能になるのである（Baumeister &
Leary, 1997; Callahan, 2000; Webster & Watson, 2002）．

　Callahan（2000）は，方法パートの執筆に際して，以下のような点を明記
する必要があると指摘している．

（a）文献がどこで発見されたか．データベースや検索エンジンを用いた
　　場合には，その固有名詞を明記する．

（b）いつ検索したか．データベースの内容は頻繁に変わるので，検索
　　時点を明記することが重要である．

（c）誰が検索したか．

（d）どのようにキーワードを組み合わせて文献を見つけたか．

（e）キーワードの組み合わせごとに出現した記事数と最終的なカウント
　　数を明示する．

（f）なぜそれらの中から特定の論文が選択されたのか．

4　もっとも，こうした点をイントロで明記するべきか否かについては，レビュー論文の対象とな
　るトピックや展開したい議論の内容よって，若干の違いがある．例えば，特定の概念に注目し，
　その捉え方や定義自体を議論したい場合，全体の議論に先立ってイントロパートで定義を行う
　わけにはいかないかもしれない．むしろ，論文全体を通じて定義が確定されていくという論文
　の展開もありうるだろう．

こうした事項を記載するためには，文献レビューを行う過程において，自らの文献の渉猟過程についての記録を残すことが重要になる（Garrard, 2011）．この手続きをしっかりと記録しておけば，同じ文献を2度読みしてしまったり，レビュー論文やレビューパートを記載する際に，過去に読んだ資料を引っ張り出すことで記憶を辿ったりといった研究リソースの重複投資も回避できる．

（3）　結論パート

レビュー論文の結論パートは，本論で行ってきた要約・統合・批判を簡潔に要約しつつ，その領域の将来の方向性を提示するものでなければならない（Baumeister & Leary, 1997; Webster & Watson, 2002; Sayer, 2018）．具体的には，①何が分かっているのか（what we know）と②何が分からなければならないかということ（what we need to know）を明確にし，③現状，両者の間にどのくらいの差分があるかということを読者に提示する，ということである（Webster & Watson, 2002）．

その際，結論パートにおいて展開される①～③の内容と，本論で議論してきた内容との整合性に注意しなければならない．多くのレビュー論文において，本論部分では極めて限定的な範囲について丁寧な要約と統合，批判をしていながら，結論パートに入った途端に，その範囲を大きく超えた大胆な結論を披露する，といったレビューがしばしばみられるようである（Baumeister & Leary, 1997; Webster & Watson, 2002）．先行研究が実際に何を語っているかではなく，自身が何を語りたいかが前面に出てしまっている，あるいは，著者がレビューに先立って持っていた理論的視点がそのまま結論にまで影響を与えてしまうといった問題が，頻繁に起こっているからなのだろう．

これを回避するためにSayer（2018）は，結論パートで展開する重要な論点を，（要約と統合と批判を行う）本論の中でも先取りしておくことを推奨している．例えば結論パートにおいて，「心理的契約研究においては，契約が固定的なものと捉えられており，時間とともに変化するという側面への注目がほとんどなされていない」という主張がなされるのであれば，本論で過去の研究を紹介する際にも，そうした視点が欠落しているということを各所において明記しなければならない．本論において議論が展開できないもの

は，レビュー論文の主要な結論とはなり得ない，ということである．

8-3 主要な機能について

　第8-2節において，レビュー論文には大きく分けて5つの機能があると述べた．ここではこれらのうち3つの機能（要約，統合，批判）に絞って，具体的な考え方や技術を紹介したい．

8-3-1 先行研究の要約の仕方

　先行研究の情報量を適切に削減することがレビュー論文の1つの重要な機能であるが，どのような方法によって可能になるのか．ここでは1つのバリエーションとして，Garrard（2011）が提唱するレビュー・マトリクスを紹介する．

　レビュー論文における要約とは，個別具体的な論文や書籍に記載された膨大な情報の中から，当該領域の意味のある全体像をいかに情報集約しつつ，紡ぎ出すか，ということである．そのための1つの有望な方法として推奨されているのが，レビュー・マトリクスである（Garrard, 2011）．レビュー・マトリクスとは，端的に言えば，膨大な個別具体的な文献（行）に含まれる情報を，重要な観点に限定して記載する（列）方法である（Garrard, 2011）．図1のように，著者情報，研究目的，研究方法……といったいくつかの列トピック（後述）を定め，それらについて主要な研究の内容を要約し，紹介することで，読者に対して当該研究分野の全体像を効率よく伝達することができる．極めて膨大で，詳細な1つ1つの論文の中に散在している大量の情報（カオス）の中から，意味のある全体像（一定の秩序）を見出すための技術，と言えるだろう．

　レビュー・マトリクスの作成にあたって最も重要になるのが，適切な列トピックの選択である．列トピックは，「それぞれの学術論文を要約するために使われる，論点あるいは概念」（Garrard, 2011, p. 83）である．多く列トピックを設定すれば，それだけレビュー・マトリクスの情報量は多くなるが，それは論文の適切な「要約」とは言えない．かといって，あまりに少数の列トピックだけに限定してしまうと，紹介される情報量が少なすぎること

著者 (出版年)	研究目的	研究領域	調査デザイン			主要な発見事実
			研究対象 (サンプル数)	研究方法 (データの種類)	測定された変数	
Rousseau (1990)	組織加入初期の従業員のキャリア上の動機が,心理的契約内容に与える影響.	内容	金融,製造,コンサルティング企業,その他に所属するアメリカ中東部のビジネススクール生徒 (N=224)	質問票調査(クロスセクショナルデータ・複数)	心理的契約(オリジナル),立身出世志向,特定企業志向,期待する勤続年数	新人が知覚する心理的契約は,「関係的契約」と「取引的契約」とに大別される.長期勤続への期待と関係的契約との間には正の相関関係がみられる.立身出世志向と関係的契約には負の相関関係がみられる.立身出世志向と取引的契約との間には正の相関関係が見られる.
Guzzo, Noonan & Elron (1994)	海外赴任マネジャーへの諸施策と組織コミットメントや離職意図との関係に対する,心理的契約の媒介効果.	評価	63企業に所属する海外赴任マネジャー (N=148)	質問票調査(クロスセクショナルデータ・複数)	心理的契約(Eisenberger et al. 1986 にオリジナル項目付加),組織コミットメント,離職意図,年齢,性別,既婚・未婚,家族の同伴,赴任先の経済的発展度,赴任先の公用語,離職	心理的契約は,海外赴任マネジャーをサポートする諸施策の実施と,従業員の離職意図や組織コミットメントとの関係を媒介する.
Robinson, Kraatz and Rous- seau(1994)	組織加入初期の数年間における心理的契約の変化.組織による契約不履行が,心理的契約内容に与える影響.	内容・評価	金融,製造業,会計,不動産,IT,コンサルティング,その他に所属するアメリカ中東部のビジネススクール同窓生(N=96)	質問票調査(クロスセクショナルデータ・複数)	(t1)心理的契約(Rousseau, 1990),(t2)心理的契約(Rousseau, 1990),契約不履行	組織加入後の2年間で,従業員が知覚する従業員の義務は減少するのに対し,従業員が知覚する組織の義務は増加する.組織による契約の不履行は,従業員の取引的契約および関係的契約の義務の度合の低下につながり,その度合いは取引的契約よりも関係的契約の方が大きい.
Robinson & Rous- seau(1994)	組織による心理的契約の不履行が,従業員の組織に対する信頼や満足,離職に与える影響.	評価	金融,製造業,会計,不動産,IT,コンサルティング,その他に所属するアメリカ中東部のビジネススクール同窓生(N=128)	質問票調査と質的記述(経時データ・複数)	(t1)立身出世志向,組織に留まる意図,(t2)立身出世志向,契約の不履行,組織に留まる意図,信頼,仕事満足,組織への満足,離職	回答者の54.8%が,組織による心理的契約の不履行を知覚している.組織による契約の不履行は,従業員の雇用者に対する信頼,組織に留まる意図に負の影響を与え,従業員の実際の離職に正の影響を与える.心理的契約の不履行と信頼との負の関係は,立身出世志向が強いほど強くなる.質的記述より,心理的契約の不履行のカテゴリとして以下の10個が得られた.「訓練・開発」「報酬」「昇進」「仕事の性質」「職の安定」「フィードバック」「変革のマネジメント」「従業員に与えられた責任」「適切な雇用主」「その他」.
Robinson (1996)	心理的契約の不履行経験と,事前・事後の信頼の関係.	評価	コンサルティング,金融,製造,小売,その他に所属するアメリカ中東部のビジネススクール同窓生(N=125)	質問票調査(経時データ・複数)	(t1)心理的契約(Rousseau, 1990),信頼,組織に留まる意図,(t2)心理的契約の履行,離職,満たされない期待,従業員の業績,組織市民行動,組織に留まる意図,離職,賃金上昇,昇進	従業員の組織に対する信頼は,組織による契約の不履行の知覚を軽減させる.組織による契約の不履行は,従業員の貢献(業績,組織市民行動,組織の留まる意図)に負の影響を与える.契約の不履行の知覚と従業員の組織への貢献は,期待が満たされないという感覚によって媒介される.t1における信頼が低い場合のほうがそれが高い場合よりも,t2において不履行が知覚された場合に大きな信頼喪失につながる.

図1 レビューマトリクスの具体例

出所:服部(2013a)より抜粋

になる.まずは,一般的に推奨される列トピックを設定しておいて,レビューが進み,その分野の研究への理解が深まった段階で,改めて見直す,というやり方が無難だろう.

8-3-2 統合の仕方

すでに述べたように統合とは,既存の情報に対して単なる集約を超えたなんらかのアレンジメントを加えることである(Webster & Watson, 2002;

Torraco, 2005; Denney & Tewksbury, 2013; Pautasso, 2013; Wee & Banister, 2016). では具体的に，どのような統合の仕方があるのか．これまでに提示されているのは，大きく分けて4つの方法である（Torraco, 2016）．

1つ目は，研究のアジェンダ（research agenda）を提示することであり（Torraco, 2016），具体的には先行文献の要約とそれらに対する批判的な分析に基づいて，研究者がその後に検討すべき刺激的な研究課題や命題を提供することである．例えば Connelly et al.（2011）は，シグナリング理論（signaling theory）に関わる先行研究を渉猟し，同理論の構成要素となっている複数のキー概念を抽出した上で，その1つ1つに関する将来の研究課題を提示している．

2つ目は，なんらかの分類（taxonomy）を行うことである．典型的には，直交する2つの次元からなる4つの象限を設定し，それぞれに該当する4つの原型（archetypes）を識別する，というものである．例えば服部（2016）は，組織行動研究における組織と個人の関わり合いに関わる複数の概念に関わる研究をレビューしたうえで，①それらの焦点が，組織と個人の間の「交換」にあるのか「統合」にあるのか，②概念が想定している雇用関係の継続期間が「スポット」であるのか「長期繰り返し」であるのか，という2つの次元からなる4象限を設定し，各概念の布置連関を説明している．このような分類は，社会科学系のレビュー論文において最も多用される統合方法である（Torraco, 2016）．

3つ目は，代替的モデルや概念的フレームワーク（alternative models or conceptual frameworks）の提示である．文字通り，既存のものとは異なるモデル，概念的フレームワークを提示することで，先行研究の再編を行うものである．例えば Brutus（2009）は，業績評価に関わる研究のトレンドが大きく，量的なレーティングの研究から質的なコメントへとシフトしていることを指摘した上で，両者を共に含んだ統合的なフレークワークを構築している．この種のレビューも社会科学領域には多くみられる（e.g. Carlson & Connerley, 2003）．

4つ目は，メタ理論（meta-theory）の提示である．メタ理論とは，個別の理論の背後にあってその理論にものの見方や考え方，現象の捉え方を提示する理論，いわば理論についての理論である（Ritzer, 1992）．例えば組織行

動論において，組織と個人の関わり合いを捉える概念は数多くあるが，それらの背後には，組織と個人とが同一の目標を追求し，その意味で一体化することが可能になるという Simon（1957）由来の同一化理論と，組織と個人とは相互に独立した主体であり，両者の関係が維持されるためには，両者が行う交換が均衡している必要があるという Homans（1961）や Blau（1964）由来の社会的交換理論が，それぞれメタ理論として存在していることが多い（服部，2016, 2020a）．

　単独の経験的な研究がこうしたメタ理論にまでさかのぼった議論を行うことは滅多にないが，レビュー論文においては，こうしたレベルにまで遡ることで，その領域の研究者たちが持っている集合的なものの見方を指摘したり，その限界を議論したりすることで実り多い議論ができることが多々ある．例えば Salancik & Pfeffer（1978）は，Murray（1938）などの欲求理論および欲求を喚起する職務特性に注目した研究をレビューした上で，これらが個人の社会的な情報処理過程を見過ごしてきたことを指摘し，既存の議論を社会的情報処理の視点から統合した，理論モデルを提示している．その際，彼らが援用しているのは，Berger & Luckman（1967），Schutz（1967），Weick（1979）など，組織行動論の外部にある理論である．Salancik & Pfeffer（1978）は，現実の理解における当事者の主観性に注目したこれらの文献の特定のどれかに依拠するのではなく，これらの議論に共通する論点を抽出し，それを組織行動論の中に取り込むことで，自身の社会的情報処理理論を構築している[5]．

8-3-3　批判の仕方

　すでに述べたように，批判とは，既存の文献の長所と短所を特定し，文献間の不備や矛盾を明らかにすることを指す（Torraco, 2016）．レビュー論文において，展開可能な批判には，例えば以下のようなものがある．

---

[5] Torraco（2016）は，統合のもう1つの方法としてメタ分析をあげているが，本章はこれを省略した．メタ分析の主要な目的が先行研究で報告された数値の要約それ自体にあるのに対して，すでに述べたように，統合的レビューの目的は，既存の知見を統合し，それに対して批判を加えることにあるからである．もちろん，メタ分析的に情報を要約した上で，その数値に対して批判を加えたり，新たな理論的な視点によりそれらを統合したりするタイプの論文もありうる．ただしメタ分析それ自体の機能は，あくまで数値の要約であり，それを行うことがすなわち既存の議論を「統合」したことにはならないと考える．

(1) 議論の矛盾や不一致

(2) 集合的な無知

(3) 概念や理論の起源や発展の歴史

(4) 研究の基本仮定

(5) 採用されている方法の問題

(6) 主たる調査対象の問題

(7) 経験的な世界とのズレ

(8) 概念の曖昧性や再定義の必要性

(9) 理論や概念が当てはまる境界条件の再検討

　1つ目の，最もオーソドックスなやり方は，すでに展開されている議論の矛盾や不一致を指摘することである（Pautasso, 2013; Torrraco, 2016）．ある研究においてはXとYの間に正の相関が，もう1つの研究においては同じ変数の間に負の相関が観察されたことを指摘し，そのような結果の不一致や矛盾がなぜ起こったのか，どのようにすればそれが解消されうるか，といったことを議論するというものである．

　2つ目は，特定の研究領域において，多くの研究者が図らずも見過ごしてきた論点や，研究の対象となってこなかった重要な問題を指摘するというものである．研究が進展すると，多く研究者は過去の経験的研究の成果に立脚して自らの研究課題を立てるようになる．その結果，結果の出やすい領域には多くの研究者が注目する一方で，結果の出にくい（しかし重要な）領域に対しては研究者の目が向けられなくなることがしばしばある．そうした集合的な無知の状態を指摘することで，将来の研究の方向性を示すことができる．

　3つ目は，概念や理論の起源や発展の歴史に関連した批判である．研究の蓄積が進み，当該分野が成熟期に差し掛かると，初期の多種多様なトピックの中から，特定のものが選択・淘汰され，研究者の努力が一部のトピックに集中するようになっていくことがよくある（金井, 1991; 鈴木, 1998; 服部, 2013a, 2013b）．実証分析のための頑健な測定尺度が整備された領域では，とりわけそうした現象が起こりやすい（金井, 1991; 鈴木, 1998）．このような場合，当該領域の主要な概念や理論の起源にまで遡ることで，当初持ち合

わせていたトピックの多様性や柔軟性を指摘したり，またそれが研究の発展の中でどのように固定化され，柔軟性を失っていったかを指摘したりするようなレビューを行うことで，その領域が図らずも見失っていた（古くて）新たなトピックが見えてくることがある[6].

　4つ目は，既存研究の背後にある基本仮定を明確にするというものである．経営学に限らず社会科学者は，経験的現実を捉えようとするとき，当人が自覚するか否かにかかわらず，人間や社会の本質についての何らかの仮定を持ち込む．例えば，多くの経済学者が，人間の（部分的な）合理性と市場メカニズムの有能性を前提に議論を展開する．統一のパラダイムを持たない経営学の場合，研究者の持つ基本仮定にはこれよりももう少しバリエーションがみられる（Burrell & Morgan, 1979）．研究が成熟するにつれて，そのような仮定は，分野内の多くの研究者に共有され，当人たちですら気づかない暗黙のものとなっていく（Post et al., 2020）．そのことで，一方では，既存の枠組みに沿った研究の効率的な蓄積が可能になるわけであるが，他方で，領域全体として探求される問題に偏りが出たり，結果の解釈や議論の幅が極端に狭められたりといったことが起こる（Foss & Hallberg, 2014）．そのような場合，既存研究の背後にある基本仮定にまで踏み込んだ文献レビューを行うことで，既存研究の研究者たちが信奉する暗黙の前提が浮かび上がり，それに変わる代替的な仮定や前提を提示する道が開かれるのである（Post et al., 2020）．

　5つ目と6つ目は，採用されている方法の問題や，先行研究が焦点を当てている対象の偏りを指摘するというものである．実証研究の少なさ（多さ）を指摘したり，外的妥当性の低い実験室実験ばかりが行われていることを指摘したりするのが前者，特定の国のサンプルばかりを対象とした研究が多いことを指摘するのが後者の例である．

　7つ目は，経験的な現実とのズレを指摘するというものである．国際化や

6　Stinchcombe（1982）は，当該分野の古典的文献に立ち返ることの価値を6つの点に整理している．1つ目は基本的な考え方を提供するソースとしての価値，2つ目は後続の研究者にとっての直感やヒントの源としての価値，3つ目は当該分野の研究者に集合的記憶を提供し，連帯意識をもたらすという価値，4つ目は優れた研究の見本例としての価値，5つ目は未熟な研究者に対する発達課題を提示する価値，6つ目はレビュー論文の筆者の当該分野へのロイヤルティを示す価値である．このうち本章に深く関わるのは，1つ目や2つ目の点であろう．

リモートワークの導入，人工知能の進化など，社会経済的なトレンドや経験的世界の側の変化によって，それまでは妥当であった既存理論の見方が陳腐化したり，場合によっては現実から遊離してしまったりするようなことがある．このような場合に，新たに現れつつある経験的世界に対して既存の理論や概念がどのような限界を抱えているか，新たに導入する理論や概念によってどのように世界の見え方が改善されるかを問う，というものである（Post et al., 2020）．経験的世界と新たな理論的視点という複数の視点を持つことで，異なる理論的世界観間でのコミュニケーションを可能にし（Wilmott, 1993），かつ，経営理論が過度に狭い世界へと嵌まり込むことを防ぐことができる（Donaldson, 1998）．

8つ目が，概念の曖昧さを明確にし，それを発展可能な形で明確化することである（Post et al., 2020）．ここでいう明確な概念とは，①意味内容を明確に示す正確で，分かりやすい定義があり，②経験的現実を十分に反映する丁寧な範囲設定がなされており，③その理論空間における論理的整合性が保たれているものである（服部，2020a; Post et al., 2020）．概念が登場した当初，それには確たる定義もなく，したがってそれが意味するところの厳密な範囲がかなり不明確なままになっていることが多い．また一度定義がなされたとしても，研究分野が進展していくにつれて，概念の実質的な意味に変化が生じたり，経験的な現実との間にズレが生じたりして，曖昧さが露呈することがある．このような場合に，そもそもその概念がどのように使われており，そのことがどのような問題を引き起こしているのか，という観点から議論を行うレビューが登場することがある（服部，2016）．

9つ目は，理論や概念が当てはまる境界条件を再検討するというものである．Whetten（1989）によれば概念の境界条件とは，「理論モデルから生成された命題に制限を設けること」（p. 492）を指す．その理論や概念がどの範囲に当てはまり，反対にどこに当てはまらないのかを明確にすることは，レビュー論文の重要な貢献である．広範に用いられてきた概念の適用範囲に限定をかけたり，逆に，限定的に用いられてきた概念の適応範囲がそれまで想定されてきたよりも広いことを示したり，といった議論である．図らずも同じような概念を用いてきた複数の領域を横断的にレビューし，それらの間の共通性を抽出することで，学際的な境界を解消するというのが，後者の例

といえよう（Post et al., 2020）．このようなレビューは，進行しつつある学問的なサイロを解消することにも貢献する[7]．

8-4　研究分野の創造的な未来のために

　本章では，「良いレビュー論文」とは何かということをめぐってこれまでに行われてきた議論を手掛かりに，1つの完結した作品としての統合的レビュー論文について検討してきた．「良いレビュー論文」とは何か，本章なりのまとめをして終わりたい．図2は，良いレビューとそうでないものの関係性を2軸4象限で表現したものである[8]．

　1つ目の軸は，そのレビューが当該領域に関して蓄積されてきた研究を広くカバーしている度合い，2つ目の軸は，そのレビューがオリジナルの価値を提供している度合いである．本章では，全てのレビュー論文が備えるべき機能として，①要約，②統合，③批判，④方向性の提示の4つを提示したが，このうち①が1つ目の軸に，②〜④が2つ目の軸に深く関わっている．

　良いレビューとは間違いなく，既存の研究の多くを抜け目なく網羅したものであるが，レビュー論文の中に盛り込む研究量が多くなればなるほど，レビュー論文として読みやすさは低下する．全ての研究を網羅しようとしたり，1つ1つの研究の些末な情報を漏れなく紹介しようとしたりすれば，読者にとってその論文は情報過多でしか無くなる．かといって，渉猟する範囲を狭め過ぎてしまうと，今度は読者にとって（新規の）情報過少ということになりかねない．そこで重要になるのが，膨大な情報をいかに要約し，正確に伝達するかということであり，その点を検討したのが本章で紹介した「要約」の議論である．

　ただし要約それ自体は，レビュー論文のオリジナリティたり得ない．単に要約を行ったに過ぎない「お勉強ノート」的なレビューであれば，仮にそれ

7　残されたもう1つの論点が，レビュー論文における文章の記述に関わるものであるが，これについては「自身や他の研究者の主張とエビデンスとが区別されているか」とか「文章の時制が一貫しているか」といった極めて具体的な点になるため省略する．レビュー論文における文章の書き方については，Becker（1986, 2007），Webster & Watson（2002），田中・市川（2011）などにおいてかなり詳細な議論が行われているので，是非とも参照されたい．
8　この図は田中・市川（2011）より着想したものである．

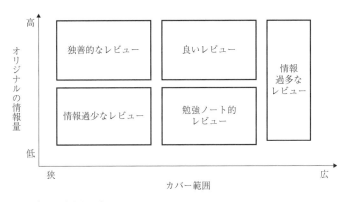

図2　良いレビュー論文とは何か

出所：服部（2020b）より

を読まなかったとしても，読者が時間と手間さえかければ（その論文を読んだ場合と）変わらない知識水準にまで到達できてしまうからである．もちろんこのようなタイプのレビュー論文も，「時間の節約」という機能を提供してはいる．ただしその価値は，極めて限定的であるといわざるを得ない．レビュー論文におけるオリジナリティとは，②統合，③批判，④方向性の提示によって担保されるものである．

　同時に，こうした意味でのオリジナリティだけでは，良いレビューの要件を満たしたことにはならない．既存研究を独自の視点から批判し，なんらかの新しい視点を導入したとしても，それが主要な研究の検討を欠いた，限定的な渉猟範囲しか持たない議論になっていたり，先行研究の重要な議論をとりこぼしたりしているものであるならば，そこから導出された「未来」は，著者が勝手に思い描く独善的なものでしかない可能性が高い．良いレビュー論文とは，十分に広い既存研究の広がりを適切に要約し，かつ，そうして要約した世界に対して独自の視点から批判を加えたり，統合したりすることで，それ無しでは読者が見ることのできなかった，その領域の新しい未来像を提示することに成功したもの，といえそうである．

【参考文献】

Baker, M. J.（2000）. Writing a literature review. *The Marketing Review, 1,* 219-247.

Baumeister, R. F., & Leary, M. R. (1997). Writing narrative literature reviews. *Review of General Psychology, 1* (3), 311-320.

Becker, H. (1986; 2007). *Writing for social scientist: How to start and finish your thesis, book, or article.* The University of Chicago Press.

Bem, D. J. (1995). Writing a review article for psychological bulletin. *Psychological Bulletin, 118* (2), 172-177.

Berger, P., & Luckmann, T. (1967). *The social construction of reality: A treatise in the sociology of knowledge.* Allyn & Bacon.

Blau, P. (1964). *Exchange and power in social life.* Wiley.

Boote, D. N., & Beile, P. (2005). Scholars before researchers: On the centrality of the dissertation literature review in research preparation. *Educational Researcher, 34* (6), 3-15.

Brutus, S. (2009). Words versus numbers: A theoretical exploration of giving narrative comments in performance. *Human Resource Management Review, 20* (2), 144-157.

Burrell, G., & Morgan, G. (1979). *Sociological paradigms and organizational analysis.* Heinemann.

Callahan, J. L. (2010). Constructing a manuscript: Distinguishing integrative literature reviews and conceptual and theory articles. *Human Resource Development Review, 9,* 300-304.

Carlson, K. D., & Connerley, M. L. (2003). The staffing cycles framework: Viewing staffing as a system of decision events. *Journal of Management, 29* (1), 51-78.

Connelly, B. L., Certo, S. T., Ireland, R. D., & Reutzel, C. R. (2011). Signaling theory: A review and assessment. *Journal of Management, 37* (1), 39-67.

Cooper, H. M. (1988). Organizing knowledge syntheses: A taxonomy of literature reviews. *Knowledge in Society, 1,* 104-126.

Denney, A. S., & Tewksbury, R. (2013). How to write a literature review. *Journal of Criminal Justice Education, 24* (2), 218-234.

Donaldson, L. (1998). The myth of paradigm incommensurability in management studies: Comments by an integrationist. *Organization, 5* (2), 267-272.

Foss, N. J., & Hallberg, N. L. (2014). How symmetrical assumptions advance strategic management research. *Strategic Management Journal, 35* (6), 903-913.

Garrard, J. (2011). *Health sciences literature review made easy* (3rd ed.). Jones & Bartlett.

服部泰宏 (2013a). 『日本企業の心理的契約：組織と従業員の見えざる約束［増補改訂版］』白桃書房.

服部泰宏 (2013b). 「心理的契約研究の過去・現在・未来：50年にわたる研究の到達点と課題」組織学会編『組織論レビューⅠ：組織とスタッフのダイナミズム』(pp. 147-186) 白桃書房.

服部泰宏 (2016). 「人事管理の基底として個人－組織関係：欧米における研究の系譜と日本型マネジメントへの示唆」『横浜経営研究』*37* (1), 85-109.

服部泰宏 (2020a). 『組織行動論の考え方・使い方：良質のエビデンスを手にするために』有斐閣.

服部泰宏 (2020b). 「文献レビューの書き方に関するレビュー：過去の要約，統合，批判から未来を紡ぎ出す考え方と技術の整理」『国民経済雑誌』*222* (5), 65-89.

Homans, C. G. (1961). *Social behavior: Its elementary forms.* Harcourt, Brace & World.

Hunter, J. E., & Schmidt, F. L. (2004). *Methods of meta-analysis: Correcting error and bias in research findings*. Sage publications.

金井壽宏 (1991).『変革型ミドルの探求：戦略・革新指向の管理者行動』白桃書房．

Murray, H. A. (1938). Needs, viscerogenic and psychogenic. Milestones in motivation: Contribution to the psychology of drive and purpose. In Murray, H. A. (Ed.). *Explorations in personality: A crinical and experimental study of fifty men of college* age (pp. 364-371). Oxford University Press.

Pautasso, M. (2013). Ten simple rules for writing a literature review. *PLOS Computational Biology, 9* (7), 1-4.

Post, C., Sarala, R., Gatrell, C., & Prescott, J. E. (2020). Advancing theory with review articles. *Journal of Management Studies, 57* (2), 351-376.

Randolph, J. (2009). A guide to writing the dissertation literature review. *Practical Assessment, Research and Evaluation, 14* (1), 1-13.

Ritzer, G. (1992). Metatheorizing in sociology: Explaining the coming of age. In G. Ritzer (Ed.), *Metatheorizing* (pp.7-26). Sage.

Salancik, G. R., & Pfeffer, J. (1978). A social information processing approach to job attitudes and task design. *Administrative Science Quarterly, 23* (2), 224-253.

Sayer, E. J. (2018). The anatomy of an excellent review paper. *Functional Ecology, 32*, 2278-2281.

Schutz, A. (1967). *The phenomenology of the social world*. Northwestern University Press.

Simon, H. A. (1957). *Models of man: Social and rational*. Wiley.

Stinchcombe, A. L. (1982). Should sociologist forget their fathers and mothers ? *The American Sociologist, 17*, 2-11.

鈴木竜太 (1998).『組織と個人：キャリアの発達と組織コミットメントの変化』白桃書房．

田中麻紗子・市川伸一 (2011).「オリジナリティのある文献レビューに向けて：大学院の『講演者になるゼミ』の実践から」『東京大学大学院教育学研究科紀要』*51*, 203-215.

Torraco, R. J. (2016). Writing integrative literature reviews: Using the past and present to explore the future. *Human Resource Development Review, 15* (4), 404-428.

Webster, J., & Watson, R. T. (2002). Analyzing the past to prepare for the future: Writing a literature review. *MIS Quarterly, 26* (2) xiii-xxiii.

Wee, B. V., & Banister, D. (2016). How to write a literature review paper?. *Transport Reviews, 36* (2), 278-288.

Weick, K. E. (1979). *The social psychology of organizing* (2nd ed). Addison-Wesley.

Whetten, D. A. (1989). What constitutes a theoretical contribution? *Academy of Management Review, 14* (4), 490-495.

Wilmott, H. (1993). Breaking the paradigm mentality. *Organization Studies, 14*, 681-719.

■**執筆者紹介** （執筆順）

砂口文兵（すなぐち・ぶんぺい）　第1章

現在　神戸大学大学院経営学研究科准教授
神戸大学大学院経営学研究科博士課程後期課程修了，博士（経営学）
椙山女学園大学現代マネジメント学部専任講師，准教授を経て，現在に至る
［主要業績］
「学習志向性に対する変革型リーダーシップの影響とそのメカニズムの検討」『経営行
　動科学』*30*（2），2017
「変革型リーダーシップが組織市民行動に及ぼす影響に関する検討：『組織と個人の結
　びつき』に着目して」（共著）『組織科学』*30*（1），2017

貴島耕平（きじま・こうへい）　第1章

現在　関西学院大学商学部助教
神戸大学大学院経営学研究科博士課程後期課程修了，博士（経営学）
大阪商業大学総合経営学部講師を経て，現在に至る
［主要業績］
『社会の中の企業』（分担執筆）文眞堂，2021
「組織行動論の本流を見極める：人間関係論，組織開発，アクション・サイエンス」（共
　著）『国民経済雑誌』*216*（2），2017
「ワーク・モチベーション研究の再検討」『経営学史学会年報』*27*，2020

山﨑京子（やまざき・きょうこ）　第2章

現在　立教大学大学院ビジネスデザイン研究科特任教授
神戸大学大学院経営学研究科博士課程後期課程修了，博士（経営学）
ロイタージャパン，日本ゼネラルモーターズ，エルメスジャパン，筑波大学大学院ビ
　ジネス科学研究科博士前期課程修了，学習院大学経済学部特別客員教授を経て現在
　に至る
［主要業績］
『未来を拓くキャリア・デザイン講座』（共著）中央経済社，2018
"Person-organization value fit under Asian current economic conditions: The case of
　Vietnam & Mongolia" Labor and Employment Relations Association 2013 ASSA/
　AEA Annual Meeting, 2013

横田一貴（よこた・かずき）　第3章

現在　一橋大学大学院経営管理研究科特任講師
一橋大学大学院経営管理研究科博士後期課程修了，博士（商学）
［主要業績］
「発明者の組織間移動：成員を失う組織への知識移転」『組織科学』*56*（3），2023

中 村 暁 子（なかむら・ときこ）　第 4 章

現在　北海学園大学経営学部講師
明治大学大学院経営学研究科博士前期課程修了
東日本国際大学特任講師を経て，現在に至る
［主要業績］
『ミクロ組織論』（分担執筆）学文社，2019
『理論とケースで学ぶ 企業倫理入門』（分担執筆）白桃書房，2022

清 宮　　徹（きよみや・とおる）　第 4 章

現在　西南学院大学外国語学部教授
Ph.D. in Communication（Michigan State University），Master of Labor Relations and
　　Human Resources（Michigan State University）
日本生産性本部，タルサ大学講師，テキサス大学サンアントニオ校助教授を経て，現
　　在に至る
［主要業績］
『ハンドブック組織ディスコース研究』（監訳）同文舘出版，2012
『組織のディスコースとコミュニケーション』同文舘出版，2019
『組織のメソドロジー』（共編共著）学文社，2020

佐々木秀綱（ささき・ひでつな）　第 5 章

現在　横浜国立大学大学院国際社会科学研究院准教授
一橋大学大学院商学研究科博士後期課程修了，博士（商学）
一橋大学大学院商学研究科特任講師を経て，現在に至る
［主要業績］
「社会的勢力感が不確実性下の意思決定に与える影響」『組織科学』52（1），2018
「身内に甘い権力者：社会的勢力感が内集団ひいきの発現に及ぼす影響」『組織科学』
　　53（3），2020
「実験経営学の現状と展望」『組織科学』55（1），2021

高 田 直 樹（たかだ・なおき）　第 6 章

現在　中央大学商学部助教
一橋大学大学院商学研究科博士後期課程修了，博士（商学）
横浜国立大学先端科学高等研究院特任教員（助教）を経て，現在に至る
［主要業績］
「共同研究開発を通じたイノベーションの実現要因：プロジェクトレベルの要因がもた
　　らす影響」『組織科学』51（4），2018
「発明者の逸脱行動と発明の新規性：指標構築を通じた探索的分析」『日本経営学会誌』
　　45，2020

大 沼 沙 樹（おおぬま・さき）　第7章

現在　茨城大学人文社会科学部講師
早稲田大学大学院商学研究科博士後期課程修了，博士（商学）
［主要業績］
「チーム・メンタルモデルが組織成果に及ぼす影響：対面コミュニケーション，他部門
　のメンバーが持つ知識に着目して」『日本経営学会誌』*38*，2017
「組織風土とチームの多様性がトランザクティブ・メモリー・システムに及ぼす影響：
　プレッシャーのある風土と性別多様性に着目して」『日本経営学会誌』*43*，2019

秋 保 亮 太（あきほ・りょうた）　第7章

現在　大阪大学大学院人間科学研究科助教
九州大学大学院人間環境学府博士後期課程修了，博士（心理学）
中京大学心理学部助教を経て，現在に至る
［主要業績］
「チームの振り返りで促進される暗黙の協調：協調課題による実験的検討」（共著）『社
　会心理学研究』*34*，2018
「安全の現場に求められるリーダーシップ：サーバント・リーダーシップと交流型リー
　ダーシップによる安全パフォーマンスの向上」（共著）『産業・組織心理学研究』*35*，
　2022

村 瀬 俊 朗（むらせ・としお）　第7章

現在　早稲田大学商学部准教授
2011–2014 年 Georgia Institute of Technology と Northwestern University ポスドク，
　University of Central Florida 博士課程修了．Roosevelt University 専任講師を経て，
　現在に至る
［主要業績］
「アンケート調査を越えて：自然言語処理や機械学習を用いたログデータの活用を模索
　する」（共著）『組織科学』*55*（1），2021
"Bridging the boundary without sinking the team: Communication, identification, and
　creativity in multiteam systems"（共著）*Group Dynamics: Theory, Research, and
　Practice*, 2021

服 部 泰 宏（はっとり・やすひろ）　第8章

現在　神戸大学大学院経営学研究科教授
神戸大学大学院経営学研究科博士課程修了，博士（経営学）
滋賀大学，横浜国立大学を経て，現職
［主要業績］
"Investigating the effect of idiosyncratic deals in Asian countries: A cross cultural
　analysis in Singapore, Thailand and Japan," *International Journal of Cross Cultural
　Management, 21*, 2021
"The effect of organizational sales management on dealership performance," *Inter
national Journal of Automotive Technology and Management, 23*, 2023

■コメンテーター紹介（執筆順）

高尾義明　（たかお・よしあき）　東京都立大学大学院経営学研究科教授
関口倫紀　（せきぐち・ともき）　京都大学経営管理大学院教授
西村孝史　（にしむら・たかし）　東京都立大学大学院経営学研究科准教授
山倉健嗣　（やまくら・けんし）　大妻女子大学副学長
武石　彰　（たけいし・あきら）　学習院大学経済学部教授
山口裕幸　（やまぐち・ひろゆき）　九州大学大学院人間環境学研究院教授

■組織論レビュー実行委員

高尾義明　（たかお・よしあき）　東京都立大学大学院経営学研究科教授
服部泰宏　（はっとり・やすひろ）　神戸大学大学院経営学研究科教授
宮尾　学　（みやお・まなぶ）　神戸大学大学院経営学研究科教授

■特定非営利活動法人組織学会の紹介

経営学，経済学，法律学，行政学，社会学，心理学，行動科学，工学，経営実務などの観点から総合的に組織の研究を行い，あわせて組織の改善に寄与することを目的として，1959年に設立された学術団体．2005年に特定非営利活動法人（NPO法人）となる．会員は，大学や各種研究機関に所属する研究者の他に，企業等の実務家から構成されている．

詳細は，組織学会のWEBサイトをご覧下さい．
https://www.aaos.or.jp/

組織論レビューⅢ
—組織の中の個人と集団—

発行日——2022年 9 月26日　初 版 発 行　　　〈検印省略〉
　　　　　2024年 2 月26日　第 2 刷発行

編　者——特定非営利活動法人組織学会

発行者——大矢栄一郎

発行所——株式会社　白桃書房

　　　〒101-0021　東京都千代田区外神田5-1-15
　　　☎03-3836-4781　℻03-3836-9370　振替00100-4-20192
　　　https://www.hakutou.co.jp/

印刷・製本——藤原印刷株式会社